医療担当者必読書

労災診療費算定実務講座

令和6年改訂版

労災診療費算定基準とは

　労働者災害補償保険法の規定による療養の給付に要する診療費（以下「労災診療費」という）の算定については、健康保険法の規定による診療報酬の算定方法（令和6年3月5日厚生労働省告示第57号により一部改正）の別表第一医科診療報酬点数表及び第二歯科診療報酬点数表（以下「健保点数表」という）の診療報酬点数（以下「健保点数」という）に労災診療単価を乗じて算定することを原則とするほか、初診料、再診料等について、労災保険独自の特例的な取扱いを定め、「労災診療費算定基準」として厚生労働省労働基準局長から通知されています。（221～231ページ参照）

　令和6年6月1日以降の診療ではこの取扱いにしたがって算定します（ただし、「労災電子化加算」の算定は令和6年4月1日以降の診療に適用します）。

労災診療単価とは

　労災診療費を点数により算定する場合に点数に乗じる単位のことであり、次のとおりとなっています。

(1)　**課税医療機関　　12円**
(2)　**非課税医療機関　11円50銭（注：円未満の端数切り捨て）**

なお、非課税医療機関は次のとおりです。
①　次の法人等が開設する医療機関

- ◆　国
- ◆　地方公共団体
- ◆　国立大学法人・地方独立行政法人・独立行政法人
- ◆　日本赤十字社
- ◆　社会福祉法人
- ◆　私立学校法による学校法人
- ◆　全国健康保険協会、健康保険組合、健康保険組合連合会、国民健康保険組合、国民健康保険団体連合会
- ◆　国家公務員共済組合、国家公務員共済組合連合会
- ◆　地方公務員共済組合、全国市町村職員共済組合連合会
- ◆　日本私立学校振興・共済事業団
- ◆　社会医療法人
- ◆　公益財団法人結核予防会
- ◆　公益社団法人等の運営するハンセン病療養所（神山復生病院）
- ◆　学術の研究を行う公益法人に付随するもの
- ◆　農業協同組合連合会（所得税法及び法人税法の規定に基づく財務省告示により指定するもの）

②　上記①以外の法人税法（昭和40年法律第34号）別表第2の公益法人等が開設する医療機関のうち、診療月の属する会計年度の前々年度（事業年度が会計年度と異なるときは診療月の属する会計年度当初において既に確定申告を行った直近の事業年度）の医療保健業について、当該法人等が非課税医療機関に該当するとして確定申告を行った医療機関及び同法別表第1の公共法人が開設する医療機関

労災診療における初診時の留意点

　労働者のケガや病気の原因が業務中や通勤途上によるものは、労災保険の適用となりますので、初診時には以下の点にご留意ください。（210 ページ参照）

(1) 傷病労働者に行う第 1 回目の労災診療の場合

　　窓口では、傷病労働者が労災保険の適用を受ける事業場の労働者であり、かつ診察を求めている傷病が業務中又は通勤途上によって生じた傷病であることを確認します。

　　傷病労働者より以下のア又はイの書類が提出されますので、請求書（診機様式第 1 号）及びレセプト（診機様式第 2 号又は診機様式第 3 号）に添付し、労働局に診療費を請求します。

　ア　業務災害「療養補償給付及び複数事業労働者療養給付たる療養の給付請求書」（様式第 5 号）

　イ　通勤災害「療養給付たる療養の給付請求書」（様式第 16 号の 3）（8 ページ参照）

(2) 他の労災指定医療機関からの転医による初診の場合

　　傷病労働者より以下のア又はイの書類が提出されますので、請求書及びレセプトに添付し、労働局に診療費を請求します。

　ア　業務災害「療養補償給付及び複数事業労働者療養給付たる療養の給付を受ける指定病院等（変更）届」（様式第 6 号）

　イ　通勤災害「療養給付たる療養の給付を受ける指定病院等（変更）届」（様式第 16 号の 4）　　　　　　　　　　　　　　　　　　　　　　　　　　　　（9 ページ参照）

　　なお、非労災指定医療機関又は柔道整復施術所からの転医の場合は、(1)と同様の取扱いとなりますのでご注意ください。

　注）療養の開始後 1 年 6 か月を経過しても傷病が治ゆせず、傷病の程度が厚生労働省令で定める傷病等級に該当した場合、傷病（補償）年金の受給者に移行します。

　　　この場合、年金証書番号が記載された上記(2)のア又はイの書類が、傷病労働者より提出されますので、請求書及びレセプトに添付し、労働局に診療費を請求します。

　　　なお、傷病（補償）年金に移行後は、労働保険番号は使用しません。レセプトの様式が変更となり、年金証書の番号を記入します。（診機様式第 4 号又は診機様式第 5 号）

目次 Contents

第3編　処置料・リハビリテーション料

第4編　手術料

第 *1* 編

基本診療料等

1 療養の給付請求書取扱料

（1）療養の給付請求書取扱料 —— 2,000円

　　労災指定医療機関等において、「療養（補償）等給付たる療養の給付請求書（様式第5号又は第16号の3)」を取り扱った場合に2,000円を算定できます。

　　ただし、再発（様式第5号又は第16号の3）の場合は算定できません。

様式第16号の3（通勤災害用）

様式第5号（業務災害用）

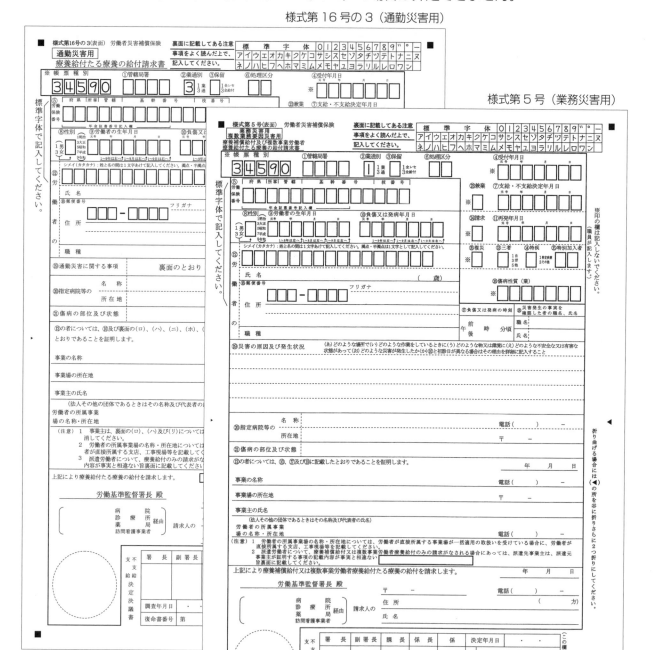

「療養（補償）等給付たる療養の給付請求書」等の各様式については、厚生労働省ホームページから入手できます。

ポイント①

転医始診において、「療養（補償）等給付たる療養の給付を受ける指定病院等（変更）届（様式第 6 号又は第 16 号の 4）」を取り扱った場合は、算定できません。

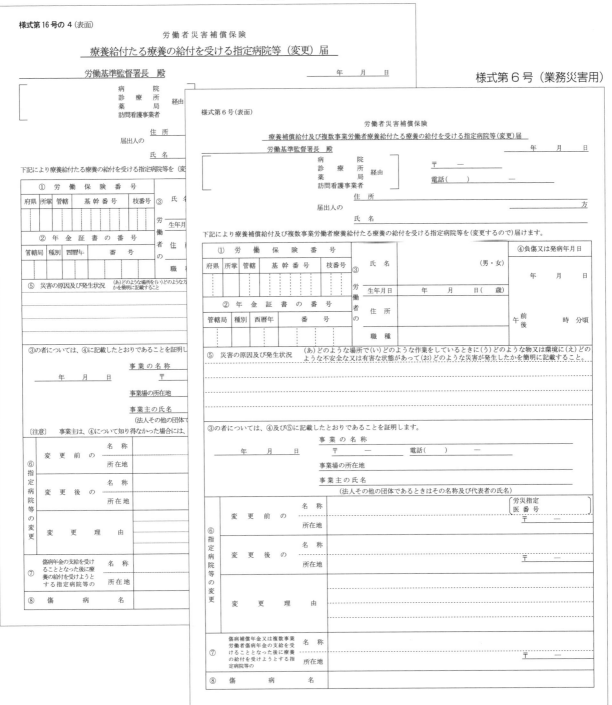

様式第 16 号の 4（通勤災害用）

様式第 6 号（業務災害用）

ポイント②

「療養（補償）等給付たる療養の費用請求書（様式第 7 号(1)～(5)又は第 16 号の 5(1)～(5)）」を取り扱った場合は、算定できません。

2 初診料

（1）初診料 ── 医科、歯科とも3,850円

　　初診料については、労災保険では健康保険とは異なり、点数ではなく上記金額で算定します。

　　労災保険の初診料は、支給事由となる災害の発生につき算定できます。したがって、既に傷病の診療を継続している期間（災害発生当日を含む）中に、当該診療を継続している医療機関において、当該診療に係る事由以外の業務上の事由又は通勤による負傷又は疾病により初診を行った場合は、初診料を算定できます（労災保険において継続診療中に、新たな労災傷病にて初診を行った場合も、初診料3,850円を算定できます）。

　　ただし、健保点数表（医科に限る）の初診料の注5ただし書に該当する場合（上記の初診料を算定できる場合及び2つ目の診療科で下記の定額負担料を徴収した場合を除く）については、1,930円を算定します。

　　その他の初診料の算定に係る取扱いについては、健康保険準拠です。

　　なお、紹介状なしで受診した場合の定額負担料（健康保険における選定療養費）を傷病労働者から徴収した場合は、1,850円を算定します。

算定例 1

健康保険で継続療養中に行った労災保険の初診料

① 健康保険の再診（A科）と労災保険の初診（B科）が別日の場合

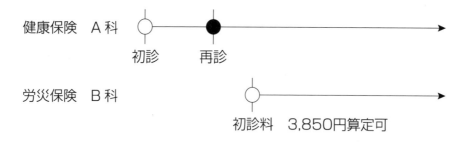

◇ 同一の診療科であっても初診料（3,850円）は算定できます。

② 健康保険の再診（A科）と労災保険の初診（B科）が同一日の場合

◇ 同一の診療科であっても初診料（3,850円）は算定できます。

算定例2

健康保険の初診（A科）と同一日に、同一の診療科で行った労災保険の初診料

◇ 健康保険が主傷病であっても初診料（3,850円）は算定できます。

算定例3

労災保険で継続療養中に行った新たな災害の発生による労災保険の初診料

① 労災保険の再診（A科）と新たな労災保険の初診（B科）が別日の場合

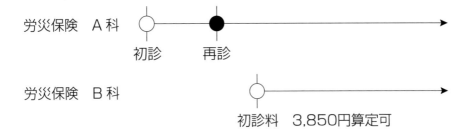

◇ 同一の診療科であっても初診料（3,850円）は算定できます。

② 労災保険の再診（A科）と新たな労災保険の初診（B科）が同一日の場合

◇ 同一の診療科であっても初診料（3,850円）は算定できます。

算定例 4

労災保険の初診（A科）と同一日に、新たな災害の発生に対する労災保険の初診（B科）を行った場合

労災保険　A科　　○────────────────────→
　　　　　　　　　　　初診料　3,850円算定可

労災保険　B科　　○────────────────────→
　　　　　　　　　　　初診料　3,850円算定可

◇　同一の診療科であっても初診料（3,850円）は算定できます。

算定例 5

労災保険の初診（A科）と同一日に、同一の災害の異なる傷病で労災保険の初診（B科）を行った場合

労災保険　A科　　○────────────────────→
　　　　　　　　　　　初診料　3,850円算定可

労災保険　B科　　○────────────────────→
　　　　　　　　　　　ただし書初診料　1,930円算定可

（2）救急医療管理加算 ── 入　院　6,900円（1日につき）
　　　　　　　　　　　　　　入院外　1,250円

　初診時（継続診療中の初診時を含む）に救急医療を行った場合、初診料のほか入院した場合は6,900円、入院外の場合は1,250円を同一傷病につき1回限り算定することができます。

　なお、入院については、初診に引き続き入院している場合に7日間を限度に算定できます。

（例1）　救急医療管理加算が算定できる場合
　　①　傷病の発生から数日間経過した後に医療機関で初診を行った場合
　　②　最初に収容された医療機関においては、傷病の状態等から応急処置だけを行い、他の医療機関に転医した場合（それぞれの医療機関で算定可）
　　③　傷病の発生から長期間経過した後であっても、症状が安定しておらず、再手術等の必要が生じて転医した場合（転医先において算定可）

（例2）　救急医療管理加算が算定できない場合
　　①　再発の場合
　　②　傷病の発生から数か月経過し、症状が安定した後に転医した場合
　　③　じん肺症、振動障害等の慢性疾患あるいは遅発性疾病等、症状が安定しており救急医療を行う必要がない場合
　　④　健保点数表（医科に限る）の初診料の注5ただし書に該当する初診料（1,930円）を算定する場合
　　⑤　上記の他、初診料が算定できない場合

・・・・・・・・・・・・・・・・・・・・・　レセプトの記入例　・・・・・・・・・・・・・・・・・・・・・

　レセプト右側の⑧「その他」欄に回数及び金額を記入し、「摘要」欄に請求内容を記載します。

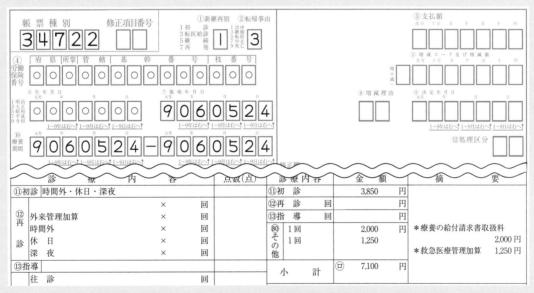

※　「療養（補償）等給付たる療養の給付請求書（様式第5号又は第16号の3）」を取り扱った場合は、レセプト上部の①「新継再別」は、1（初診）と記入します。ただし、当該給付請求書を取り扱った場合であっても、再発の場合は、7（再発）となります。

算定例1

① 初診時に外来にて救急医療が行われ、引き続き入院した場合、救急医療管理加算6,900円の算定は可能か（初診料3,850円を算定する場合）。

算定可

② 初診時に外来にて救急医療が行われ、翌日に同一医療機関に入院した場合、救急医療管理加算6,900円の算定は可能か（初診料3,850円を算定する場合）。

算定不可

◇ 救急医療管理加算は初診料に対する加算です。この場合、初診料は外来で算定するため、救急医療管理加算は入院外の1,250円を算定します。

算定例2

　A病院に救急搬送され、即日入院となった傷病労働者が、4日後容態の急変によりB病院へ転医し10日間入院した場合の救急医療管理加算の算定方法（いずれも初診料3,850円を算定、一般病棟の場合）

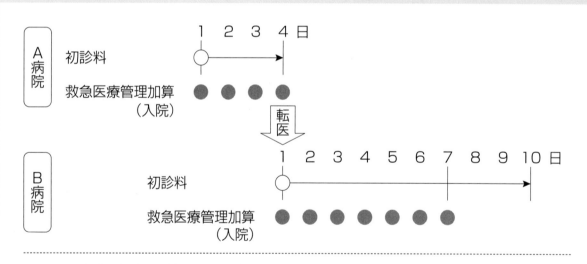

A病院　救急医療管理加算（入院）　6,900円×4日間
B病院　救急医療管理加算（入院）　6,900円×7日間

◇ 転医先の医療機関においても、初診時に算定要件を満たしている場合は、入院日数に応じて7日を限度として救急医療管理加算を算定できます。

健保点数表における「救急医療管理加算（※）」、「特定入院料」とは重複して算定できません。

また、健康保険における「保険外併用療養費（初診時自己負担金）」とも重複して算定できません。

（※）健康保険では「救急医療管理加算1」（1,050点）と「救急医療管理加算2」（420点）に区分されていますが、労災診療費算定基準に定める救急医療管理加算については区分を設けておらず、その算定は次のとおりとなります。

　労災における救急医療管理加算は健保点数表の「救急医療管理加算」との重複算定はできないため、そのいずれかを算定することとなりますが、労災の救急医療管理加算では、初診の傷病労働者に救急医療を行った場合には所定の金額（入院の場合6,900円）を算定できることから、健保点数表によれば「救急医療管理加算2」の算定となる場合であっても、労災の救急医療管理加算を算定できます。

算定例3

　救急搬送され、ハイケアユニット入院医療管理を行う専用の治療室に即日入院となった傷病労働者が、4日後一般病棟入院基本料を算定する病室へ転室となった場合の、救急医療管理加算の算定方法（初診料3,850円を算定する場合）

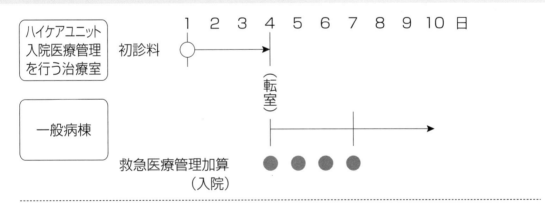

救急医療管理加算（入院）6,900円 × 4日間

◇　労災保険における救急医療管理加算は、特定入院料であるハイケアユニット入院医療管理料との重複算定はできません。ただし、7日以内に一般病棟入院基本料を算定する病室へ転室となった場合、入院時点の状態が基準に該当すれば、途中であっても入院初日から起算して7日目まで算定することができます。

mini Q&A

Q1 初診時において手術、処置がなく、診察、投薬のみの場合でも救急医療管理加算は算定できますか。（初診料3,850円を算定する場合）

A1 算定できます。

診療行為の種別に関わらず、救急医療を行った場合は算定できます。

- -

Q2 初診時に救急医療が行われ、即日入院することとなりましたが、入院後4日目には状態が回復し、救急医療が行われなくなった場合に、救急医療管理加算は算定できますか。（初診料3,850円を算定する場合）

A2 算定できます。

入院の時点での状態が基準に該当すれば、その後病状が改善していても7日間まで算定することができます。

点検しましょう

誤った算定1

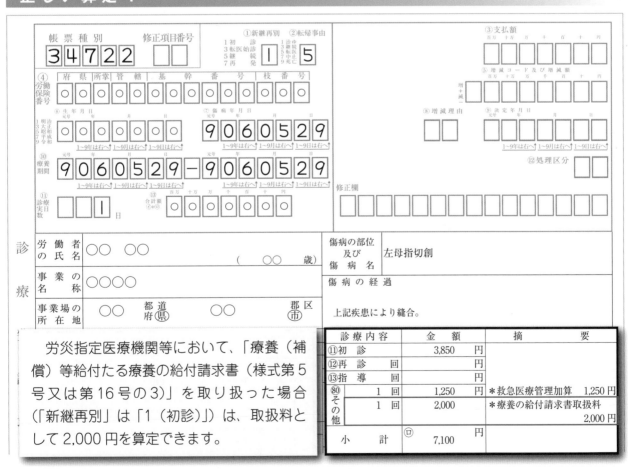

帳票種別	修正項目番号
34722	

① 新継再別　② 転帰事由
1 初　　診
3 転医始診
5 継　　続
7 再　　発
1　5

③ 支払額

⑤ 増減コード及び増減額
増＋減

④ 労働保険番号　府県　所掌　管轄　基幹　番号　枝番号

⑥ 生年月日　治正和成
1357令
明大昭平令
⑦ 傷病年月日　9060529

⑧ 増減理由　⑨ 決定年月日

⑩ 療養期間　9060529－9060529

⑫ 処理区分

⑪ 診療実数　1 日

⑬ 合計額（⑦＋⑬）

修正欄

診	労働者の氏名	○○　○○　　　　（　○○　歳）
療	事業の名称	○○○○
費	事業場の所在地	○○ 都道府(県)　○○ 郡区(市)

傷病の部位及び傷病名　左母指切創

傷病の経過　上記疾患により縫合。

診療内容	点数(点)
⑪初診　時間外・休日・深夜	
⑫再診　外来管理加算　×　回	
時間外　×　回	
休　日　×　回	
深　夜　×　回	
⑬指導	
往　診　回	

診療内容	金　額	摘　　要
⑪初　診	3,850 円	
⑫再　診　回	円	
⑬指　導　回	円	
⑳その他　1 回	1,250 円	＊救急医療管理加算　1,250 円
小　計　(ロ)	5,100 円	

正しい算定1

帳票種別	修正項目番号
34722	

① 新継再別　② 転帰事由
1 初　　診
3 転医始診
5 継　　続
7 再　　発
1　5

③ 支払額

⑤ 増減コード及び増減額
増＋減

④ 労働保険番号　府県　所掌　管轄　基幹　番号　枝番号

⑥ 生年月日　治正和成
1357令
明大昭平令
⑦ 傷病年月日　9060529

⑧ 増減理由　⑨ 決定年月日

⑩ 療養期間　9060529－9060529

⑫ 処理区分

⑪ 診療実数　1 日

⑬ 合計額（⑦＋⑬）

修正欄

診	労働者の氏名	○○　○○　　　　（　○○　歳）
療	事業の名称	○○○○
	事業場の所在地	○○ 都道府(県)　○○ 郡区(市)

傷病の部位及び傷病名　左母指切創

傷病の経過　上記疾患により縫合。

　労災指定医療機関等において、「療養（補償）等給付たる療養の給付請求書（様式第5号又は第16号の3）」を取り扱った場合（「新継再別」は「1（初診）」）は、取扱料として2,000円を算定できます。

診療内容	金　額	摘　　要
⑪初　診	3,850 円	
⑫再　診　回	円	
⑬指　導　回	円	
⑳その他　1 回	1,250 円	＊救急医療管理加算　1,250 円
1 回	2,000	＊療養の給付請求書取扱料　2,000 円
小　計　(ロ)	7,100 円	

誤った算定2

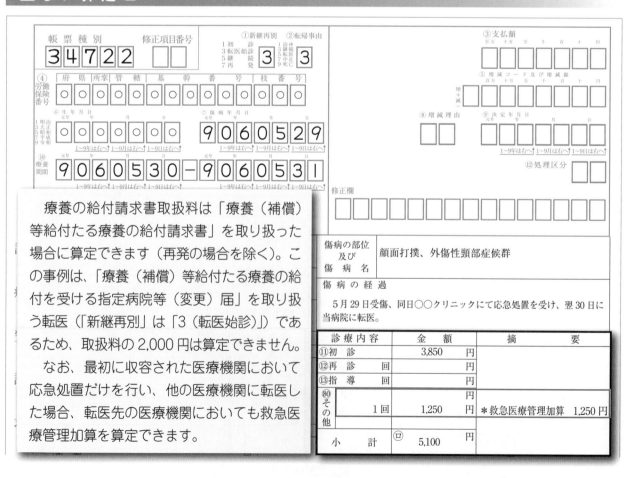

帳票種別	修正項目番号
3 4 7 2 2	

① 新継再別
1 初　　診
3 転医始診
5 継　　続
7 再　　発　　③

② 転帰事由
1 治癒
3 継続中
5 転医
7 中止　　③
9 死亡

③ 支払額
百万 十万 万 千 百 十 円

④ 労働保険番号
府県 所掌 管轄 基幹番号 枝番号
0 0 0 0 0 0 0 0 0 0 0 0 0 0

⑤ 増減コード及び増減額
百万 十万 万 千 百 十 円
増・減

⑥ 生年月日
元号 年 月 日
0 0 0 0 0 0

⑦ 傷病年月日
元号 年 月 日
9 0 6 0 5 2 9

⑧ 増減理由

⑨ 決定年月日
元号 年 月 日

⑩ 療養期間
元号 年 月 日 元号 年 月 日
9 0 6 0 5 3 0 － 9 0 6 0 5 3 1

⑫ 処理区分

⑪ 診療実日数
| 1 |日
合計額(イ+ロ)
百万 十万 万 千 百 十 円
0 0 0 0 0 0

修正欄

診療費請求

労働者の氏名	○○　○○	(　　○○　歳)
事業の名称	○○○○	
事業場の所在地	○○ 都道府県 ○○ 郡区市	

傷病の部位及び傷病名：顔面打撲、外傷性頸部症候群

傷病の経過
　5月29日受傷、同日○○クリニックにて応急処置を受け、翌30日に当病院に転医。

診療内容	点数(点)
⑪初診 時間外・休日・深夜	
⑫再診 外来管理加算　　×　　回	
時間外　　×　　回	
休日　　×　　回	
深夜　　×　　回	
⑬指導	
往診　　回	

診療内容	金額	摘要
⑪初診	3,850 円	
⑫再診　回	円	
⑬指導　回	円	
⑧その他　1回	2,000 円	*療養の給付請求書取扱料 2,000円
小計 (ロ)	5,850 円	

正しい算定2

帳票種別	修正項目番号
3 4 7 2 2	

① 新継再別
1 初　　診
3 転医始診
5 継　　続
7 再　　発　　③

② 転帰事由
1 治癒
3 継続中
5 転医
7 中止　　③
9 死亡

③ 支払額
百万 十万 万 千 百 十 円

④ 労働保険番号
府県 所掌 管轄 基幹番号 枝番号
0 0 0 0 0 0 0 0 0 0 0 0 0 0

⑤ 増減コード及び増減額
百万 十万 万 千 百 十 円
増・減

⑥ 生年月日
元号 年 月 日
0 0 0 0 0 0

⑦ 傷病年月日
元号 年 月 日
9 0 6 0 5 2 9

⑧ 増減理由

⑨ 決定年月日
元号 年 月 日

⑩ 療養期間
元号 年 月 日 元号 年 月 日
9 0 6 0 5 3 0 － 9 0 6 0 5 3 1

⑫ 処理区分

修正欄

　　療養の給付請求書取扱料は「療養（補償）等給付たる療養の給付請求書」を取り扱った場合に算定できます（再発の場合を除く）。この事例は、「療養（補償）等給付たる療養の給付を受ける指定病院等（変更）届」を取り扱う転医（「新継再別」は「3（転医始診）」）であるため、取扱料の2,000円は算定できません。
　　なお、最初に収容された医療機関において応急処置だけを行い、他の医療機関に転医した場合、転医先の医療機関においても救急医療管理加算を算定できます。

傷病の部位及び傷病名：顔面打撲、外傷性頸部症候群

傷病の経過
　5月29日受傷、同日○○クリニックにて応急処置を受け、翌30日に当病院に転医。

診療内容	金額	摘要
⑪初診	3,850 円	
⑫再診　回	円	
⑬指導　回	円	
⑧その他	円	
1回	1,250 円	*救急医療管理加算　1,250円
小計 (ロ)	5,100 円	

誤った算定3

帳票種別	修正項目番号	①新継再別	②転帰事由

帳票種別 **34722**

①新継再別
1 初　　　診
3 転医始診
5 継　　　続
7 再　　　発　**1**

②転帰事由
治ゆ　継続医中止
治ゆ後再発中止　**3**

④労働保険番号

⑥生年月日

⑦傷病年月日　**9060524**

⑩療養期間　**9060524-9060531**

⑪診療実数　**1** 日

⑬合計額

③支払額

⑤増減コード及び増減額

⑧増減理由　⑨決定年月日

⑫処理区分

修正欄

診療費請求

	労働者の氏名	○○　○○		

労働者の氏名　○○　○○　（　○○　歳）

事業の名称　○○○○

事業場の所在地　○○ 都道府県　○○ 郡区市

傷病の部位及び傷病名　右足関節捻挫

傷病の経過　業務中に足首をひねって捻挫し、整形外科を受診。

診療内容		点数(点)
⑪初診	時間外・休日・深夜	
⑫再診	外来管理加算　×　回	
	時間外　×　回	
	休日　×　回	
	深夜　×　回	
⑬指導		
	往診	回

診療内容		金額	摘要
⑪初診		1,930 円	*同一日他労災にて眼科再診
⑫再診	回	円	
⑬指導	回	円	
⑳その他	1回	2,000 円	*療養の給付請求書取扱料　2,000 円
小計	㋺	3,930 円	

正しい算定3

帳票種別 **34722**

①新継再別
1 初　　　診
3 転医始診
5 継　　　続
7 再　　　発　**1**

②転帰事由　**3**

④労働保険番号

⑥生年月日

⑦傷病年月日　**9060524**

⑩療養期間　**9060524-9060531**

⑪診療実数　**1** 日

⑬合計額

③支払額

⑤増減コード及び増減額

⑧増減理由　⑨決定年月日

⑫処理区分

修正欄

労働者の氏名　○○　○○　（　○○　歳）

事業の名称　○○○○

事業場の所在地　○○ 都道府県　○○ 郡区市

傷病の部位及び傷病名　右足関節捻挫

傷病の経過　業務中に足首をひねって捻挫し、整形外科を受診。

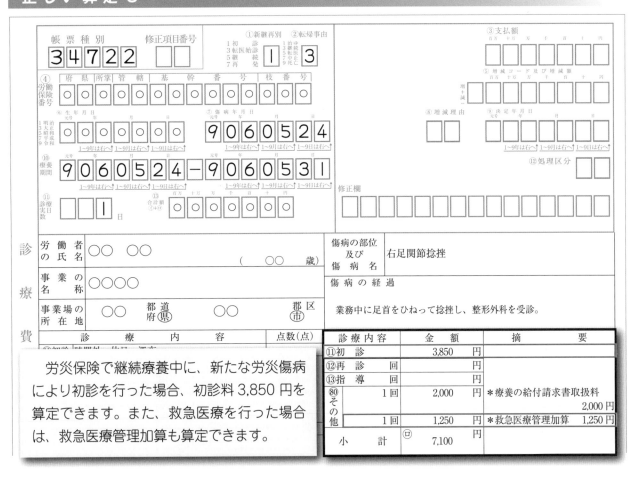

　労災保険で継続療養中に、新たな労災傷病により初診を行った場合、初診料3,850円を算定できます。また、救急医療を行った場合は、救急医療管理加算も算定できます。

診療内容		金額	摘要
⑪初診		3,850 円	
⑫再診	回	円	
⑬指導	回	円	
⑳その他	1回	2,000 円	*療養の給付請求書取扱料　2,000 円
	1回	1,250 円	*救急医療管理加算　1,250 円
小計	㋺	7,100 円	

誤った算定4

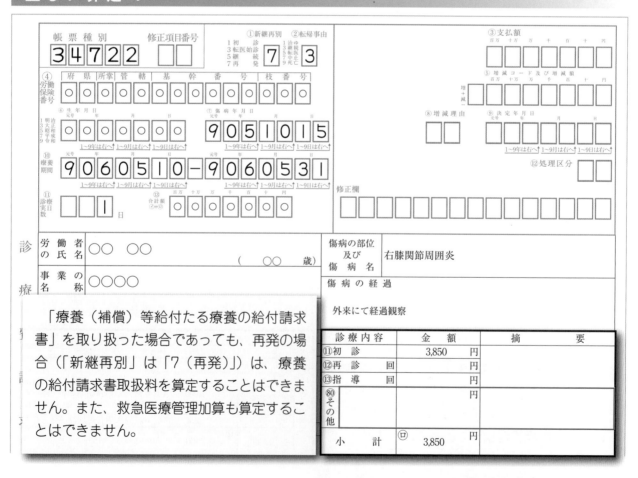

帳票種別	修正項目番号		
34722			

①新継再別　7　②転帰事由　3
1 初　　診
3 転医始診
5 継　　続
7 再　　発

治ゆ
継続
中止
転医
死亡

④労働保険番号　府県 所掌 管轄　基幹番号　枝番号
0 0 0 0 0 0 0 0 0 0 0 0 0 0

⑥生年月日　元号
0 0 0 0 0 0

⑦傷病年月日
9 0 5 1 0 1 5

⑩療養期間
9 0 6 0 5 1 0 - 9 0 6 0 5 3 1

⑪診療実数　1 日

⑬合計額（イ＋ロ）
0 0 0 0 0 0 0

③支払額

⑤増減コード及び増減額　増＋減－

⑧増減理由　⑨決定年月日

⑫処理区分

修正欄

診療費請求	労働者の氏名	○○　○○　（　○○　歳）
	事業の名称	○○○○
	事業場の所在地	○○　都道府県　○○　郡区市

傷病の部位及び傷病名　右膝関節周囲炎

傷病の経過　外来にて経過観察

診　療　内　容		点数（点）
⑪初診　時間外・休日・深夜		
⑫再診	外来管理加算　×　回	
	時間外　×　回	
	休　日　×　回	
	深　夜　×　回	
⑬指導		
	往　診　回	

診療内容		金　額	摘　　要
⑪初　診		3,850 円	
⑫再　診	回	円	
⑬指　導	回	円	
⑧その他	1 回	2,000 円	＊療養の給付請求書取扱料　2,000 円
	1 回	1,250 円	＊救急医療管理加算　1,250 円
小　計		（ロ）7,100 円	

正しい算定4

帳票種別	修正項目番号		
34722			

①新継再別　7　②転帰事由　3
1 初　　診
3 転医始診
5 継　　続
7 再　　発

治ゆ
継続
中止
転医
死亡

④労働保険番号　府県 所掌 管轄　基幹番号　枝番号
0 0 0 0 0 0 0 0 0 0 0 0 0 0

⑥生年月日　元号
0 0 0 0 0 0

⑦傷病年月日
9 0 5 1 0 1 5

⑩療養期間
9 0 6 0 5 1 0 - 9 0 6 0 5 3 1

⑪診療実数　1 日

⑬合計額（イ＋ロ）
0 0 0 0 0 0 0

③支払額

⑤増減コード及び増減額　増＋減－

⑧増減理由　⑨決定年月日

⑫処理区分

修正欄

診療費	労働者の氏名	○○　○○　（　○○　歳）
	事業の名称	○○○○

傷病の部位及び傷病名　右膝関節周囲炎

傷病の経過　外来にて経過観察

「療養（補償）等給付たる療養の給付請求書」を取り扱った場合であっても、再発の場合（「新継再別」は「7（再発）」）は、療養の給付請求書取扱料を算定することはできません。また、救急医療管理加算も算定することはできません。

診療内容		金　額	摘　　要
⑪初　診		3,850 円	
⑫再　診	回	円	
⑬指　導	回	円	
⑧その他		円	
小　計		（ロ）3,850 円	

誤った算定5

帳票種別	修正項目番号	①新継再別	②転帰事由
3 4 7 2 1		1初 診 3転医始診 5継 続 7再 発	1	3 ゆ続治 継転止医中死

④労働保険番号 府県 所掌 管轄 基幹番号 枝番号
○ ○ ○ ○ ○ ○ ○ ○ ○ ○ ○ ○ ○ ○

⑥生年月日 明治正大昭和平成令和 1357 9
元号 年 月 日
○ ○ ○ ○ ○ ○

⑦傷病年月日 元号 年 月 日
9 0 6 0 4 0 5

⑩療養期間 元号 年 月 日 ～ 元号 年 月 日
9 0 6 0 4 0 5 － 9 0 6 0 4 3 0

⑪診療実数 2 6 日
⑬合計額（イ+ロ+ハ）百万 十万 万 千 百 十 円
○ ○ ○ ○ ○ ○ ○ ○

③支払額 百万 十万 万 千 百 十 円

⑤増減コード及び増減額 増+減- 百万 十万 万 千 百 十 円

⑧増減理由
⑨決定年月日 元号 年 月 日

⑫処理区分

修正欄

診療
労の働者氏名 ○○ ○○ （ ○○ 歳）
事業の名称 ○○○○
事業場の所在地 ○○ 都道府県 ○○ 郡区市

傷病の部位及び傷病名　左下肢挫滅創、左足関節腱断裂、左足関節神経断裂

傷病の経過
5日に神経縫合術を施行。
入院加療中である。

摘　要
⑨⑩ ＊急性期一般入院料6
入院期間加算（14日以内）　　　2,275 × 14
＊急性期一般入院料6
入院期間加算（15日～30日以内）　1,610 × 12

診療内容	金　額	摘　要
⑪初診	3,850 円	
⑧その他 1回	2,000 円	＊療養の給付請求書取扱料　2,000 円
	6,900 円	＊救急医療管理加算（入院）6,900 円 × 1
小　計 ロ	12,750 円	

正しい算定5

帳票種別	修正項目番号	①新継再別	②転帰事由
3 4 7 2 1		1初 診 3転医始診 5継 続 7再 発	1	3 ゆ続治 継転止医中死

④労働保険番号 府県 所掌 管轄 基幹番号 枝番号
○ ○ ○ ○ ○ ○ ○ ○ ○ ○ ○ ○ ○ ○

⑥生年月日 明治正大昭和平成令和 1357 9
元号 年 月 日
○ ○ ○ ○ ○ ○

⑦傷病年月日 元号 年 月 日
9 0 6 0 4 0 5

⑩療養期間 元号 年 月 日 ～ 元号 年 月 日
9 0 6 0 4 0 5 － 9 0 6 0 4 3 0

⑪診療実数 2 6 日
⑬合計額（イ+ロ+ハ）百万 十万 万 千 百 十 円

③支払額 百万 十万 万 千 百 十 円

⑤増減コード及び増減額 増+減- 百万 十万 万 千 百 十 円

⑧増減理由
⑨決定年月日 元号 年 月 日

⑫処理区分

修正欄

診療
労の働者氏名 ○○ ○○ （ ○○ 歳）
事業の名称 ○○○○
事業場の所在地 ○○ 都道府県 ○○ 郡区市

傷病の部位及び傷病名　左下肢挫滅創、左足関節腱断裂、左足関節神経断裂

傷病の経過
5日に神経縫合術を施行。
入院加療中である。

初診時に救急医療が行われ引き続き入院した場合、救急医療管理加算6,900円を入院日数に応じて7日間を限度に算定することができます。

診療内容	金　額	摘　要
⑪初診	3,850 円	
⑧その他 1回	2,000 円	＊療養の給付請求書取扱料　2,000 円
	48,300 円	＊救急医療管理加算（入院）6,900 円 × 7
小　計 ロ	54,150 円	

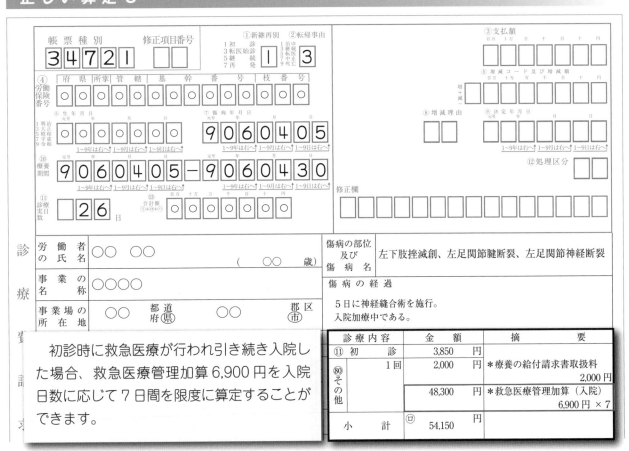

誤った算定6

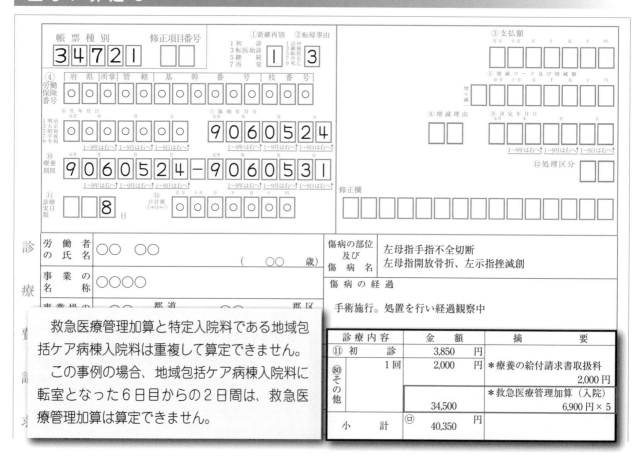

診療内容	金 額	摘 要
⑪ 初 診	3,850 円	
⑧⑩ その他	1回 2,000 円	＊療養の給付請求書取扱料 2,000 円
	48,300 円	＊救急医療管理加算（入院） 6,900 円 × 7
小 計 ㋺	54,150 円	

摘要欄（90）
＊急性期一般入院料2（24～28日）
　一般病棟入院期間加算（14日以内）
　労災（2週間以内）（1.3倍） 2,587 × 5
＊地域包括ケア病棟入院料1（29～31日）
　急性期患者支援病床初期加算（地域包括ケア病棟入院料） 2,888 × 3

傷病の部位及び傷病名：左母指手指不全切断　左母指開放骨折、左示指挫減創
傷病の経過：手術施行。処置を行い経過観察中

正しい算定6

救急医療管理加算と特定入院料である地域包括ケア病棟入院料は重複して算定できません。
この事例の場合、地域包括ケア病棟入院料に転室となった6日目からの2日間は、救急医療管理加算は算定できません。

診療内容	金 額	摘 要
⑪ 初 診	3,850 円	
⑧⑩ その他	1回 2,000 円	＊療養の給付請求書取扱料 2,000 円
	34,500 円	＊救急医療管理加算（入院） 6,900 円 × 5
小 計 ㋺	40,350 円	

傷病の部位及び傷病名：左母指手指不全切断　左母指開放骨折、左示指挫減創
傷病の経過：手術施行。処置を行い経過観察中

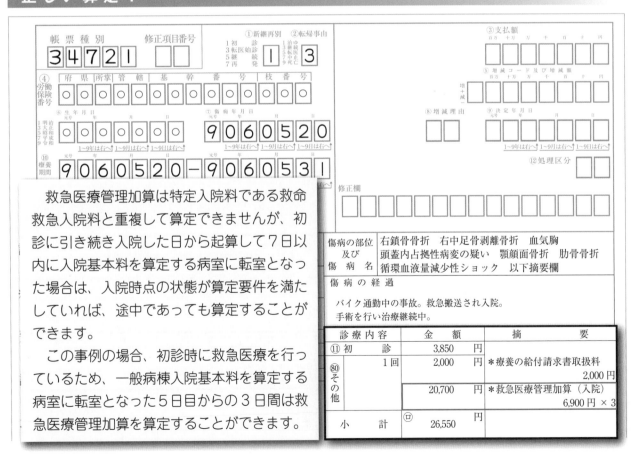

誤った算定7

帳票種別	修正項目番号	①新継再別	②転帰事由
3 4 7 2 1		1	3

1 初　　診
3 転医始診
5 継　　続
7 再　　発

ゆ病院廃止
治継転医中止
再　中死

③支払額
百万 十万 万 千 百 十 円

⑤増減コード及び増減額
百万 十万 万 千 百 十 円
増＋・減－

④労働保険番号　府県 所掌 管轄 基幹 番号 枝番号
⑥生年月日　元号 年 月 日
⑦傷病年月日　元号 年 月 日　9 0 6 0 5 2 0
⑧増減理由
⑨決定年月日　元号 年 月 日

⑩療養期間　9 0 6 0 5 2 0 － 9 0 6 0 5 3 1

⑪診療実数　1 2 日　⑬合計額　百万 十万 万 千 百 十 円

⑫処理区分

修正欄

診療の部位及び傷病名	右鎖骨骨折　右中足骨剥離骨折　血気胸 頭蓋内占拠性病変の疑い　顎顔面骨折　肋骨骨折 循環血液量減少性ショック　以下摘要欄

傷病の経過

バイク通勤中の事故。救急搬送され入院。
手術を行い治療継続中。

摘　要		
㉚	*救命救急入院料1（3日以内） （19日～21日）	10,268 × 3
	*救命救急入院料1（4日以上7日以内） （22日）	9,292 × 1
	*急性期一般入院料6 初期加算（14日以内）	2,275 × 8

診療内容	金　額	摘　要
⑪初　診	3,850 円	
㉚その他	1回　2,000 円	*療養の給付請求書取扱料 2,000 円
	円	
小　計	㋺ 5,850	円

正しい算定7

帳票種別	修正項目番号	①新継再別	②転帰事由
3 4 7 2 1		1	3

1 初　　診
3 転医始診
5 継　　続
7 再　　発

ゆ病院廃止
治継転医中止
再　中死

③支払額
百万 十万 万 千 百 十 円

⑤増減コード及び増減額
百万 十万 万 千 百 十 円
増＋・減－

④労働保険番号　府県 所掌 管轄 基幹 番号 枝番号
⑥生年月日　元号 年 月 日
⑦傷病年月日　元号 年 月 日　9 0 6 0 5 2 0
⑧増減理由
⑨決定年月日　元号 年 月 日

⑩療養期間　9 0 6 0 5 2 0 － 9 0 6 0 5 3 1

⑫処理区分

修正欄

　救急医療管理加算は特定入院料である救命救急入院料と重複して算定できませんが、初診に引き続き入院した日から起算して7日以内に入院基本料を算定する病室に転室となった場合は、入院時点の状態が算定要件を満たしていれば、途中であっても算定することができます。

　この事例の場合、初診時に救急医療を行っているため、一般病棟入院基本料を算定する病室に転室となった5日目からの3日間は救急医療管理加算を算定することができます。

傷病の部位及び傷病名	右鎖骨骨折　右中足骨剥離骨折　血気胸 頭蓋内占拠性病変の疑い　顎顔面骨折　肋骨骨折 循環血液量減少性ショック　以下摘要欄

傷病の経過

バイク通勤中の事故。救急搬送され入院。
手術を行い治療継続中。

診療内容	金　額	摘　要
⑪初　診	3,850 円	
㉚その他	1回　2,000 円	*療養の給付請求書取扱料 2,000 円
	20,700 円	*救急医療管理加算（入院） 6,900 円 × 3
小　計	㋺ 26,550	円

誤った算定8

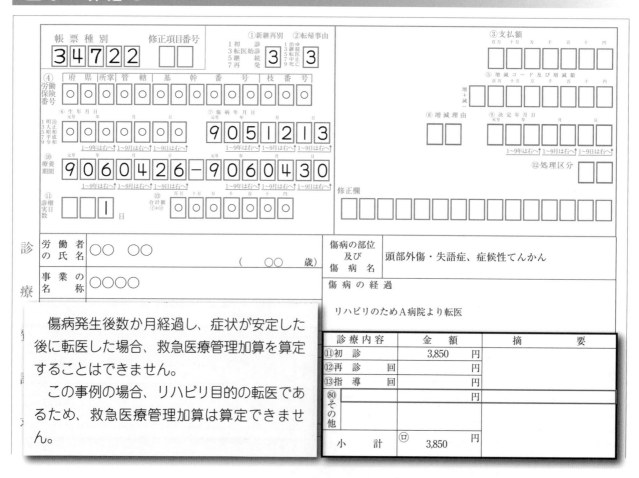

帳票種別	修正項目番号
34722	

①新継再別
1 初　診
3 転医始診
5 継続
7 再発
3

②転帰事由
1 治ゆ
3 継続
5 転中止
7 死亡
9 中止
3

③支払額
百万 十万 万 千 百 十 円

④労働保険番号
府県 所掌 管轄 基幹番号 枝番号
○○○○○○○○○○○○○○

⑤増減コード及び増減額
百万 十万 万 千 百 十 円
増＋減－

⑥生年月日
元号 年 月 日
明治1 大正3 昭和5 平成7 令和9

⑦傷病年月日
元号 年 月 日
9051213
1～9年は右へ 1～9月は右へ 1～9日は右へ

⑧増減理由

⑨決定年月日
元号 年 月 日
1～9年は右へ 1～9月は右へ 1～9日は右へ

⑩療養期間
9060426－9060430
1～9年は右へ 1～9月は右へ 1～9日は右へ

⑫処理区分

⑪診療実数
1 日

合計額（イ＋ロ）
百万 十万 万 千 百 十 円
○○○○○○○

修正欄

診療の部位及び傷病名	頭部外傷・失語症、症候性てんかん

労働者の氏名　○○　○○（　○○　歳）

事業の名称　○○○○

事業場の所在地　○○ 都道府県 ○○ 郡区市

傷病の経過

リハビリのためA病院より転医

摘　要
⑩ *脳血管疾患等リハビリテーション料（Ⅰ）（1単位） （理学療法士による場合） 実施日数1日　　　　　　　　　　250×1 発症日　5年12月13日 対象疾患　頭部外傷・失語症

診療内容	金　額	摘　要
⑪初　診	3,850 円	
⑫再　診　回	円	
⑬指　導　回	円	
⑩その他	1 回　1,250 円	*救急医療管理加算　1,250 円
小　計	ロ 5,100 円	

正しい算定8

帳票種別	修正項目番号
34722	

①新継再別
1 初　診
3 転医始診
5 継続
7 再発
3

②転帰事由
1 治ゆ
3 継続
5 転中止
7 死亡
9 中止
3

③支払額
百万 十万 万 千 百 十 円

④労働保険番号
府県 所掌 管轄 基幹番号 枝番号
○○○○○○○○○○○○○○

⑤増減コード及び増減額
百万 十万 万 千 百 十 円
増＋減－

⑥生年月日
元号 年 月 日
明治1 大正3 昭和5 平成7 令和9
○○○○○○○

⑦傷病年月日
元号 年 月 日
9051213
1～9年は右へ 1～9月は右へ 1～9日は右へ

⑧増減理由

⑨決定年月日
元号 年 月 日
1～9年は右へ 1～9月は右へ 1～9日は右へ

⑩療養期間
9060426－9060430
1～9年は右へ 1～9月は右へ 1～9日は右へ

⑫処理区分

⑪診療実数
1 日

合計額（イ＋ロ）
百万 十万 万 千 百 十 円
○○○○○○○

修正欄

診療の部位及び傷病名	頭部外傷・失語症、症候性てんかん

労働者の氏名　○○　○○（　○○　歳）

事業の名称　○○○○

傷病の経過

リハビリのためA病院より転医

> 　傷病発生後数か月経過し、症状が安定した後に転医した場合、救急医療管理加算を算定することはできません。
> 　この事例の場合、リハビリ目的の転医であるため、救急医療管理加算は算定できません。

診療内容	金　額	摘　要
⑪初　診	3,850 円	
⑫再　診　回	円	
⑬指　導　回	円	
⑩その他	円	
小　計	ロ 3,850 円	

3 再診料

（1）再診料 —— 1,420円

　一般病床の病床数200床未満の医療機関及び一般病床の病床数200床以上の医療機関の歯科、歯科口腔外科において再診を行った場合に算定します。

　ただし、健保点数表（医科に限る）の再診料の注3に該当する場合については、710円を算定します。この場合において、夜間・早朝等加算、外来管理加算、時間外対応加算、明細書発行体制等加算等（注4から注8まで、注10から注20に規定する加算）は算定できません。

　その他の再診料の算定に係る取扱いについては、健保点数表（医科に限る）の再診料の注8を除き健康保険準拠です。

　なお、歯科、歯科口腔外科の再診について、他の病院（病床数200床未満に限る）又は診療所に対して、文書による紹介を行う旨の申出を行ったにもかかわらず、当該医療機関を受診した場合の定額負担料（健康保険における選定療養費）を傷病労働者から徴収した場合は、1,020円を算定します。

算定例1

　健康保険において外来診療料76点を算定する一般病床200床以上の医療機関（歯科、歯科口腔外科を除く）にて、再診を行った場合

　　外来診療料　　　　　76点

◇　健康保険において外来診療料を算定する医療機関は、再診料1,420円ではなく、外来診療料（健保準拠）を算定します。

算定例2

　健康保険において再診料75点を算定する一般病床200床未満の医療機関にて、時間外に再診を行った場合

　　再診料　　　　　　1,420円
　　時間外加算　　　　　65点

◇　再診料は1,420円で算定しますが、時間外加算は健康保険に準拠し点数で算定します。

··· レセプトの記入例 ···

診　療　内　容			点数(点)	診療内容	金　額	摘　　要
⑪初診 時間外・休日・深夜				⑪初 診	円	
⑫再診		×　　回		⑫再 診 1回	1,420 円	
	外来管理加算	×　　回		⑬指導　回	円	
	時間外 65 × 1 回		65	⑧その他	円	
	休　日	×　　回				
	深　夜	×　　回				
⑬指導				小　計 ㋺ 1,420 円		
	往診	回				

算定例3

労災保険の再診と同一日に、同一の診療科で健康保険の再診を行った場合（労災保険が主たる傷病の場合）

労災保険　　　　1,420円
健康保険　　　　算定不可

◇　労災保険と健康保険で、同一日に同一の医療機関の同一の診療科において再診を行った場合、主たる傷病についてのみ再診料を算定します。

算定例4

労災保険の再診（A科）と同一日に、異なる診療科（B科）で健康保険の再診を行った場合（労災保険が主たる傷病の場合）

労災保険　A科　　1,420円
健康保険　B科　　　38点

◇　労災保険と健康保険で、同一日に同一の医療機関の別の診療科において再診を行った場合、主たる傷病について再診料を算定し、もう1つの傷病について、2科目の再診料を算定します。

算定例5

労災保険の再診（A科）と同一日に、異なる傷病に対する労災保険の再診（B科、C科）を行った場合

労災保険　A科　　1,420円
労災保険　B科　　　710円
労災保険　C科　　算定不可

◇　同一日に、異なる傷病について同一の医療機関の複数の診療科において再診を行った場合は、2つ目の診療科に限り710円が算定できます。

・・・・・・・・・・・・・・・・・・・・・・・・・・・・・・（ レセプトの記入例 ）・・・・・・・・・・・・・・・・・・・・・・・・・・・・・・

（同一の災害の場合）

診　療　内　容	金　　額	摘　　　　要
⑪初　診　　　回		＊ 複再 B科　　710円 × 1
⑫再　診　2　回	2,130　円	
⑬指　導　　　回		
⑧⓪その他	円	
小　　　計	㋺ 2,130 円	

点検しましょう

誤った算定1

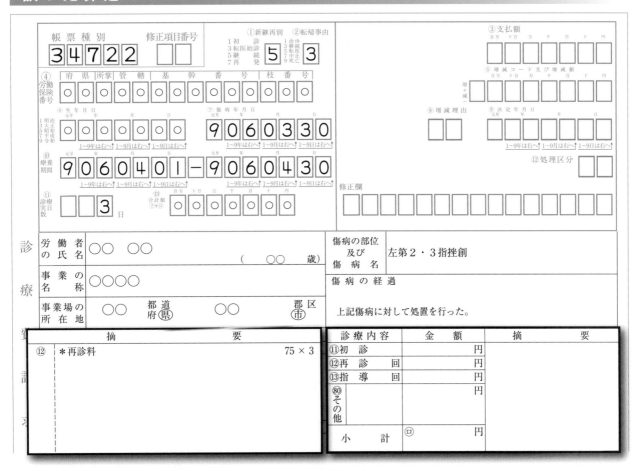

摘　　　　　　　要		診療内容	金　額	摘　　　　要
⑫ ＊再診料　　　　　　　　75 × 3		⑪初　診	円	
		⑫再　診　　回	円	
		⑬指　導　　回	円	
		⑧その他	円	
		小　　計	⑩　　　　円	

正しい算定1

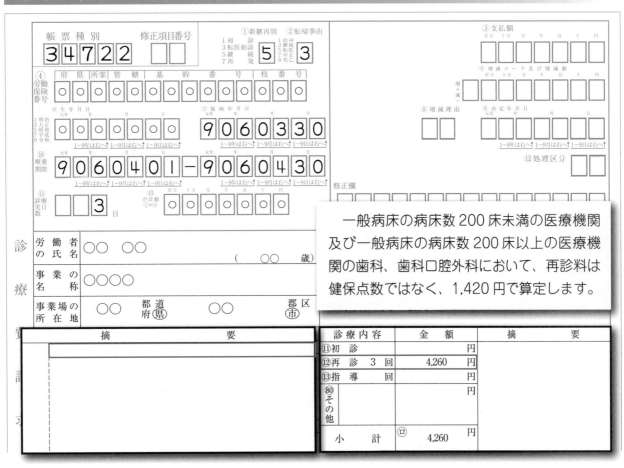

一般病床の病床数200床未満の医療機関及び一般病床の病床数200床以上の医療機関の歯科、歯科口腔外科において、再診料は健保点数ではなく、1,420円で算定します。

摘　　　　　　　要		診療内容	金　額	摘　　　　要
		⑪初　診	円	
		⑫再　診　3　回	4,260円	
		⑬指　導　　回	円	
		⑧その他	円	
		小　　計	⑩　4,260円	

誤った算定2

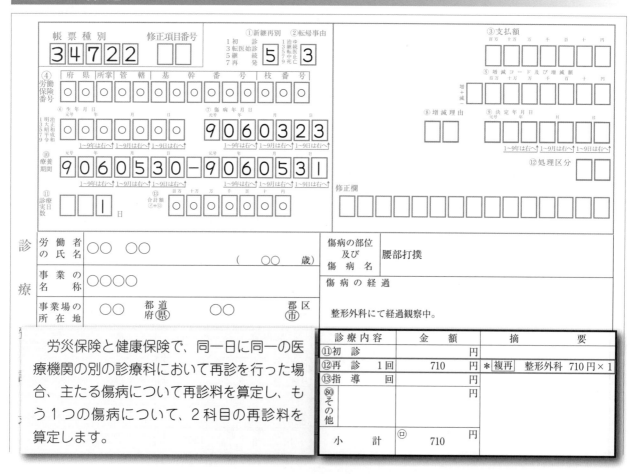

帳票種別 3 4 7 2 2　修正項目番号

①新継再別　1初　診　3転医始診　5継　続　7再　発　5
②転帰事由　治ゆ　継続中　転医　死亡　1379　3

③支払額　百万 十万 万 千 百 十 円

④労働保険番号　府県 0 0　所掌 0　管轄 0 0　基幹番号 0 0 0 0 0 0　枝番号 0 0 0

⑤増減コード及び増減額　百万 十万 万 千 百 十 円　増＋減−

⑥生年月日　元号 明大昭和平成令 13579　0 0　年 0 0　月 0 0　日 0 0

⑦傷病年月日　元号　9 0　年 6 0　月 3 2 3

⑧増減理由

⑨決定年月日　元号　年　月　日

⑩療養期間　元号 9 0　年 6 0　月 5 3 0 − 元号 9 0　年 6 0　月 5 3 1

⑫処理区分

⑪診療実数　1 日

⑬合計額 ④+⑬　百万 十万 万 千 百 十 円 0 0 0 0 0 0 0 0

修正欄

診療費請求	労働者の氏名	○○　○○ （　　○○　歳）
	事業の名称	○○○○
	事業場の所在地	○○ 都道府(県) ○○ 郡区(市)

傷病の部位及び傷病名　腰部打撲

傷病の経過

整形外科にて経過観察中。

診療内容	点数(点)
⑪初診　時間外・休日・深夜	
⑫再診　外来管理加算　×　回	
時間外　×　回	
休日　×　回	
深夜　×　回	
⑬指導	
往診　回	

診療内容	金額	摘要
⑪初　診	円	
⑫再　診　回	円	30日健保（眼科）
⑬指　導　回	円	にて再診料算定
⑧その他	円	
小　計 ⑩	円	

正しい算定2

帳票種別 3 4 7 2 2　修正項目番号

①新継再別　1初　診　3転医始診　5継　続　7再　発　5
②転帰事由　治ゆ　継続中　転医　死亡　1379　3

③支払額　百万 十万 万 千 百 十 円

④労働保険番号　府県 0 0　所掌 0　管轄 0 0　基幹番号 0 0 0 0 0 0　枝番号 0 0 0

⑤増減コード及び増減額　百万 十万 万 千 百 十 円　増＋減−

⑥生年月日　元号 明大昭和平成令 13579　0 0　年 0 0　月 0 0　日 0 0

⑦傷病年月日　元号　9 0　年 6 0　月 3 2 3

⑧増減理由

⑨決定年月日　元号　年　月　日

⑩療養期間　元号 9 0　年 6 0　月 5 3 0 − 元号 9 0　年 6 0　月 5 3 1

⑫処理区分

⑪療養実数　1 日

⑬合計額 ④+⑬　百万 十万 万 千 百 十 円

修正欄

診療	労働者の氏名	○○　○○ （　　○○　歳）
	事業の名称	○○○○
	事業場の所在地	○○ 都道府(県) ○○ 郡区(市)

傷病の部位及び傷病名　腰部打撲

傷病の経過

整形外科にて経過観察中。

労災保険と健康保険で、同一日に同一の医療機関の別の診療科において再診を行った場合、主たる傷病について再診料を算定し、もう1つの傷病について、2科目の再診料を算定します。

診療内容	金額	摘要
⑪初　診	円	
⑫再　診　1回	710 円	＊複再　整形外科　710円×1
⑬指　導　回	円	
⑧その他	円	
小　計 ⑩	710 円	

（2）外来管理加算の特例

ア　再診時に、健保点数表（医科に限る）において外来管理加算を算定することができない処置等を行った場合でも、その点数が外来管理加算の所定点数52点に満たない場合には、特例として外来管理加算を算定することができます。

　　また、外来管理加算の点数に満たない処置等が2つ以上ある場合には、最も低い点数に対して外来管理加算を算定し、他の点数は外来管理加算の点数に読み替えて算定することができます。

イ　慢性疼痛疾患管理料を算定している場合であっても、慢性疼痛疾患管理料に包括される処置（介達牽引、矯正固定、変形機械矯正術、消炎鎮痛等処置、腰部又は胸部固定帯固定、低出力レーザー照射及び肛門処置）以外の処置等を行った場合は、外来管理加算の特例を算定することができます。

ウ　健保点数表（医科に限る）の再診料の注8にかかわらず、従前どおり計画的な医学管理を行った場合に算定できます。

算 定 例 1

① 再診時に次の処置を行った場合〔一般病床200床未満の医療機関〕
　　　腰部　　消炎鎮痛等処置（器具等による療法）

　　消炎鎮痛等処置（器具）　35点＜52点　→　外来管理加算52点に満たないため、
　　　　　　　　　　　　　　　　　　　　　　　特例として外来管理加算を算定できる。

	【労災の場合】	【健保の場合】
消炎鎮痛等処置（器具）	35点	35点
外来管理加算	㊿52点	――
合　計	87点	35点

② 再診時に次の処置を行った場合〔一般病床200床未満の医療機関〕
　　　背部　　創傷処置　　120cm²

　　創傷処置2　60点＞52点　→　外来管理加算52点を超えるため、外来管理加算
　　　　　　　　　　　　　　　　　の特例を算定できない。

創傷処置2	60点
外来管理加算	算定不可
合　計	60点

ポイント

① 四肢に対する処置等に対し 1.5 倍又は 2.0 倍の加算ができる取扱い（92 ページ「四肢加算」参照）が適用される場合は、四肢加算後の特例点数を基準にします（94 ページポイント②参照）。

② 四肢以外に行った創傷処置（100cm² 未満）の取扱いについては、45 点として算定し、外来管理加算の特例の取扱いの対象とすることができます。

算定例 2

再診時に次の処置を行った場合〔一般病床 200 床未満の医療機関〕
前額部　　創傷処置　　10cm²

	【労災の場合】	【健保の場合】
創傷処置 1	45 点	52 点
外来管理加算	㊵52 点	——
合　計	97 点	52 点

◇ 前額部に行った創傷処置（100cm² 未満）は、45 点として算定し、外来管理加算の特例を算定することができます。

・・・・・・・・・・・・・・・・（ レセプトの記入例 ）・・・・・・・・・・・・・・・・

特例として、外来管理加算 52 点を算定したものについては、摘要欄に㊵52 点と回数を記載します。

診　療　内　容			点数(点)	診療内容	金　額	摘　　　　要
⑪初診 時間外・休日・深夜				⑪初　診	円	
		× 回		⑫再　診 1回	1,420 円	㊵52 × 1
⑫再	外来管理加算 52 × 1 回		52	⑬指　導　回	円	
	時間外	× 回		⑳その他	円	
診	休　日	× 回				
	深　夜	× 回				
⑬指導				小　計 ㊟ 1,420	円	
	往　診	回				
⑭在	夜　間	回			摘　　　　要	
	緊急・深夜	回		⑩ ＊創傷処置 1 （前額部） 45 × 1		
	在宅患者訪問診療	回				
宅	その他					
	薬　剤					

算定例3

再診時に次の処置、検査を行った場合〔一般病床200床未満の医療機関〕

右　眼　眼処置

　　　　　細隙灯顕微鏡検査（前眼部）

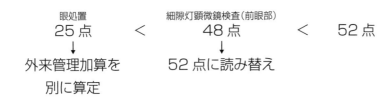

	【労災の場合】	【健保の場合】
眼処置	25点	25点
外来管理加算	㊝52点	——
細隙灯顕微鏡検査（前眼部）	㊝52点	48点
合　計	129点	73点

◇　外来管理加算52点に満たない処置等が2つあるため、最も低い点数である眼処置25点に対して特例として外来管理加算52点を算定し、細隙灯顕微鏡検査（前眼部）48点を52点に読み替えて算定します。

········ **レセプトの記入例** ········

　特例として、外来管理加算52点を算定したものについては、摘要欄に㊝52点と回数を、また、52点に読み替えを行った処置等については、摘要欄の該当する点数に㊝を記載します。

診　療　内　容		点数(点)	診療内容	金　額	摘　　要
⑪初診 時間外・休日・深夜			⑪初　診	円	
⑫再診	×　　回		⑫再　診 1回	1,420 円	㊝52×1
	外来管理加算 52×1回	52	⑬指　導　回	円	
	時間外 ×　　回		⑳その他	円	
	休　日 ×　　回				
	深　夜 ×　　回				
⑬指導			小　計	㋺ 1,420 円	
⑭在宅	往　診 回			摘　　要	
	夜　間 回		⑳ *眼処置		25×1
	緊急・深夜 回				
	在宅患者訪問診療 回		⑥⓪ *細隙灯顕微鏡検査（前眼部） ㊝52×1		
	その他				
	薬　剤				

例題 算定しましょう

例題 01　再診時に次の処置及び麻酔を行った場合
〔一般病床 200 床未満の医療機関〕

① 腰　部　　　神経幹内注射　25 点
　　　　　　　腰部固定帯固定　35 点（腰部固定帯加算（170 点）算定）

② 腰　部　　　トリガーポイント注射　70 点
　　　　　　　腰部固定帯固定　35 点（腰部固定帯加算（170 点）算定）

例題 02　初診時に、頸部に対し消炎鎮痛等処置（手技による療法）35 点を行った場合
〔一般病床 200 床未満の医療機関〕

例題 03　再診時に、次の処置及び検査を行った場合
〔一般病床 200 床未満の医療機関〕
　　右　眼　　眼処置　25 点
　　左　眼　　結膜異物除去　100 点
　　　　　　　細隙灯顕微鏡検査（前眼部）　48 点
　　　　　　　生体染色による再検査　48 点

解答と解説

例題 **01** 再診時に次の処置及び麻酔を行った場合
〔一般病床 200 床未満の医療機関〕

① 腰 部　　神経幹内注射
　　　　　　腰部固定帯固定（腰部固定帯加算算定）

解答と解説

神経幹内注射	25 点
外来管理加算	㊕ 52 点
腰部固定帯固定（読み替え）	㊕ 52 点
腰部固定帯加算	170 点
合　計	299 点

神経幹内注射　　　25 点　＜　52 点　→　特例として外来管理加算を算定
　　　　　　　　　　　　　　　　　　　　　（25 点＋52 点）
腰部固定帯固定　　35 点　＜　52 点　→　52 点に読み替え

　外来管理加算 52 点に満たない処置等が 2 つあるため、最も点数の低い神経幹内注射に対して特例として外来管理加算 52 点を算定し、腰部固定帯固定を 52 点に読み替えて算定します。

② 腰　部　　　　トリガーポイント注射
　　　　　　　　腰部固定帯固定（腰部固定帯加算算定）

解答と解説

トリガーポイント注射	70点
腰部固定帯固定	35点
外来管理加算	㊩52点
腰部固定帯加算	170点
合　計	327点

トリガーポイント注射　　70点　＞　52点　→　外来管理加算の対象外
腰部固定帯固定　　　　　35点　＜　52点　→　特例として外来管理加算を
　　　　　　　　　　　　　　　　　　　　　　算定（35点＋52点）

　腰部固定帯固定は外来管理加算の所定点数52点に満たないため、特例として外来管理加算52点を算定します。

◇　労災では外来管理加算の所定点数52点に満たない処置等がある場合は、特例として外来管理加算を算定することができます。②のトリガーポイント注射は52点を超えるため特例の対象となりませんが、①の神経幹内注射は52点に満たないため、特例として外来管理加算を算定することができます。

例題 02　初診時に、頸部に対し消炎鎮痛等処置（手技による療法）を行った場合
〔一般病床200床未満の医療機関〕

解答と解説

消炎鎮痛等処置（手技）	35点
外来管理加算	算定不可
合　計	35点

　外来管理加算は再診料に対する加算です。初診時に外来管理加算の特例を算定することはできません。

例題 **03** 　再診時に、次の処置及び検査を行った場合
〔一般病床 200 床未満の医療機関〕
　　右　眼　　眼処置
　　左　眼　　結膜異物除去
　　　　　　　細隙灯顕微鏡検査（前眼部）
　　　　　　　生体染色による再検査

解答 と 解説

眼処置	25 点
外来管理加算	㊙ 52 点
細隙灯顕微鏡検査（前眼部）（読み替え）	㊙ 52 点
生体染色による再検査（読み替え）	㊙ 52 点
結膜異物除去	100 点
合　計	281 点

　眼処置（25 点）、細隙灯顕微鏡検査（前眼部）（48 点）、生体染色による再検査（48 点）は、いずれも外来管理加算の所定点数 52 点に満たないものです。

　したがって、最も低い点数である眼処置に対して特例として外来管理加算を算定し、細隙灯顕微鏡検査（前眼部）及び生体染色による再検査は外来管理加算の点数 52 点に読み替えて算定します。

　なお、結膜異物除去（100 点）は 52 点を超えるため、外来管理加算の特例の対象とはなりません。

点検しましょう

誤った算定1

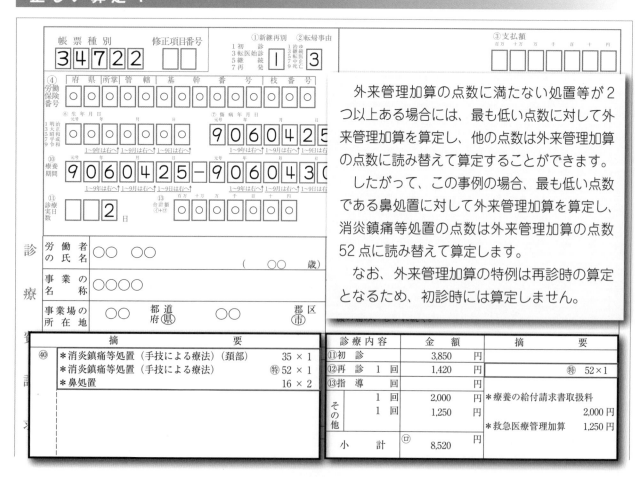

帳票種別	修正項目番号	①新継再別	②転帰事由
3 4 7 2 2		1 初　　診 3 転医始診 5 継　続 7 再　発	1	3

③支払額

⑤増減コード及び増減額

④労働保険番号 府県 所掌 管轄 基幹番号 枝番号

⑥生年月日　⑦傷病年月日　9060425

⑧増減理由　⑨決定年月日

⑩療養期間　9060425-9060430

⑫処理区分

⑪診療実数　2 日　⑬合計額

修正欄

診療	労働者の氏名	○○　○○ （　○○　歳）
	事業の名称	○○○○
	事業場の所在地	○○ 都道府県 ○○ 郡区市

傷病の部位及び傷病名　顔面打撲（鼻出血）、頚椎捻挫

傷病の経過

受傷当日に受診。処置を行い経過観察中。

摘　要	
⑩ ＊消炎鎮痛等処置（手技による療法）（頚部）	52 × 2
＊鼻処置	16 × 2

診療内容	金額	摘要
⑪初　診	3,850 円	
⑫再　診　1 回	1,420 円	
⑬指　導　回	円	
⑧その他　1 回	2,000 円	＊療養の給付請求書取扱料
1 回	1,250 円	2,000 円
		＊救急医療管理加算　1,250 円
小　計 ㋺	8,520 円	

正しい算定1

帳票種別	修正項目番号	①新継再別	②転帰事由
3 4 7 2 2		1 初　　診 3 転医始診 5 継　続 7 再　発	1	3

③支払額

④労働保険番号 府県 所掌 管轄 基幹番号 枝番号

⑥生年月日　⑦傷病年月日　9060425

⑩療養期間　9060425-9060430

⑪診療実数　2 日　⑬合計額

診療	労働者の氏名	○○　○○ （　○○　歳）
	事業の名称	○○○○
	事業場の所在地	○○ 都道府県 ○○ 郡区市

　外来管理加算の点数に満たない処置等が2つ以上ある場合には、最も低い点数に対して外来管理加算を算定し、他の点数は外来管理加算の点数に読み替えて算定することができます。

　したがって、この事例の場合、最も低い点数である鼻処置に対して外来管理加算を算定し、消炎鎮痛等処置の点数は外来管理加算の点数52点に読み替えて算定します。

　なお、外来管理加算の特例は再診時の算定となるため、初診時には算定しません。

摘　要	
⑩ ＊消炎鎮痛等処置（手技による療法）（頚部）	35 × 1
＊消炎鎮痛等処置（手技による療法）	㊵ 52 × 1
＊鼻処置	16 × 2

診療内容	金額	摘要
⑪初　診	3,850 円	
⑫再　診　1 回	1,420 円	㊵ 52 × 1
⑬指　導　回	円	
その他　1 回	2,000 円	＊療養の給付請求書取扱料
1 回	1,250 円	2,000 円
		＊救急医療管理加算　1,250 円
小　計 ㋺	8,520 円	

誤った算定2

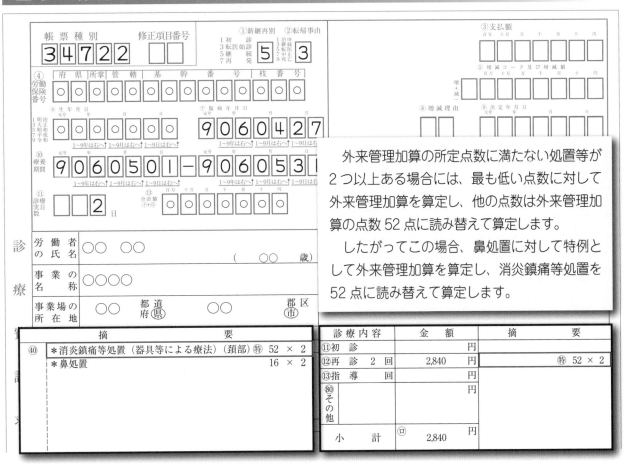

帳票種別	修正項目番号
3 4 7 2 2	☐ ☐

①新継再別　②転帰事由
1 初　　　診
3 転医始診
5 継　　　続
7 再　　　発
治継区分正し
中継転中止
ゆ中

① 5　② 3

③支払額
百万 十万 万 千 百 十 円
☐ ☐ ☐ ☐ ☐ ☐ ☐ ☐

④労働保険番号
府県 所掌 管轄 基 幹 番 号 枝番号
○ ○ ○ ○ ○ ○ ○ ○ ○ ○ ○ ○ ○ ○

⑤増減コード及び増減額
百万 十万 万 千 百 十 円
増＋ 減－ ☐ ☐ ☐ ☐ ☐ ☐ ☐

⑥生年月日
元号　　年　　　月　　　日
○ ○ ○ ○ ○ ○ ○
治正昭和明大昭平令135797

⑦傷病年月日
元号　年　　月　　日
9 0 6 0 4 2 7

⑧増減理由　⑨決定年月日
☐ ☐　元号 年 月 日

⑩療養期間
9 0 6 0 5 0 1 － 9 0 6 0 5 3 1

⑫処理区分 ☐

⑪診療実数
☐ ☐ 2 日

⑬合計額（④＋⑰）
百万 十万 万 千 百 十 円
○ ○ ○ ○ ○ ○ ○

修正欄
☐ ☐ ☐ ☐ ☐ ☐ ☐ ☐ ☐

診療費請求
労の働氏者名：○○　○○　　　（○○歳）
事業の名称：○○○○
事業場の所在地：○○ 都道府県 ○○ 郡区市

傷病の部位及び傷病名：顔面打撲（鼻出血）、頸椎捻挫

傷病の経過：現在、物療・投薬にて通院中。

摘　　　要		
⑩	＊消炎鎮痛等処置（器具等による療法）（頸部）㊙	52 × 2
	＊鼻処置 ㊙	52 × 2

診療内容	金　額	摘　要
⑪初　診	円	
⑫再　診 2回	2,840 円	
⑬指　導 回	円	
⑳その他	円	
小　　計	㋺ 2,840 円	

正しい算定2

帳票種別	修正項目番号
3 4 7 2 2	☐ ☐

①新継再別　②転帰事由
1 初　　　診
3 転医始診
5 継　　　続
7 再　　　発
治継区分正し
中継転中止
ゆ中

① 5　② 3

③支払額
百万 十万 万 千 百 十 円
☐ ☐ ☐ ☐ ☐ ☐ ☐ ☐

④労働保険番号
府県 所掌 管轄 基 幹 番 号 枝番号
○ ○ ○ ○ ○ ○ ○ ○ ○ ○ ○ ○ ○ ○

⑤増減コード及び増減額
百万 十万 万 千 百 十 円
増＋ 減－ ☐ ☐ ☐ ☐ ☐ ☐ ☐

⑥生年月日
元号　　年　　　月　　　日
○ ○ ○ ○ ○ ○ ○
治正昭和明大昭平令135797

⑦傷病年月日
元号　年　　月　　日
9 0 6 0 4 2 7

⑧増減理由　⑨決定年月日
☐ ☐　元号 年 月 日

⑩療養期間
9 0 6 0 5 0 1 － 9 0 6 0 5 3 1

⑪診療実数
☐ ☐ 2 日

⑬合計額（④＋⑰）
百万 十万 万 千 百 十 円

診療費請求
労の働氏者名：○○　○○　　　（○○歳）
事業の名称：○○○○
事業場の所在地：○○ 都道府県 ○○ 郡区市

> 　外来管理加算の所定点数に満たない処置等が2つ以上ある場合には、最も低い点数に対して外来管理加算を算定し、他の点数は外来管理加算の点数52点に読み替えて算定します。
> 　したがってこの場合、鼻処置に対して特例として外来管理加算を算定し、消炎鎮痛等処置を52点に読み替えて算定します。

摘　　　要		
⑩	＊消炎鎮痛等処置（器具等による療法）（頸部）㊙	52 × 2
	＊鼻処置	16 × 2

診療内容	金　額	摘　要
⑪初　診	円	
⑫再　診 2回	2,840 円	㊙ 52 × 2
⑬指　導 回	円	
⑳その他	円	
小　　計	㋺ 2,840 円	

誤った算定3

帳票種別	修正項目番号	①新継再別	②転帰事由
3 4 7 2 2		1 初　　診 3 転医始診 5 継　　続 7 再　　発　　1	1 治ゆ 3 転医止 5 中止 7 死亡　　5

③支払額　百万 十万 万 千 百 十 円

④労働保険番号　府県 所掌 管轄 基幹番号 枝番号　○○○○○○○○○○○○○○

⑤増減コード及び増減額　増＋減−　百万 十万 万 千 百 十 円

⑤生年月日　元号　年　月　日　⑦傷病年月日　9 0 6 0 5 2 7

⑧増減理由　⑨決定年月日

⑩療養期間　9 0 6 0 5 2 7 − 9 0 6 0 5 3 1

⑫処理区分

⑪診療実数　3 日　⑬合計額⑦＋⑥　○○○○○○○

修正欄

診療費請求内訳書（入院外用）		労の働者	氏名	○○　○○　（○○歳）
		事業の名称	○○○○	
		事業場の所在地	○○都道府県　○○郡区市	

傷病の部位及び傷病名　背部挫創

傷病の経過　経過良好

診療内容		点数(点)
⑪初診　時間外・休日・深夜		
⑫再診	外来管理加算 × 回	
	時間外 × 回	
	休日 × 回	
	深夜 × 回	
⑬指導		
⑭在宅	往診 回	
	夜間 回	
	緊急・深夜 回	
	在宅患者訪問診療 回	
	その他	
	薬剤	
⑳投薬	㉑内服 薬剤 単位	
	調剤 × 回	
	㉒屯服 薬剤 単位	
	㉓外用 薬剤 単位	
	調剤 × 回	
	㉕処方 × 回	
	㉖麻毒 回	
	㉗調基	
㉚注射	㉛皮下筋肉内 回	
	㉜静脈内 回	
	㉝その他 回	
㊵処置	3 回	156
	薬剤	
㊿手術・麻酔	回	
	薬剤	
�60検査病理	回	
	薬剤	
⑦画像診断	回	
	薬剤	
⑧その他	処方せん 回	
	薬剤	
小計	○○○点 ④ ○,○○○円	

診療内容	金額	摘要
⑪初診	3,850 円	
⑫再診 2 回	2,840 円	
⑬指導 回	円	
⑧その他	円	
小計 ⑪	6,690 円	

摘要

㊵ ＊創傷処置1（100㎠未満）（背部）　52 × 3

正しい算定3

帳票種別	修正項目番号
3 4 7 2 2	□ □

①新継再別
1 初 診
3 転医始診
5 継 続
7 再 発 → 1

②転帰事由
1 治ゆ
3 中止
5 転医中止
7 転科中止
9 継続 → 5

③支払額
百万 十万 万 千 百 十 円

④労働保険番号
府県 所掌 管轄 基幹 番号 枝番号
○ ○ ○ ○ ○ ○ ○ ○ ○ ○ ○ ○ ○ ○

⑤増減コード及び増減額
百万 十万 万 千 百 十 円
増・減

⑥生年月日
元号 年 月 日
○ ○ ○ ○ ○ ○ ○

⑦傷病年月日
元号 年 月 日
9 0 6 0 5 2 7

⑧増減理由

⑨決定年月日
元号 年 月 日

⑩療養期間
元号 年 月 日
9 0 6 0 5 2 7 - 9 0 6 0 5 3 1

⑫処理区分

⑪診療実日数
□ □ 3 日

⑬合計額(⑦+⑨)
百万 十万 万 千 百 十 円
○ ○ ○ ○ ○ ○

修正欄

診療費請求内訳書（入院外用）

労働者の氏名 ○○ ○○ （ ○○ 歳）
事業の名称 ○○○○
事業場の所在地 ○○ 都道府県 ○○ 郡区市

傷病の部位及び傷病名 背部挫創
傷病の経過 経過良好

診療内容		点数(点)
⑪初診	時間外・休日・深夜	
	× 回	
⑫再診	外来管理加算 52 × 2 回	104
	時間外 × 回	
	休日 × 回	
	深夜 × 回	
⑬指導		
⑭在宅	往診 回	
	夜間 回	
	緊急・深夜 回	
	在宅患者訪問診療 回	
	その他	
	薬剤	
⑳投薬	㉑内服 薬剤 単位	
	調剤 × 回	
	㉒屯服 薬剤 単位	
	㉓外用 薬剤 単位	
	調剤 × 回	
	㉕処方 × 回	
	㉖麻毒 回	
	㉗調基	
㉚注射	㉛皮下筋肉内 回	
	㉜静脈内 回	
	㉝その他 回	
㊵処置	3 回	142
	薬剤	
㊺手術・麻酔	回	
	薬剤	
㊿検査・病理	回	
	薬剤	
⑺画像診断	回	
	薬剤	
⑻その他	処方せん 回	
	薬剤	
小計	○○○ 点 ⑦ ○,○○○ 円	

診療内容	金額	摘要
⑪初診	3,850 円	
⑫再診 2回	2,840 円	㊵ 52 × 2
⑬指導 回	円	
⑻その他	円	
小計 ⑩	6,690 円	

	摘要	
㊵	*創傷処置1（100㎠未満）（背部）	52 × 1
	*創傷処置1（100㎠未満）（背部）	45 × 2

再診時に四肢以外に行った創傷処置（100㎠未満）は、45点として算定し、外来管理加算の特例を算定することができます。

4　入院料

（1）入院基本料

入院の日から起算して2週間以内の期間	健保点数の1.30倍
2週間を超える日以降の期間	健保点数の1.01倍

入院基本料は、入院の日から起算して2週間以内の期間については、健保点数の1.30倍、2週間を超える日以降の期間については、健保点数の1.01倍の点数（いずれも**1点未満の端数は四捨五入**）を算定することができます。

〔各種加算の取扱い〕

①　健保点数表における第1章第2部「入院料等」（以下「健保点数表「入院料等」」という）の第1節「入院基本料」に示されている各種加算

　　ア　入院期間に応じ加算する点数の場合は、1.30倍又は1.01倍することができません。

　　イ　ア以外の点数については、入院基本料に当該点数を加えた後に1.30倍又は1.01倍することができます。

　　※詳細は41ページの表を参照ください。

②　健保点数表「入院料等」の第2節「入院基本料等加算」に示されている各種加算については、1.30倍又は1.01倍することができません。

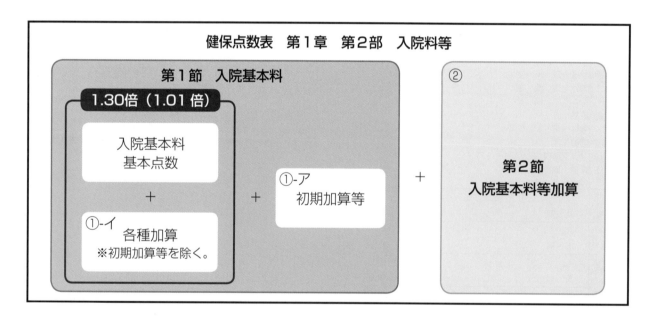

ポイント①

　健保点数表「入院料等」の第3節「特定入院料」は、1.30倍、1.01倍することはできません。

健保点数表「入院料等」の第1節「入院基本料」に示される各種加算の取扱い

病棟区分		ア　1.30倍、1.01倍できないもの （入院基本料×1.30）＋加算点数 （入院基本料×1.01）＋加算点数	イ　1.30倍、1.01倍できるもの （入院基本料＋加算点数）×1.30 （入院基本料＋加算点数）×1.01
一般病棟入院基本料		14日以内の期間の加算 15日以上30日以内の期間の加算 救急・在宅等支援病床初期加算	
療養病棟入院基本料		急性期患者支援療養病床初期加算 在宅患者支援療養病床初期加算 経腸栄養管理加算	褥瘡対策加算1、褥瘡対策加算2 慢性維持透析管理加算 在宅復帰機能強化加算 夜間看護加算 看護補助体制充実加算1 看護補助体制充実加算2 看護補助体制充実加算3
結核病棟入院基本料		14日以内の期間の加算 15日以上30日以内の期間の加算 31日以上60日以内の期間の加算 61日以上90日以内の期間の加算	
精神病棟入院基本料		14日以内の期間の加算 15日以上30日以内の期間の加算 31日以上90日以内の期間の加算 91日以上180日以内の期間の加算 181日以上1年以内の期間の加算 救急支援精神病棟初期加算 重度認知症加算	精神保健福祉士配置加算
特定機能病院 入院基本料	一般	14日以内の期間の加算 15日以上30日以内の期間の加算	看護必要度加算1 看護必要度加算2 看護必要度加算3 入院栄養管理体制加算
	結核	30日以内の期間の加算 31日以上90日以内の期間の加算	入院栄養管理体制加算
	精神	14日以内の期間の加算 15日以上30日以内の期間の加算 31日以上90日以内の期間の加算 91日以上180日以内の期間の加算 181日以上1年以内の期間の加算 重度認知症加算	入院栄養管理体制加算
専門病院入院基本料		14日以内の期間の加算 15日以上30日以内の期間の加算	看護必要度加算1 看護必要度加算2 看護必要度加算3 一般病棟看護必要度評価加算
障害者施設等 入院基本料		14日以内の期間の加算 15日以上30日以内の期間の加算 看護補助加算（14日以内の期間） 看護補助加算（15日以上30日以内の期間） 看護補助体制充実加算1（14日以内の期間） 看護補助体制充実加算1（15日以上30日以内の期間） 看護補助体制充実加算2（14日以内の期間） 看護補助体制充実加算2（15日以上30日以内の期間） 看護補助体制充実加算3（14日以内の期間） 看護補助体制充実加算3（15日以上30日以内の期間）	夜間看護体制加算
有床診療所 入院基本料		有床診療所急性期患者支援病床初期加算 有床診療所在宅患者支援病床初期加算 看取り加算 介護障害連携加算1 介護障害連携加算2	夜間緊急体制確保加算 医師配置加算1、医師配置加算2 看護配置加算1、看護配置加算2 夜間看護配置加算1、夜間看護配置加算2 看護補助配置加算1、看護補助配置加算2 栄養管理実施加算 有床診療所在宅復帰機能強化加算
有床診療所療養病床 入院基本料		有床診療所急性期患者支援療養病床初期加算 有床診療所在宅患者支援療養病床初期加算 看取り加算	褥瘡対策加算1、褥瘡対策加算2 栄養管理実施加算 有床診療所療養病床在宅復帰機能強化加算 慢性維持透析管理加算

第1編 基本診療料等

算 定 例 1

次の入院基本料及び加算点数を算定する場合の入院初日の入院料の算定方法

療養病棟入院基本料　療養病棟入院料1　入院料1	1,964 点
褥瘡対策加算1	15 点
急性期患者支援療養病床初期加算（14日限度）	300 点
臨床研修病院入院診療加算（協力型）	20 点

（1,964 点 + 15 点）× 1.30 　= 2,572.7 点 　→ 2,573 点　（四捨五入）

2,573 点 + 300 点 = 2,873 点

2,873 点 + 　20 点 = 2,893 点

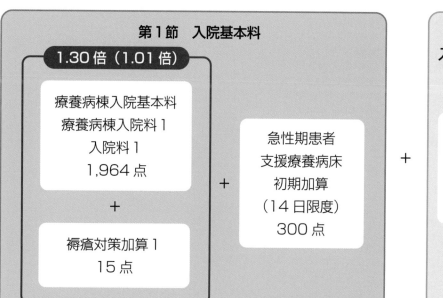

◇ 褥瘡対策加算1及び急性期患者支援療養病床初期加算（14日限度）は、健保点数表「入院料等」の第1節「入院基本料」に示されている加算ですが、急性期患者支援療養病床初期加算（14日限度）は入院期間に応じ加算する点数であるため1.30倍することはできません。

　また、臨床研修病院入院診療加算（協力型）は、健保点数表「入院料等」の第2節「入院基本料等加算」に示されている加算点数であるため、1.30倍することはできません。

算定例2

次の入院基本料及び加算点数を算定する場合の入院初日の入院料の算定方法

有床診療所入院基本料1（14日以内）	932点
有床診療所急性期患者支援病床初期加算（21日限度）	150点
医師配置加算2	90点

（932点＋90点）× 1.30 ＝ 1,328.6点 →（四捨五入） 1,329点

1,329点＋150点 　　　＝ 1,479点

第1節　入院基本料

1.30倍（1.01倍）

有床診療所入院基本料1
932点

＋

医師配置加算2
90点

＋

有床診療所
急性期患者支援病床
初期加算
（21日限度）
150点

＋

**第2節
入院基本料等加算**

算定なし

◇　有床診療所急性期患者支援病床初期加算（21日限度）及び医師配置加算2は、健保点数表「入院料等」の第1節「入院基本料」に示されている加算点数ですが、有床診療所急性期患者支援病床初期加算（21日限度）は入院期間に応じ加算する点数であるため、1.30倍することはできません。

ポイント②

外泊期間中の入院基本料は、すべての加算を含まない入院基本料の基本点数に0.15を掛け、その後1.30倍又は1.01倍した点数となります。

算定例3

次の入院基本料を算定する場合の外泊期間中の入院料の算定方法

一般病棟入院基本料　急性期一般入院料1　1,688点

1,688点 × 0.15 ＝ 253.2点 →（四捨五入） 253点

入院の日から起算して2週間以内の期間

253点 × 1.30 ＝ 328.9点 →（四捨五入） 329点

2週間を超える日以降の期間

253点 × 1.01 ＝ 255.53点 →（四捨五入） 256点

ポイント③

①　健保点数表「入院料等」の第1節「入院基本料」に示されている月平均夜勤時間超過減算については、入院基本料から減算後の点数を1.30倍又は1.01倍します。

②　定数超過入院に該当する場合及び医療法に定める人員標準を著しく下回る場合の入院基本料は、健保点数表「入院料等」の「通則6」に従って算定した後の点数を、1.30倍又は1.01倍することとなります。

　　なお、入院期間に応じた加算点数については、1.30倍又は1.01倍することはできません。

　　算定方法は次のとおりです。

　　　入院基本料所定点数＝A×C×1.30（又は1.01）＋B×C

　　　　A：入院基本料基本点数

　　　　B：入院期間に応じた加算

　　　　C：減額率（健保点数表「入院料等」の「通則6」の別表第一～第三に定める率）

③　栄養管理体制に関する基準を満たすことができない医療機関（診療所を除き、別に厚生労働大臣が定める基準を満たすものに限る）については、健保点数表「入院料等」の「通則8」に従って算定した後の点数を1.30倍又は1.01倍します。

ポイント④

　健康保険においては、入院診療計画に関する基準を満たすことが入院基本料等の算定要件の1つですが、労災保険においても、入院診療計画書を交付して説明することが入院基本料等の算定要件となります。

　なお、特別の事情がある場合については、その理由を診療費請求内訳書に記載することにより、7日以内に入院診療計画書を交付して説明することができない場合であっても、入院基本料等を算定できます。

　特別の事情とは、次のような場合です。

ア　患者の急変などにより、他の医療機関へ転院又は退院することとなったため、入院診療計画書を交付して説明することができなかった場合

イ　患者が意識不明の状態にあり、家族等と直ちに連絡を取ることができなかったため、入院診療計画書を交付して説明することができなかった場合

ウ　その他、上記に準ずると認められる場合

ポイント⑤

　健保点数表における「短期滞在手術等基本料3（A400の2）」は適用せず、対象の手術等を実施した場合であっても出来高で算定します。

mini **Q & A**

Q 入院期間の計算について
　　① 令和5年7月1日〜同年8月5日（労災（じん肺）で入院）
　　② 令和5年9月22日〜同年11月14日（健保（脳梗塞）を主病として入院、ただし、労災（じん肺）に対する治療も行っている）
　　③ 令和5年12月1日〜令和6年3月13日（労災（じん肺）で入院）
③の入院の起算日は、いつになりますか。

A 令和5年12月1日の再入院の日を起算日とします。
　脳梗塞とじん肺は明らかに別傷病であり、また、じん肺の前回退院日（令和5年8月5日）から3か月を経過していることから、令和5年12月1日の再入院の日を起算日とします。

点検しましょう

誤った算定1

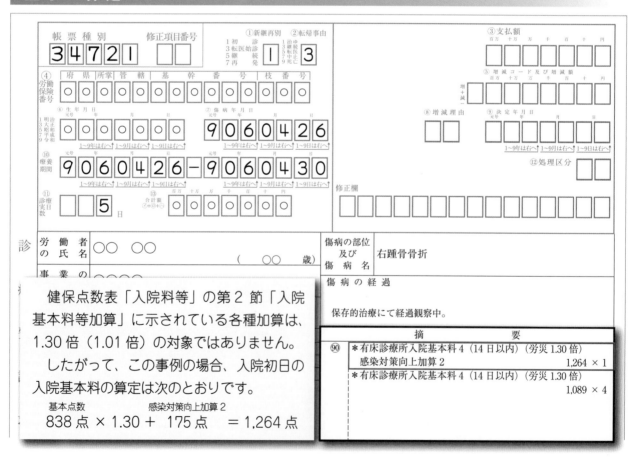

帳票種別	修正項目番号	①新継再別	②転帰事由
3 4 7 2 1		1	3

①新継再別　1 初診　3 転医始診　5 継続　7 再発

②転帰事由　1 治ゆ　3 継続　5 転医中止　7 死亡　9 中止

④労働保険番号　府県 所掌 管轄 基幹番号 枝番号
0 0 0 0 0 0 0 0 0 0 0 0 0 0

⑥生年月日　明治1 大正3 昭和5 平成7 令和9
0 0 0 0 0 0 0

⑦傷病年月日　9 0 6 0 4 2 6

⑩療養期間　9 0 6 0 4 2 6 － 9 0 6 0 4 3 0

⑪診療実数　5 日

③支払額	
⑤増減コード及び増減額	
⑧増減理由	⑨決定年月日
⑫処理区分	
修正欄	

診療費請求

労働者の氏名　○○　○○　（　○○　歳）

事業の名称　○○○○

事業場の所在地　○○ 都道府県 ○○ 郡市区

傷病の部位及び傷病名　右踵骨骨折

傷病の経過　保存的治療にて経過観察中。

診　療　内　容	点数(点)
⑪初診　時間外・休日・深夜	
⑬指導	
⑭在宅	
⑳投　㉑内服	単位
㉒屯服	単位
㉓外用	単位
㉔調剤	日

	摘　　　　要
⑨⑩	＊有床診療所入院基本料4（14日以内）（労災1.30倍）　感染対策向上加算2（労災1.30倍）　　1,317 × 1
	＊有床診療所入院基本料4（14日以内）（労災1.30倍）　　1,089 × 4

正しい算定1

帳票種別	修正項目番号	①新継再別	②転帰事由
3 4 7 2 1		1	3

④労働保険番号　0 0 0 0 0 0 0 0 0 0 0 0 0 0

⑥生年月日　0 0 0 0 0 0 0

⑦傷病年月日　9 0 6 0 4 2 6

⑩療養期間　9 0 6 0 4 2 6 － 9 0 6 0 4 3 0

⑪診療実数　5 日

労働者の氏名　○○　○○　（　○○　歳）

傷病の部位及び傷病名　右踵骨骨折

傷病の経過　保存的治療にて経過観察中。

> 健保点数表「入院料等」の第2節「入院基本料等加算」に示されている各種加算は、1.30倍（1.01倍）の対象ではありません。
>
> したがって、この事例の場合、入院初日の入院基本料の算定は次のとおりです。
>
> 　基本点数　　　感染対策向上加算2
> 　838点 × 1.30 ＋ 175点　＝ 1,264点

	摘　　　　要
⑨⑩	＊有床診療所入院基本料4（14日以内）（労災1.30倍）　感染対策向上加算2　　1,264 × 1
	＊有床診療所入院基本料4（14日以内）（労災1.30倍）　　1,089 × 4

誤った算定２

帳票種別	修正項目番号	①新継再別	②転帰事由
3 4 7 2 1	□□	1 初　　診 3 転医始診 5 継　　続 7 再　　発　5	1 治　癒 3 継続中止 5 中　止 7 死　亡 9 転医中止　3

③支払額
百万　十万　万　千　百　十　円

④労働保険番号　府県　所掌　管轄　基幹番号　枝番号
○ ○ ○ ○ ○ ○ ○ ○ ○ ○ ○ ○ ○ ○

⑤増減コード及び増減額
百万　十万　万　千　百　十　円
増＋減－

⑥生年月日　元号　年　月　日
明治1 大正3 昭和5 平成7 令和9
○ ○ ○ ○ ○ ○ ○
1～9年は右へ　1～9月は右へ　1～9日は右へ

⑦傷病年月日　元号　年　月　日
9 0 6 0 4 1 6
1～9年は右へ　1～9月は右へ　1～9日は右へ

⑧増減理由

⑨決定年月日　元号　年　月　日
1～9年は右へ　1～9月は右へ　1～9日は右へ

⑩療養期間　元号　年　月　日　元号　年　月　日
9 0 6 0 5 0 1 － 9 0 6 0 5 3 1
1～9年は右へ　1～9月は右へ　1～9日は右へ　1～9年は右へ　1～9月は右へ　1～9日は右へ

⑫処理区分

⑪診療実日数　3 1 日

⑬合計額（⑪＋⑳＋⑳）
百万　十万　万　千　百　十　円
○ ○ ○ ○ ○ ○ ○

修正欄

診療費請求	労の働者氏名	○○　○○	（　　○○　　歳）
	事業の名称	○○○○	
	事業場の所在地	○○　都道府県　○○　郡区市	

傷病の部位及び傷病名　左大腿骨頸部骨折

傷病の経過

リハビリテーション実施中。

診療内容	点数（点）
⑪初診　時間外・休日・深夜	
⑬指導	
⑭在宅	
⑳投　㉑内服　単位	
㉒屯服　単位	
㉓外用　単位	
㉔調剤　日	
㉕麻毒　日	

摘要

⑨⑩　＊回復期リハビリテーション病棟入院料2
　　　（労災 1.30 倍）　　　　　　　2,816 × 31
　　　　手術年月日　6 年 4 月 16 日
　　　　入棟年月日　6 年 4 月 25 日

正しい算定２

帳票種別	修正項目番号	①新継再別	②転帰事由
3 4 7 2 1	□□	1 初　　診 3 転医始診 5 継　　続 7 再　　発　5	1 治　癒 3 継続中止 5 中　止 7 死　亡 9 転医中止　3

③支払額
百万　十万　万　千　百　十　円

④労働保険番号　府県　所掌　管轄　基幹番号　枝番号
○ ○ ○ ○ ○ ○ ○ ○ ○ ○ ○ ○ ○ ○

⑤増減コード及び増減額
百万　十万　万　千　百　十　円
増＋減－

⑥生年月日　元号　年　月　日
明治1 大正3 昭和5 平成7 令和9
○ ○ ○ ○ ○ ○ ○
1～9年は右へ　1～9月は右へ　1～9日は右へ

⑦傷病年月日　元号　年　月　日
9 0 6 0 4 1 6
1～9年は右へ　1～9月は右へ　1～9日は右へ

⑧増減理由

⑨決定年月日　元号　年　月　日
1～9年は右へ　1～9月は右へ　1～9日は右へ

⑩療養期間　元号　年　月　日　元号　年　月　日
9 0 6 0 5 0 1 － 9 0 6 0 5 3 1
1～9年は右へ　1～9月は右へ　1～9日は右へ　1～9年は右へ　1～9月は右へ　1～9日は右へ

⑫処理区分

⑪診療実日数　3 1 日

⑬合計額（⑪＋⑳＋⑳）
百万　十万　万　千　百　十　円
○ ○ ○ ○ ○ ○ ○

修正欄

診療療	労の働者氏名	○○　○○	（　　○○　　歳）
	事業の名称	○○○○	
	事業場の所在地	○○　都道府県　○○　郡区市	

傷病の部位及び傷病名　左大腿骨頸部骨折

傷病の経過

リハビリテーション実施中。

摘要

⑨⑩　＊回復期リハビリテーション病棟入院料2　　2,166 × 31
　　　　手術年月日　6 年 4 月 16 日
　　　　入棟年月日　6 年 4 月 25 日

健保点数表「入院料等」の第３節「特定入院料」である回復期リハビリテーション病棟入院料は、1.30 倍（1.01 倍）の対象ではありません。

誤った算定3

帳票種別	修正項目番号	①新継再別	②転帰事由
3 4 7 2 1		1 初　　診 3 転医始診 5 継　　続 7 再　　発　**5**	1 治　ゆ 3 継続中止 5 転医中止 7 中　死　**3**

③支払額 百万 十万 万 千 百 十 円

④労働保険番号　府県 所掌 管轄 基　　幹　　番　　号 枝 番 号
○ ○ ○ ○ ○ ○ ○ ○ ○ ○ ○ ○ ○ ○

⑤増減コード及び増減額 百万 十万 万 千 百 十 円
増＋減−

⑥生年月日　元号 年　　月　　日
1明治 3大正 5昭和 7平成 9令和
○ ○ ○ ○ ○ ○ ○
1～9年は右へ↑ 1～9月は右へ↑ 1～9日は右へ↑

⑦傷病年月日　元号 年　　月　　日
9 0 6 0 2 0 1
1～9年は右へ↑ 1～9月は右へ↑ 1～9日は右へ↑

⑧増減理由

⑨決定年月日　元号 年 月 日
1～9年は右へ↑ 1～9月は右へ↑ 1～9日は右へ↑

⑩療養期間　元号 年　　月　　日　　元号 年　　月　　日
9 0 6 0 5 2 0 − 9 0 6 0 5 3 1
1～9年は右へ↑ 1～9月は右へ↑ 1～9日は右へ↑　1～9年は右へ↑ 1～9月は右へ↑ 1～9日は右へ↑

⑫処理区分

⑪診療実日数　**1 2** 日
合計額（イ+ロ+ハ） 百万 十万 万 千 百 十 円

修正欄

診療費請求

労働者の氏名	○○　○○（　　○○　歳）
事業の名称	○○○○
事業場の所在地	○○ 都道府県 ○○ 郡区市

傷病の部位及び傷病名	左肘橈骨骨頭部粉砕骨折

傷病の経過

術後の経過良好であったが、一部骨折の癒合不全が認められ、左肘関節形成手術施行目的の為、再入院となった。

診療内容	点数(点)
⑪初診　時間外・休日・深夜	
⑬指導	
⑭在宅	
⑳投　㉑内服　単位	
㉒屯服　単位	
㉓外用　単位	
㉔調剤　日	

摘要

⑨⓪　＊入退院歴
　　6年2月1日～6年3月10日
　　6年5月20日～
　＊一般病棟入院基本料　地域一般入院料3（14日以内）
　　（労災1.30倍）　　　　　　　　　　1,754 × 11
　＊外泊（5月27日）　　　　　　　　　　195 × 1
　＊看護補助加算3　　　　　　　　　　　88 × 11

正しい算定3

帳票種別	修正項目番号	①新継再別	②転帰事由
3 4 7 2 1		1 初　　診 3 転医始診 5 継　　続 7 再　　発　**5**	1 治　ゆ 3 継続中止 5 転医中止 7 中　死　**3**

③支払額 百万 十万 万 千 百 十 円

④労働保険…　府県 所掌 管轄 基　　幹　　番　　号 枝 番 号
○ ○ ○ ○ ○ ○ ○ ○ ○ ○ ○ ○ ○ ○

⑤増減コード及び増減額 百万 十万 万 千 百 十 円
増＋減−

⑧増減理由

⑨決定年月日　元号 年 月 日
1～9年は右へ↑ 1～9月は右へ↑ 1～9日は右へ↑

⑫処理区分

修正欄

　　入院期間の計算上、起算日が変わらないものとして取り扱われる再入院であり、起算日からすでに2週間を超えているため、1.01倍で算定します。また、外泊期間中の入院料については、入院基本料の基本点数に0.15を掛けた点数を1.01倍します。

　　したがって、この事例の場合、入院基本料は次のように算定します。

入院基本料
　基本点数
　1,003点 × 1.01 = 1,013点

外泊期間中の入院基本料
　基本点数
　1,003点 × 0.15 = 150点
　150点 × 1.01 = 152点

なお、「入院基本料等加算」である看護補助加算については、1.01倍はできません。

傷病の部位及び傷病名	左肘橈骨骨頭部粉砕骨折

傷病の経過

術後の経過良好であったが、一部骨折の癒合不全が認められ、左肘関節形成手術施行目的の為、再入院となった。

摘要

⑨⓪　＊入退院歴
　　6年2月1日～6年3月10日
　　6年5月20日～
　＊一般病棟入院基本料　地域一般入院料3
　　（労災1.01倍）　　　　　　　　　　1,013 × 11
　＊外泊（5月27日）　　　　　　　　　　152 × 1
　＊看護補助加算3　　　　　　　　　　　88 × 11

誤った算定 4

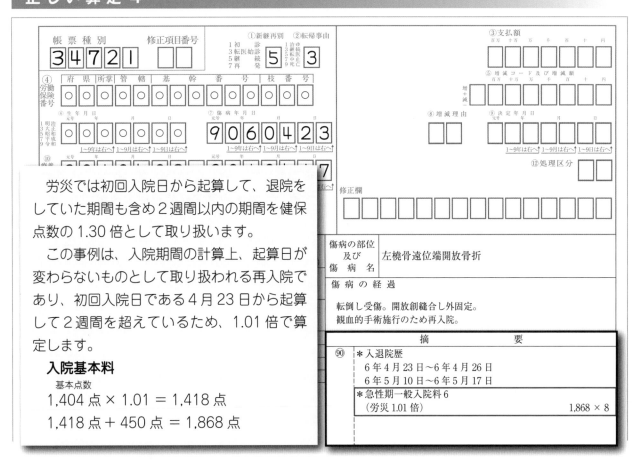

| 帳票種別 | 3 | 4 | 7 | 2 | 1 | 修正項目番号 | |

①新継再別
1 初診 3 転医始診 5 継続 7 再発　②転帰事由　5　3

③支払額

④労働保険番号　府県 所掌 管轄 基幹番号 枝番号　○○○○○○○○○○○○○○

⑤増減コード及び増減額

⑥生年月日　明治大正昭和平成令和 1 3 5 7 9　○○○○○○○○

⑦傷病年月日　9 0 6 0 4 2 3

⑧増減理由　⑨決定年月日

⑩療養期間　9 0 6 0 5 1 0 − 9 0 6 0 5 1 7

⑫処理区分

⑪診療実数　□ 8 日　⑬合計額（⑦＋⑫）○○○○○○○

修正欄

| 診療費請求 | 労働者の氏名 | ○○　○○ （　○○　歳） | 傷病の部位及び傷病名 | 左橈骨遠位端開放骨折 |

事業の名称　○○○○

事業場の所在地　○○都道府県 ○○郡区市

傷病の経過

転倒し受傷。開放創縫合し外固定。
観血的手術施行のため再入院。

診療内容	点数(点)
⑪初診 時間外・休日・深夜	
⑬指導	
⑭在宅	
⑳投 ㉑内服 単位	
㉒屯服 単位	
㉓外用 単位	
㉔調剤 日	

摘要
⑨ ＊入退院歴
6年4月23日〜6年4月26日
6年5月10日〜6年5月17日
＊急性期一般入院料6（14日以内）
（労災1.30倍）　　　　　2,275 × 8

正しい算定 4

労災では初回入院日から起算して、退院をしていた期間も含め2週間以内の期間を健保点数の1.30倍として取り扱います。
　この事例は、入院期間の計算上、起算日が変わらないものとして取り扱われる再入院であり、初回入院日である4月23日から起算して2週間を超えているため、1.01倍で算定します。

入院基本料
基本点数
1,404点 × 1.01 ＝ 1,418点
1,418点 ＋ 450点 ＝ 1,868点

摘要
⑨ ＊入退院歴
6年4月23日〜6年4月26日
6年5月10日〜6年5月17日
＊急性期一般入院料6
（労災1.01倍）　　　　　1,868 × 8

傷病の部位及び傷病名　左橈骨遠位端開放骨折
傷病の経過
転倒し受傷。開放創縫合し外固定。
観血的手術施行のため再入院。

（2）入院室料加算

入院室料加算は、次の①及び②の要件に該当する場合に③に定める金額を算定できます。
なお、②－エの要件に該当する場合は、入院日から7日を限度とします。

① 保険外併用療養費における特別の療養環境の提供に関する基準を満たした病室で、傷病労働者の容体が常時監視できるような設備又は構造上の配慮がなされている個室、2人部屋、3人部屋及び4人部屋に収容した場合

② 傷病労働者が次の各号のいずれかに該当するものであること
ア 症状が重篤であって、絶対安静を必要とし、医師又は看護師が常時監視し、随時適切な措置を講ずる必要があると認められるもの
イ 症状は必ずしも重篤ではないが、手術のため比較的長期にわたり医師又は看護師の常時監視を要し、随時適切な措置を講ずる必要があると認められるもの
ウ 医師が、医学上他の患者から隔離しなければ適切な診療ができないと認めたもの
エ 傷病労働者が赴いた病院又は診療所の普通室が満床で、かつ緊急に入院療養を必要とするもの

③ 医療機関が当該病室に係る料金として表示している金額を算定することができます。
ただし、当該表示金額が次に示す額を超える場合には、次に示す額とします。

（1日につき）

	甲　地	乙　地
個　　室	11,000円	9,900円
2人部屋	5,500円	4,950円
3人部屋	5,500円	4,950円
4人部屋	4,400円	3,960円

＊甲地、乙地の地域区分については、52ページ 参考 を参照。

ポイント

特定入院料、重症者等療養環境特別加算、療養環境加算、療養病棟療養環境加算、療養病棟療養環境改善加算、診療所療養病床療養環境加算、診療所療養病床療養環境改善加算との重複算定はできません。

算定例 1

算定要件②－アに該当する傷病労働者を、個室に 5 日間収容した場合
（甲地　表示金額　12,000 円）

11,000 円 × 5 日間＝ 55,000 円

◇　表示金額が労災で定められた個室（甲地）の上限を超えるため、限度額で算定します。

算定例 2

算定要件②－エに該当する傷病労働者を、普通室が満床のため 2 人部屋へ 9 日間収容した場合（乙地　表示金額　4,950 円）

4,950 円 × 7 日間＝ 34,650 円

◇　算定要件②－エにより室料加算を算定する場合には、入院日から 7 日を限度とします。

・・・・・・・・・・・・・・（ レセプトの記入例 ）・・・・・・・・・・・・・・

　入院室料加算の請求にあたっては、レセプトの「⑧その他」欄に入院室料加算を算定した日、加算額及び個室、2 人部屋、3 人部屋及び 4 人部屋の別を、また、「摘要」欄には、病室番号、傷病労働者が前ページ②のア、イ、ウ及びエのどの要件に該当するか記号により明記してください。

診療内容	金　額	摘　　要
⑪ 初　　　診	3,850　円	
⑧その他　4,950 円× 7 日 （11 日〜17 日） 2 人部屋	34,650　円	＊入院室料加算 　505 号　　②－エ
小　　　計	⑨　38,500　円	

参考

　入院室料加算の地域区分の甲地とは、一般職の職員の給与に関する法律（昭和25年法律第95号）第11条の3に基づく人事院規則9－49（地域手当）により支給区分が1級地から5級地とされる地域及び当該地域に準じる地域をいい、乙地とは甲地以外の地域をいいます。

入院室料加算における地域区分（甲地） （令和6年4月1日現在）

都道府県名	地域区分
宮　城　県	多賀城市
茨　城　県	取手市、つくば市、守谷市、牛久市、水戸市、日立市、土浦市、龍ケ崎市、阿見町、稲敷市、つくばみらい市
埼　玉　県	和光市、さいたま市、志木市、東松山市、朝霞市、坂戸市
千　葉　県	袖ケ浦市、印西市、千葉市、成田市、船橋市、浦安市、習志野市、市川市、松戸市、佐倉市、市原市、富津市、八千代市、四街道市
東　京　都	特別区、武蔵野市、調布市、町田市、小平市、日野市、国分寺市、狛江市、清瀬市、多摩市、八王子市、青梅市、府中市、東村山市、国立市、福生市、稲城市、西東京市、東久留米市、立川市、昭島市、三鷹市、あきる野市、小金井市、羽村市、日の出町、檜原村、東大和市
神 奈 川 県	横浜市、川崎市、厚木市、鎌倉市、相模原市、藤沢市、愛川町、清川村、横須賀市、平塚市、小田原市、茅ヶ崎市、大和市、座間市、綾瀬市、寒川町、伊勢原市、秦野市、海老名市
愛　知　県	刈谷市、豊田市、名古屋市、豊明市、大府市、西尾市、知多市、みよし市、東海市、日進市、東郷町
三　重　県	鈴鹿市、四日市市
滋　賀　県	大津市、草津市、栗東市
京　都　府	京田辺市、京都市、八幡市
大　阪　府	大阪市、守口市、池田市、高槻市、大東市、門真市、豊中市、吹田市、寝屋川市、箕面市、羽曳野市、堺市、枚方市、茨木市、八尾市、柏原市、東大阪市、交野市、島本町、摂津市、四條畷市
兵　庫　県	西宮市、芦屋市、宝塚市、神戸市、尼崎市、伊丹市、三田市、川西市、猪名川町
奈　良　県	天理市、奈良市、大和郡山市、川西町、生駒市、平群町
広　島　県	広島市、安芸郡府中町
福　岡　県	福岡市、春日市、福津市

mini Q&A

Q1 入院室料加算の算定要件②－アに「症状が重篤であって」とありますが、生死にかかる状態でなければ対象とならないのでしょうか。

A1 「重篤」という表現については、必ずしも生死にかかる状態でなければならないという狭義の解釈ではなく、絶対安静を必要とし、医師又は看護師が常時監視して随時適切な措置を講ずる必要のある重症患者であれば対象となります。

Q2 入院室料加算②－ウの「医学上他の患者から隔離する」とは、具体的にどのような場合ですか。

A2 例えば、次のような場合が考えられます。
　　① 他の患者に感染する可能性のある疾病の場合
　　② 頻繁に処置を要する傷病（重度の熱傷、褥創等）
　　③ 一時的に情緒不安定な場合

Q3 退院後再度緊急入院が必要となった場合において、医療機関の普通室が満床で、特別の療養環境の提供に係る病室（個室、2人部屋、3人部屋及び4人部屋）に収容せざるを得ない場合、算定要件②－エにより、入院室料加算を算定することはできますか。

A3 算定できます。
　再入院時においても、算定要件②－エに該当する場合、すなわち、当該医療機関の普通室が満床であれば、特別の療養環境の提供に係る病室に収容された日を起算日として7日間を限度に算定できます。

Q4 療養環境加算の届出において、1床当たりの平均床面積を求める場合、特別の療養環境の提供に係る病室は除くこととなっていますが、特別の療養環境の提供に係る病室に入室している患者について入院室料加算と併せて療養環境加算を算定することができますか。

A4 算定できません。
　療養環境加算の届出は病棟単位であり、承認を受けている病棟であれば、要件を満たしていない病室に入室している患者についても療養環境加算を算定できますが、特別の療養環境の提供に係る病室については届出の段階で算定の対象外となっているため、療養環境加算を算定することはできません。

点検しましょう

誤った算定1

帳票種別	修正項目番号	①新継再別 ②転帰事由
34721		5　3

③支払額

④労働保険番号　府県 所掌 管轄 基幹 番号 枝番号
○○○○○○○○○○○○○○

⑤増減コード及び増減額

⑥生年月日　元号○ 年○ 月○ 日○

⑦傷病年月日　9060120

⑧増減理由　⑨決定年月日

⑩療養期間　9060501－9060531

⑫処理区分

⑪診療実数　31 日　合計額

修正欄

診療

労働者の氏名	○○　○○
	（　○○　歳）
事業の名称	○○○○
事業場の所在地	○○都道府県　○○郡区市

傷病の部位及び傷病名　頭部外傷、失語症、症候性てんかん

傷病の経過

脳挫傷後のリハビリテーションを行っている。

摘要		
⑧	*脳血管疾患等リハビリテーション（Ⅰ）2単位 （理学療法士による場合） 実施日数　31日　　　　500×31 （頭部外傷、失語症） （発症日6年1月20日）	

診療内容	金額	摘要
⑪ 初診	円	
⑧その他	円	
	1日～31日 個室 7,000円　217,000	*入院室料加算　201号室 ②－ア
小計	㋺ 217,000 円	

正しい算定1

帳票種別	修正項目番号	①新継再別 ②転帰事由
34721		5　3

③支払額

④労働保険番号　府県 所掌 管轄 基幹 番号 枝番号
○○○○○○○○○○○○○○

⑤増減コード及び増減額

⑥生年月日　元号○ 年○ 月○ 日○

⑦傷病年月日　9060120

⑧増減理由　⑨決定年月日

⑩療養期間　9060501－9060531

⑫処理区分

修正欄

【②－アの算定要件】

　症状が重篤であって、絶対安静を必要とし、医師又は看護師が常時監視し、随時適切な措置を講ずる必要があると認められるもの

　傷病の発生日より3か月以上経過しており、またリハビリテーションを行っていることから、【②－アの算定要件】に該当しません。

　したがって、入院室料加算を算定することはできません。

傷病の部位及び傷病名　頭部外傷、失語症、症候性てんかん

傷病の経過

脳挫傷後のリハビリテーションを行っている。

診療内容	金額	摘要
⑪ 初診	円	
⑧その他	円	
小計	㋺ 円	

誤った算定2

帳票種別	修正項目番号	①新継再別	②転帰事由
3 4 7 2 1	□□	1 初　　診 3 転医始診 5 継　　続 7 再　　発	1 治ゆ 3 継続 5 転医 7 中止 9 死亡

①新継再別 5　②転帰事由 3

③支払額
百万 十万 万 千 百 十 円

④労働保険番号
府県 所掌 管轄　基幹　番号　枝番号
○ ○ | ○ ○ | ○ ○ | ○ ○ ○ ○ ○ ○ | ○ ○ ○

⑤増減コード及び増減額
百万 十万 万 千 百 十 円
増＋減－

⑥生年月日
元号　年　　月　　日
1 治正 3 大正 5 昭和 7 平成 9 令和
○ ○ | ○ ○ | ○ ○ | ○ ○

⑦傷病年月日
元号　年　　月　　日
9 0 5 1 1 2 7

⑧増減理由 □□

⑨決定年月日
元号　年　　月　　日

⑩療養期間
9 0 6 0 3 2 9 － 9 0 6 0 3 3 1

⑫処理区分 □□

修正欄
□□□□□□□□□□□□□□□

⑪診療実日数　□ 3 日

⑬合計額
百万 十万 万 千 百 十 円
○ ○ ○ ○ ○ ○ ○

診療費請求		
労働者の 氏名	○○　○○	（　○○　歳）
事業の名称	○○○○	
事業場の所在地	○○ 都道府県 ○○ 郡区市	

傷病の部位及び傷病名　上顎骨骨折

傷病の経過

4月に骨内異物（挿入物）除去術を予定。
術前の検査等を実施。

診療内容	点数（点）
⑪初診　時間外・休日・深夜	
⑬指導	
⑭在宅	
⑳投　㉑内服	単位
㉒屯服	単位
㉓外用	単位
㉔調剤	日
㉕麻毒	日

診療内容	金額	摘　　要
⑪ 初　診	円	
⑧⑩ その他	円	＊入院室料加算　202号室 ②－イ
	29日〜31日 個室 7,500円	22,500	
小　計	㊨ 22,500 円	

正しい算定2

帳票種別	修正項目番号	①新継再別	②転帰事由
3 4 7 2 1	□□	1 初　　診 3 転医始診 5 継　　続 7 再　　発	1 治ゆ 3 継続 5 転医 7 中止 9 死亡

①新継再別 5　②転帰事由 3

③支払額
百万 十万 万 千 百 十 円

④労働保険番号
府県 所掌 管轄　基幹　番号　枝番号
○ ○ | ○ ○ | ○ ○ | ○ ○ ○ ○ ○ ○ | ○ ○ ○

⑤増減コード及び増減額
百万 十万 万 千 百 十 円
増＋減－

⑥生年月日
元号　年　　月　　日
1 治正 3 大正 5 昭和 7 平成 9 令和
○ ○ | ○ ○ | ○ ○ | ○ ○

⑦傷病年月日
元号　年　　月　　日
9 0 5 1 1 2 7

⑧増減理由 □□

⑨決定年月日
元号　年　　月　　日

⑩療養期間
9 0 6 0 3 2 9 － 9 0 6 0 3 3 1

⑫処理区分 □□

修正欄
□□□□□□□□□□□□□□□

傷病の部位及び傷病名　上顎骨骨折

傷病の経過

4月に骨内異物（挿入物）除去術を予定。
術前の検査等を実施。

診療内容	金額	摘　　要
⑪ 初　診	円	
⑧⑩ その他	円	
小　計	㊨ 円	

【②－イの算定要件】

　症状は必ずしも重篤ではないが、手術のため比較的長期にわたり医師又は看護師の常時監視を要し、随時適切な措置を講ずる必要があると認められるもの

　骨内異物（挿入物）除去術の施術前の算定であり、【②－イの算定要件】に該当しません。

　したがって、入院室料加算を算定することはできません。

誤った算定3

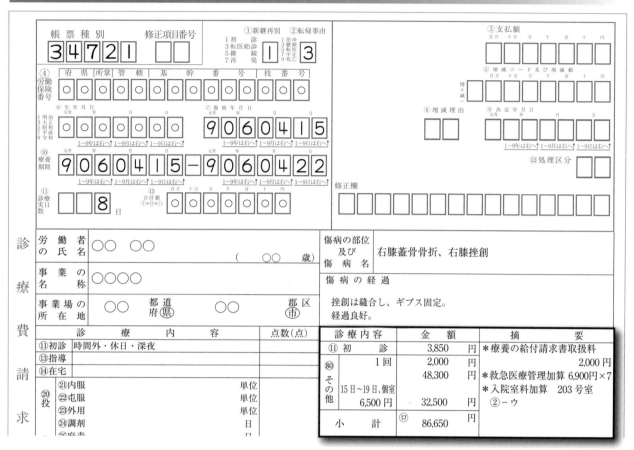

診療内容		金額		摘要
⑪ 初　診		3,850	円	*療養の給付請求書取扱料
⑧⑩ その他	1回	2,000	円	2,000円
		48,300	円	*救急医療管理加算 6,900円×7
	15日～19日、個室			*入院室料加算　203号室
	6,500円	32,500	円	②-ウ
小　計		⑩ 86,650	円	

傷病の部位及び傷病名　右膝蓋骨骨折、右膝挫創

傷病の経過

挫創は縫合し、ギプス固定。
経過良好。

正しい算定3

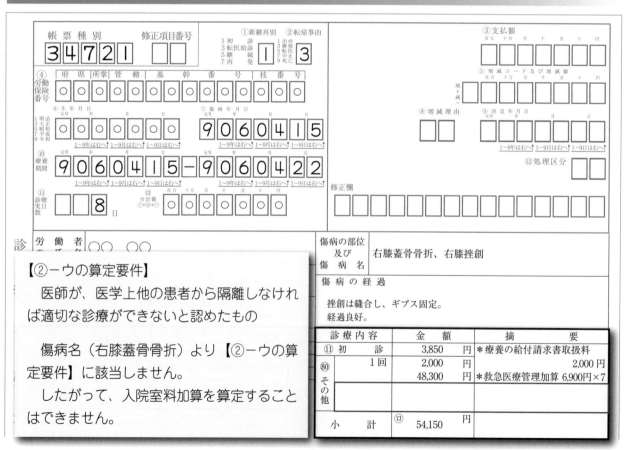

【②-ウの算定要件】

医師が、医学上他の患者から隔離しなければ適切な診療ができないと認めたもの

傷病名（右膝蓋骨骨折）より【②-ウの算定要件】に該当しません。

したがって、入院室料加算を算定することはできません。

診療内容		金額		摘要
⑪ 初　診		3,850	円	*療養の給付請求書取扱料
⑧⑩ その他	1回	2,000	円	2,000円
		48,300	円	*救急医療管理加算 6,900円×7
小　計		⑩ 54,150	円	

傷病の部位及び傷病名　右膝蓋骨骨折、右膝挫創

傷病の経過

挫創は縫合し、ギプス固定。
経過良好。

誤った算定4

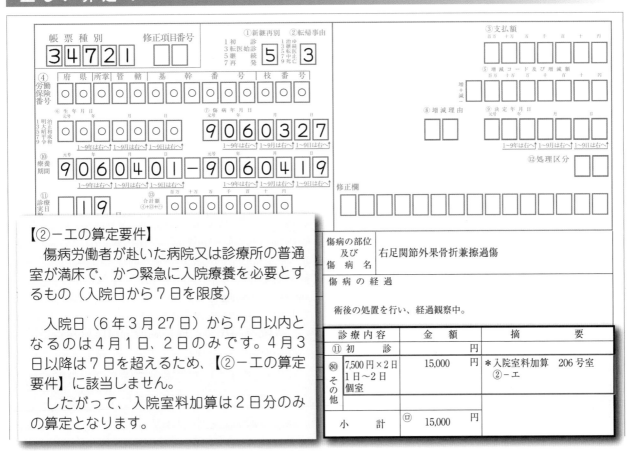

帳票種別	修正項目番号	①新継再別	②転帰事由	③支払額

34721　　　1初診 3転医始診 5継続 7再発　5　3

④労働保険番号：府県 所掌 管轄 基幹番号 枝番号
⑥生年月日　⑦傷病年月日 9060327
⑩療養期間 9060401-9060419
⑪診療実日数 19日　⑬合計額

労働者の氏名 ○○ ○○（ ○○ 歳）
事業の名称 ○○○○
事業場の所在地 ○○ 都道府県 ○○ 郡区市

傷病の部位及び傷病名：右足関節外果骨折兼擦過傷
傷病の経過：術後の処置を行い、経過観察中。

摘要
⑨ *入退院歴 6年3月27日～6年4月19日

診療内容	金額	摘要
⑪初診	円	
⑧その他 1日～7日 個室 7,500円	52,500	*入院室料加算 206号室 ②-エ
小計	ロ 52,500 円	

正しい算定4

帳票種別	修正項目番号	①新継再別	②転帰事由

34721　　　5　3

⑥生年月日 ⑦傷病年月日 9060327
⑩療養期間 9060401-9060419
⑪診療実数 19

【②-エの算定要件】
　傷病労働者が赴いた病院又は診療所の普通室が満床で、かつ緊急に入院療養を必要とするもの（入院日から7日を限度）

　入院日（6年3月27日）から7日以内となるのは4月1日、2日のみです。4月3日以降は7日を超えるため、【②-エの算定要件】に該当しません。

　したがって、入院室料加算は2日分のみの算定となります。

傷病の部位及び傷病名：右足関節外果骨折兼擦過傷
傷病の経過：術後の処置を行い、経過観察中。

診療内容	金額	摘要
⑪初診	円	
⑧その他 7,500円×2日 1日～2日 個室	15,000 円	*入院室料加算 206号室 ②-エ
小計	ロ 15,000 円	

誤った算定5

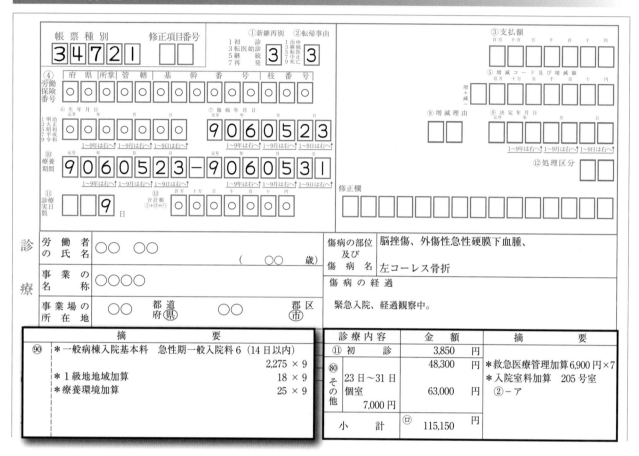

正しい算定5

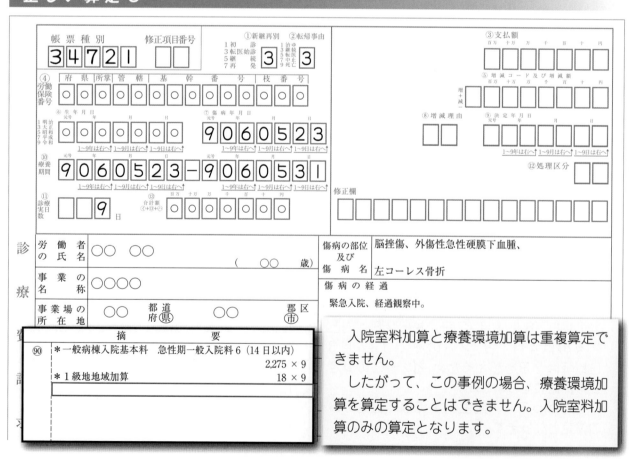

入院室料加算と療養環境加算は重複算定できません。

したがって、この事例の場合、療養環境加算を算定することはできません。入院室料加算のみの算定となります。

（3）病衣貸与料 ―― 10点

　患者が緊急収容され病衣を有していないため医療機関から病衣の貸与を受けた場合、又は傷病の感染予防上の必要性から医療機関が患者に病衣を貸与した場合には、1日につき10点を算定できます。

（4）入院期間が180日を超える入院の取扱い

　保険外併用療養費としての「入院期間が180日を超える入院」の取扱いについては、労災保険ではこれを適用せず、健保点数表に定められている所定点数をもとに算定することとなります。

　したがって、選定療養には該当せず、傷病労働者から特別の料金を徴収することは認められません。

（5）生活療養の取扱い

　健保点数表における「生活療養を受ける場合」の点数については、適用しません。

点検しましょう

誤った算定

帳票種別	修正項目番号	①新継再別	②転帰事由
3 4 7 2 1	□ □	1 初診 3 転医始診 5 継続 7 再発	1 治ゆ 3 継続 5 中止 7 死亡 9 その他

①新継再別 5　②転帰事由 3

③支払額
百万 十万 万 千 百 十 円

④労働保険番号
府県 所掌 管轄 基幹番号 枝番号
○ ○ ○ ○ ○ ○ ○ ○ ○ ○ ○ ○ ○ ○

⑤増減コード及び増減額
百万 十万 万 千 百 十 円
増+減−

⑥生年月日
元号（治大昭平令 1357 9）○ ○ 年 ○ ○ 月 ○ ○ 日

⑦傷病年月日
9 0 6 0 4 2 4
元号 年 月 日

⑧増減理由 □ □

⑨決定年月日
元号 年 月 日

⑩療養期間
9 0 6 0 7 0 1 - 9 0 6 0 7 1 2
元号 年 月 日

⑫処理区分 □ □

⑪診療実日数 1 2 日

⑬合計額（イ+ロ+ハ）
百万 十万 万 千 百 十 円
○ ○ ○ ○ ○ ○

修正欄

診療費請求内訳書（入院用）

労働者の氏名	○○　○○　（ 66 歳）
事業の名称	○○○○
事業場の所在地	○○ 都道府県　○○ 郡区市

傷病の部位及び傷病名	左上腕二頭筋長頭腱断裂の術後
傷病の経過	6月27日手術のため転医。28日手術。 7月5日療養病棟へ転棟。リハビリを行う。

診療内容		点数(点)	診療内容	金額	摘要
⑪初診	時間外・休日・深夜		⑪ 初診	円	
⑬指導			⑧その他	円	
⑭在宅					
⑳投薬	㉑内服　単位				
	㉒屯服　単位				
	㉓外用　単位		小計 ㋺	円	
	㉔調剤　日				
	㉖麻毒　日		⑨食事		備考
	㉗調基		基準　700 円× 34 回		
㉚注射	㉛皮下筋肉内　回		円× 回		
	㉜静脈内　回		Ⅰ 環境 480 円× 12 日		
	㉝その他　回				
㊵処置	回		食事療養 34 ㋩ 29,560 円		
	薬剤				
㊿手術・麻酔	回			摘要	
	薬剤		⑨ *急性期一般入院料1		
⑥検査	回		初期加算（14日以内） 2,644 × 4		
	薬剤		*療養病棟入院料1（入院料6）		
⑦画像診断	回		生活療養（1,335 × 1.30） 1,736 × 6		
	薬剤		*療養病棟入院料1（入院料6）		
⑧その他			生活療養（1,335 × 1.01） 1,348 × 2		
	薬剤				

⑨入院	入院年月日　6年 6月 27日		
	病 診 衣　⑨入院基本料・加算		
	2,644 × 4 日間	10,576	
	1,736 × 6 日間	10,416	
	1,348 × 2 日間	2,696	
	× 日間		
	× 日間		
	�92特定入院料・その他		

小計	○○,○○○ 点 ㋑	○○○,○○○ 円

正しい算定

帳票種別	修正項目番号
3 4 7 2 1	□□

①新継再別
1 初　　診
3 転医始診
5 継　　続
7 再　　発　**5**

②転帰事由
1 治ゆ　ゆ
3 継続転中止
5 転医中止
7 中　　止
9 死　　亡　**3**

③支払額
百万 十万 万 千 百 十 円
□□□□□□□□

④労働保険番号
府県 所掌 管轄　　基幹番号　　枝番号
○○ ○ ○○ ○○○○○○ ○○○○

⑤増減コード及び増減額
百万 十万 万 千 百 十 円
増+減− □□□□□□□□

⑥生年月日
元号 年 月 日
1 明治 3 大正 5 昭和 7 平成 9 令和
○○ ○○ ○○ ○○

⑦傷病年月日
元号 年 月 日
9 0 6 0 4 2 4

⑧増減理由　□□

⑨決定年月日
元号 年 月 日
□□ □□ □□ □□

⑩療養期間
元号 年 月 日 − 元号 年 月 日
9 0 6 0 7 0 1 − 9 0 6 0 7 1 2

⑫処理区分　□□

⑪診療実日数
1 2 日

合計額 ④+⑩+②
百万 十万 万 千 百 十 円
○○○○○○○

修正欄
□□□□□□□□□□□□□□□□□□□□

診療費請求内訳書（入院用）

労働者の 氏名	○○　○○		（　66　歳）
事業の名称	○○○○		
事業場の所在地	○○ 都道府県 ○○ 郡区市		

傷病の部位及び傷病名：左上腕二頭筋長頭腱断裂の術後

傷病の経過：
6月27日手術のため転医。28日手術。
7月5日療養病棟へ転棟。リハビリを行う。

診療内容	点数（点）
⑪初診　時間外・休日・深夜	
⑬指導	
⑭在宅	
㉑内服　　　　単位	

診療内容	金額	摘要
⑪初　診	円	
⑳その他	円	
小　計 ㋺	円	

�97 食事			備　考
基準 I	800 円×	34 回	
	円×	回	
	円×	日	
食事療養	34 回 ㋩	27,200 円	

摘要		
�90　＊急性期一般入院料1		
初期加算（14日以内）	2,644	× 4
＊療養病棟入院料1（入院料6）	1,754	× 6
＊療養病棟入院料1（入院料6）	1,362	× 2

生活療養を受ける場合の入院料及び生活療養の費用については、労災ではこれを適用しません。

したがってこの事例の場合、次のように算定します。

【入院料】
健保点数表に定められている「生活療養を受ける場合」以外の所定点数の1.30倍及び1.01倍（1点未満の端数四捨五入）

〔14日以内の期間〕
基本点数
1,349 点 × 1.30 倍 = 1,754 点

〔14日超の期間〕
基本点数
1,349 点 × 1.01 倍 = 1,362 点

【食事療養費】
「食事療養及び生活療養の費用額算定表」の「第1　食事療養」に定める金額の1.2倍（10円未満の端数四捨五入）（62ページ参照）

670 円 × 1.2 = 804 円 → 800 円

5　入院時食事療養費

（1）入院時食事療養費

　　入院時食事療養費については、平成18年3月6日厚生労働省告示第99号（最終改正：令和6年3月5日）（以下「99号告示」という）の別表「食事療養及び生活療養の費用額算定表」の「第1　食事療養」に定める金額の1.2倍により算定します（**10円未満の端数は四捨五入**）。

　　したがって、労災保険における入院時食事療養費は次のとおりです。

ア　入院時食事療養（Ⅰ）

　　別に厚生労働大臣が定める基準に適合しているものとして地方厚生局長等に届け出て当該基準による食事療養を行う医療機関に入院している患者について、食事療養を行ったときに、1日につき3食を限度として算定できます。

①　②以外の食事療養を行う場合	1食につき	800円
②　流動食のみを提供する場合	1食につき	730円

　　流動食（市販されているものに限る。以下同じ）のみを経管栄養法により提供したときに算定できます。

〔各種加算の取扱い〕

　a　特別食加算　1食につき　90円

　　別に厚生労働大臣が定める特別食を提供したときに、1日につき3食を限度として加算することができます。ただし、②を算定する患者については、算定できません。

　b　食堂加算　　1日につき　60円

　　食堂における食事療養を行ったときに、加算することができます（療養病棟に入院する患者を除く）。

イ　入院時食事療養（Ⅱ）

　　入院時食事療養（Ⅰ）を算定する医療機関以外の医療機関に入院している患者について、食事療養を行ったときに、1日につき3食を限度として算定します。

①　②以外の食事療養を行う場合	1食につき	640円
②　流動食のみを提供する場合	1食につき	590円

　　流動食のみを経管栄養法により提供したときに算定できます。

＊　99号告示の別表「食事療養及び生活療養の費用額算定表」の「第2　生活療養」については、労災保険ではこれを適用しません。生活療養の取扱いについては、59ページをご覧ください。

点検しましょう

誤った算定1

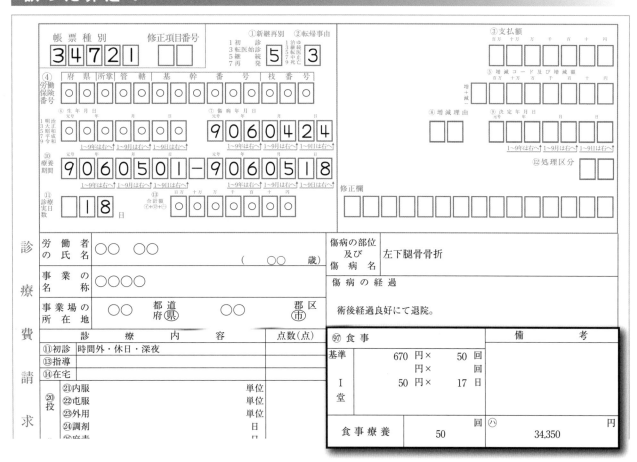

左下腿骨骨折

術後経過良好にて退院。

⑨食事			備　考
基準	670 円×	50 回	
	円×	回	
Ⅰ 堂	50 円×	17 日	
食事療養	50 回	㈱ 34,350	円

正しい算定1

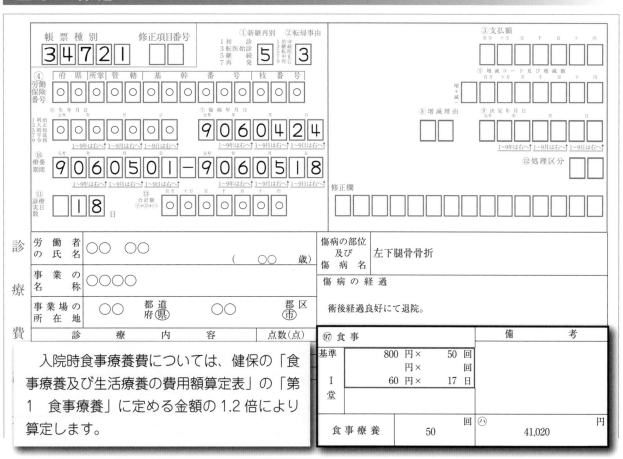

左下腿骨骨折

術後経過良好にて退院。

入院時食事療養費については、健保の「食事療養及び生活療養の費用額算定表」の「第1　食事療養」に定める金額の1.2倍により算定します。

⑨食事			備　考
基準	800 円×	50 回	
	円×	回	
Ⅰ 堂	60 円×	17 日	
食事療養	50 回	㈱ 41,020	円

誤った算定2

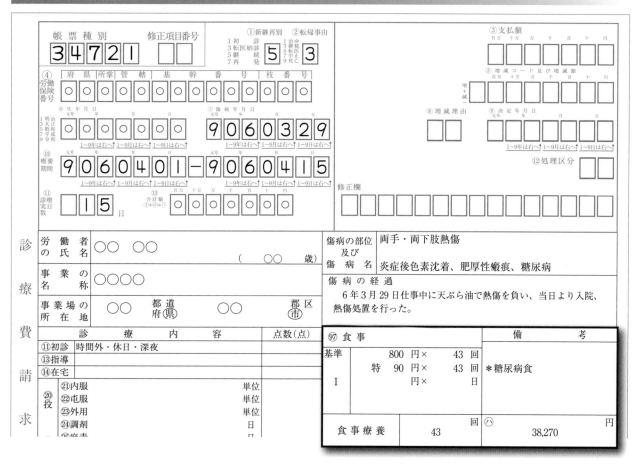

正しい算定2

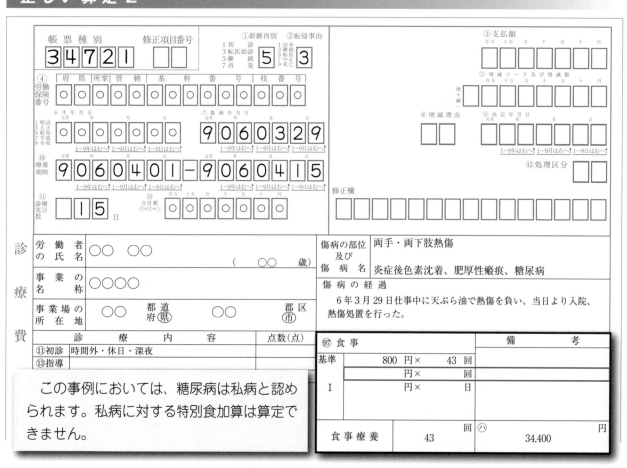

この事例においては、糖尿病は私病と認められます。私病に対する特別食加算は算定できません。

第2編

医学管理等・
検査料・画像診断料

1　医学管理等

（1）再診時療養指導管理料 ── 920円

外来患者に対して再診時に療養上の指導（食事、日常生活動作、機能回復訓練、メンタルヘルスに関する指導）を行った場合に指導の都度算定できます。

なお、療養上の指導の要点を診療録に記載してください。

算定例1

再診時に機能回復訓練に関する指導を行った場合

再診時療養指導管理料　920円×1回　＝　920円

········· レセプトの記入例 ·········

再診時療養指導管理料は金額で算定するため、請求にあたっては、レセプト右側の⑬「指導」欄に回数及び金額を記入します。

診　療　内　容		点数（点）	診療内容	金　　額	摘　　　　要
⑪初診　時間外・休日・深夜			⑪初　診	円	
⑫再診	×　　回		⑫再　診　1回	1,420 円	＊再診時療養指導管理料 1回
	外来管理加算　×　　回		⑬指　導　1回	920 円	
	時間外　×　　回		⑧その他	円	
	休　日　×　　回				
	深　夜　×　　回				
⑬指導			小　　計　㋺	2,340 円	
	往診　　　　回				

ポイント①

同一月において、「石綿疾患療養管理料」（72ページ参照）とは重複算定できません。

ポイント②

同一月において、下表に掲げる健保点数表の各管理料等と重複算定することはできません。

区分		名称	区分		名称
医学管理等	B000	特定疾患療養管理料		C108-2	在宅腫瘍化学療法注射指導管理料
	B001	ウイルス疾患指導料		C108-3	在宅強心剤持続投与指導管理料
		てんかん指導料		C108-4	在宅悪性腫瘍患者共同指導管理料
		難病外来指導管理料		C109	在宅寝たきり患者処置指導管理料
		皮膚科特定疾患指導管理料		C110	在宅自己疼痛管理指導管理料
		心臓ペースメーカー指導管理料		C110-2	在宅振戦等刺激装置治療指導管理料
		慢性疼痛疾患管理料		C110-3	在宅迷走神経電気刺激治療指導管理料
		耳鼻咽喉科特定疾患指導管理料		C110-4	在宅仙骨神経刺激療法指導管理料
在宅医療	C002	在宅時医学総合管理料		C110-5	在宅舌下神経電気刺激療法指導管理料
	C002-2	施設入居時等医学総合管理料		C111	在宅肺高血圧症患者指導管理料
	C010	在宅患者連携指導料		C112	在宅気管切開患者指導管理料
	C100	退院前在宅療養指導管理料		C112-2	在宅喉頭摘出患者指導管理料
	C101	在宅自己注射指導管理料		C114	在宅難治性皮膚疾患処置指導管理料
	C102	在宅自己腹膜灌流指導管理料		C116	在宅植込型補助人工心臓(非拍動流型)指導管理料
	C102-2	在宅血液透析指導管理料		C117	在宅経腸投薬指導管理料
	C103	在宅酸素療法指導管理料		C118	在宅腫瘍治療電場療法指導管理料
	C104	在宅中心静脈栄養法指導管理料		C119	在宅経肛門的自己洗腸指導管理料
	C105	在宅成分栄養経管栄養法指導管理料		C120	在宅中耳加圧療法指導管理料
	C105-3	在宅半固形栄養経管栄養法指導管理料		C121	在宅抗菌薬吸入療法指導管理料
	C106	在宅自己導尿指導管理料	専門療法精神科	I 002	通院・在宅精神療法
	C107	在宅人工呼吸指導管理料		I 004	心身医学療法
	C107-2	在宅持続陽圧呼吸療法指導管理料		I 016	精神科在宅患者支援管理科
	C107-3	在宅ハイフローセラピー指導管理料	その他		「B000 特定疾患療養管理料」と重複算定できない指導管理料等
	C108	在宅麻薬等注射指導管理料			

算定例2

同一月に次のように指導を行った場合（発症日：2月4日　外来）
　5/ 9　てんかんに関する指導
　　　　日常生活動作に関する指導
　5/16　機能回復訓練に関する指導
　5/23　日常生活動作に関する指導
　5/30　機能回復訓練に関する指導

てんかん指導料　　　　　　250点×労災診療単価（11.5円又は12円）……①
再診時療養指導管理料　　　920円×4回＝3,680円 …………………………②

①＜②により
　再診時療養指導管理料を算定します。

算定例3

同一月に次のように指導を行った場合（外来）（チアノーゼ型先天性心疾患以外の場合）
　5/ 9　在宅酸素療法における指導管理
　5/16　日常生活動作に関する指導
　5/23　日常生活動作に関する指導

在宅酸素療法指導管理料　　2,400点×労災診療単価（11.5円又は12円）…①
再診時療養指導管理料　　　　920円×2回＝1,840円 ………………………②

①＞②により
　在宅酸素療法指導管理料を算定します。

ポイント③

　同一の医療機関において、同時に2以上の診療科で指導を行った場合であっても（医科と歯科及び医科と歯科口腔外科の場合を除く）、再診時療養指導管理料は1回として算定します。

算定例4

異なる傷病について同時に複数の診療科で再診を行い、次のような指導を行った場合
　整形外科　（再診料1,420円算定）：機能回復訓練に関する指導
　内　　科　（再診料　710円算定）：日常生活動作に関する指導

再診時療養指導管理料　920円×1回＝920円

◇　同時に整形外科と内科で療養上の指導を行っていますが、再診時療養指導管理料を各々算定することはできません。

mini Q&A

Q1 電話再診の場合、再診時療養指導管理料は算定できますか。

A1 算定できません。
　健康保険の電話等による再診の取扱いにおいて、「当該再診料を算定する際には第2章第1部の各区分に規定する医学管理料等は算定できない」ことから、電話再診における再診時療養指導管理料は算定できません。

点検しましょう

誤った算定 1

帳票種別	修正項目番号	①新継再別	②転帰事由
3 4 7 2 2		5	3

① 新継再別　1 初診　3 転医始診　5 継続　7 再発
② 転帰事由　治癒転医中止　中死　1 3 2 5 7 9

③支払額

④労働保険番号　府県　所掌　管轄　基幹番号　枝番号

生年月日　元号　年　月　日　（治正和昭平令 1 3 5 7 9）

⑦傷病年月日　9 0 1 0 9 1 8

⑤増減コード及び増減額　増＋減−

⑧増減理由　⑨決定年月日

⑩療養期間　9 0 6 0 5 0 1 − 9 0 6 0 5 3 1

⑫処理区分

⑪診療実日数　3 日　⑬合計額（④＋⑦）

修正欄

診療	労働者の氏名	○○　○○　（　○○　歳）	傷病の部位及び傷病名	石綿肺、続発性気管支炎、慢性呼吸不全
	事業の名称	○○○○	傷病の経過	
	事業場の所在地	○○ 都道府県 ○○ 郡区市		鎮咳剤・気管支拡張剤投与の上、外来経過観察中。

摘　要		
⑬	＊特定疾患療養管理料	87 × 1

診療内容		金　額	摘　要
⑪初　診		円	＊再診時療養指導管理料
⑫再　診　3 回		4,260 円	
⑬指　導　3 回		2,760 円	3 回
⑧その他		円	
小　計	㋺	7,020 円	

正しい算定 1

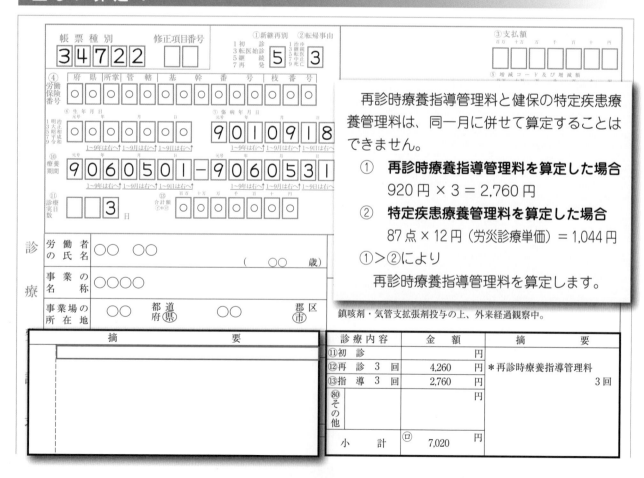

帳票種別	修正項目番号	①新継再別	②転帰事由
3 4 7 2 2		5	3

① 新継再別　1 初診　3 転医始診　5 継続　7 再発
② 転帰事由　治癒転医中止　中死　1 3 2 5 7 9

③支払額

④労働保険番号　府県　所掌　管轄　基幹番号　枝番号

生年月日　元号　年　月　日　（治正和昭平令 1 3 5 7 9）

⑦傷病年月日　9 0 1 0 9 1 8

⑤増減コード及び増減額

⑩療養期間　9 0 6 0 5 0 1 − 9 0 6 0 5 3 1

⑪診療実日数　3 日　⑬合計額（④＋⑦）

再診時療養指導管理料と健保の特定疾患療養管理料は、同一月に併せて算定することはできません。

① **再診時療養指導管理料を算定した場合**
　920 円 × 3 ＝ 2,760 円
② **特定疾患療養管理料を算定した場合**
　87 点 × 12 円（労災診療単価）＝ 1,044 円
①＞②により
　再診時療養指導管理料を算定します。

診療	労働者の氏名	○○　○○　（　○○　歳）
	事業の名称	○○○○
	事業場の所在地	○○ 都道府県 ○○ 郡区市

鎮咳剤・気管支拡張剤投与の上、外来経過観察中。

摘　要		

診療内容		金　額	摘　要
⑪初　診		円	＊再診時療養指導管理料
⑫再　診　3 回		4,260 円	
⑬指　導　3 回		2,760 円	3 回
⑧その他		円	
小　計	㋺	7,020 円	

誤った算定2

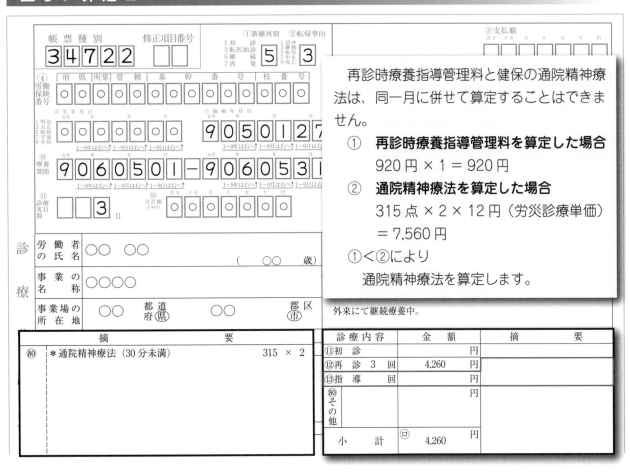

帳票種別	修正項目番号	①新継再別	②転帰事由
3 4 7 2 2		1 初　診 3 転医始診 5 継　続 7 再　発　　5	ゆ継続医中 治継続中止 中継転死中亡　　3

③支払額
百万 十万 万 千 百 十 円

④労働保険番号
府県 所掌 管轄 基幹番号 枝番号
0 0 0 0 0 0 0 0 0 0 0 0 0 0

⑤増減コード及び増減額
百万 十万 万 千 百 十 円
増＋減

⑥生年月日
元号 年 月 日
1治 3大 5昭 7平 9令
0 0 0 0 0 0 0

⑦傷病年月日
元号 年 月 日
9 0 5 0 1 2 7

⑧増減理由

⑨決定年月日
元号 年 月 日

⑩療養期間
元号 年 月 日
9 0 6 0 5 0 1 － 9 0 6 0 5 3 1

⑫処理区分

⑪診療実日数
3 日

⑬合計額（⑥＋⑫）
百万 十万 千 百 十 円
0 0 0 0 0 0 0

修正欄

診療	労の働者氏名	○○　○○（　○○　歳）
	事業の名称	○○○○
療	事業場の所在地	○○ 都道府(県)　○○ 郡区(市)

傷病の部位及び傷病名
脳挫傷　症候性てんかん
幻覚妄想状態
脳梗塞　神経因性膀胱

傷病の経過

外来にて継続療養中。

摘　　要	
⑧⓪	＊通院精神療法（30分未満）　　　　　315 × 2

診療内容	金　額	摘　　要
⑪初　診	円	
⑫再　診　3　回	4,260 円	＊再診時療養指導管理料
⑬指　導　1　回	920 円	1 回
⑧⓪その他	円	
小　計	㋺ 5,180 円	

正しい算定2

帳票種別	修正項目番号	①新継再別	②転帰事由
3 4 7 2 2		1 初　診 3 転医始診 5 継　続 7 再　発　　5	ゆ継続医中 治継続中止 中継転死中亡　　3

③支払額
百万 十万 万 千 百 十 円

④労働保険番号
府県 所掌 管轄 基幹番号 枝番号
0 0 0 0 0 0 0 0 0 0 0 0 0 0

⑥生年月日
元号 年 月 日
1治 3大 5昭 7平 9令
0 0 0 0 0 0 0

⑦傷病年月日
元号 年 月 日
9 0 5 0 1 2 7

⑩療養期間
元号 年 月 日
9 0 6 0 5 0 1 － 9 0 6 0 5 3 1

⑪診療実日数
3 日

⑬合計額（⑥＋⑫）
百万 十万 千 百 十 円
0 0 0 0 0 0 0

> 再診時療養指導管理料と健保の通院精神療法は、同一月に併せて算定することはできません。
> ① **再診時療養指導管理料を算定した場合**
>   920円 × 1 ＝ 920円
> ② **通院精神療法を算定した場合**
>   315点 × 2 × 12円（労災診療単価）
>   ＝ 7,560円
> ①＜②により
>   通院精神療法を算定します。

診療	労の働者氏名	○○　○○（　○○　歳）
	事業の名称	○○○○
療	事業場の所在地	○○ 都道府(県)　○○ 郡区(市)

外来にて継続療養中。

摘　　要	
⑧⓪	＊通院精神療法（30分未満）　　　　　315 × 2

診療内容	金　額	摘　　要
⑪初　診	円	
⑫再　診　3　回	4,260 円	
⑬指　導　回	円	
⑧⓪その他	円	
小　計	㋺ 4,260 円	

（2）石綿疾患療養管理料 ── 225点

　　石綿関連疾患（肺がん、中皮腫、良性石綿胸水、びまん性胸膜肥厚に限る）について、診療計画に基づく受診、検査の指示又は服薬、運動、栄養、疼痛等の療養上の管理を行った場合に、月2回に限り算定できます。

　　なお、請求にあたっては、管理内容の要点を診療録に記載してください。

ポイント①

　　初診料を算定することができる日及び月においても算定できます。

　　また、入院中の患者においても算定できます。

算定例1

　　同一月に次のように指導、管理を行った場合　（傷病名：良性石綿胸水　外来）

　　　4/ 9　初診　診療計画に基づき、検査の指示

　　　4/17　再診　服薬の管理

　　石綿疾患療養管理料　225点　×　2　＝　450点

◇　石綿疾患療養管理料は、月2回に限り算定することができます。また、初診料を算定することができる日及び月においても算定できます。

レセプトの記入例

　　請求にあたっては、レセプトの⑬「指導」欄に点数、「摘要」欄に名称等を記載します。

診　療　内　容				点数(点)	診療内容	金　額		摘　　要
⑪初診	時間外・休日・深夜				⑪初　診	3,850	円	療養の給付請求書取扱料
			× 回		⑫再　診　回	1,420	円	2,000 円
⑫再診	外来管理加算		× 回		⑬指　導　回		円	
	時間外		× 回		⑧その他	2,000	円	
	休　日		× 回					
	深　夜		× 回		小　　計	㋺ 7,270	円	
⑬指導				450				
⑭在宅	往　診		回				摘　　要	
	夜　間		回		⑬　＊石綿疾患療養管理料			225 × 2
	緊急・深夜		回					
	在宅患者訪問診療		回					
	その他							
	薬　剤							

ポイント②

　　同一月において、「再診時療養指導管理料（66ページ参照）」とは重複算定できません。

　　また、67ページの ポイント②［表］に掲げる各管理料等とも、同一月に重複算定できません。

算定例2

同一月に次のように指導、管理を行った場合（傷病名：肺がん（石綿関連疾患）外来）

5/ 9　肺がん（石綿関連疾患）に対する療養上の管理

5/16　日常生活動作に関する指導

5/23　日常生活動作に関する指導

5/30　肺がん（石綿関連疾患）に対する療養上の管理

石綿疾患療養管理料　　225点×2回×労災診療単価（11.5円又は12円）…①

再診時療養指導管理料　920円×2回＝1,840円 ……………………………②

①＞②により

　石綿疾患療養管理料を算定します。

◇　石綿疾患療養管理料及び再診時療養指導管理料は、同一月に重複算定できません。

　　なお、再診時療養指導管理料は金額算定のため、石綿疾患療養管理料を金額に換算したうえで比較をし、いずれか高い方を算定します。

（3）石綿疾患労災請求指導料 ── 450点

　石綿関連疾患（肺がん、中皮腫、良性石綿胸水、びまん性胸膜肥厚に限る）の診断を行ったうえで、傷病労働者に対する石綿ばく露に関する職歴の問診を実施し、業務による石綿ばく露が疑われる場合に労災請求の勧奨を行い、現に「療養補償給付及び複数事業労働者療養給付たる療養の給付請求書（様式第5号）」又は「療養補償給付及び複数事業労働者療養給付たる療養の費用請求書（様式第7号（1））」が提出された場合に、1回に限り算定できます。なお、当該個別事案が業務上と認定された場合のみに、支払われます。

　請求にあたっては、次の①から④の事項を診療録に記載し明確にしてください。

①　石綿関連疾患の診断を行ったこと

②　患者に行った問診内容（概要）

③　業務による石綿ばく露が疑われた理由

④　労災請求の勧奨を行ったこと

なお、療養の給付請求書取扱料と併せて算定できます。

┄┄┄┄┄┄┄┄┄┄┄┄┄┄┄┄┄┄┄ レセプトの記入例 ┄┄┄┄┄┄┄┄┄┄┄┄┄┄┄┄┄

レセプトの「⑧その他」欄に点数、「摘要」欄に名称等を記載します。

⑧その他	処方せん　　　　　　　　回			⑧	＊石綿疾患労災請求指導料　　　　　450 × 1
	薬　剤		450		

mini Q&A

Q　石綿疾患療養管理料と石綿疾患労災請求指導料とは同時に算定できますか。

A　対象にしている内容が異なることから、1人の傷病労働者に対してそれぞれ算定することができます。

（4）リハビリテーション情報提供加算 ―― 200点

　健保点数表の診療情報提供料（Ⅰ）が算定される場合であって、医師又は医師の指揮管理のもと理学療法士若しくは作業療法士が作成した職場復帰に向けた「労災リハビリテーション実施計画書（別紙様式5）」（76ページ参照）（転院までの実施結果を付記したもの又は添付したものに限ります）を、傷病労働者の同意を得て転院の際に添付した場合に算定できます。

　なお、健保点数表の診療情報提供料（Ⅰ）（250点）及び診療情報提供料（Ⅰ）の注8の加算（200点）とは別に算定できます。

　労災リハビリテーション実施計画書は、別紙様式5又はこれに準じた文書により作成します。

　ここには、リハビリテーションの計画等のほか、次の内容を盛り込む必要があります。
　　① 傷病労働者の「これまでの仕事内容」、「これまでの通勤方法」、「復職希望」等を踏まえた「職場復帰に向けた目標」
　　② リハビリテーションの項目として、職場復帰に向けた目標を踏まえた業務内容・通勤方法等を考慮した内容（キーボードの打鍵やバスへの乗車等）

　なお、健康保険のリハビリテーション（総合）実施計画書（様式）を使用する場合は、上記の①及び②を盛り込むことにより様式上の要件は満たされます。

　請求にあたっては、労災リハビリテーション実施計画書の写しを診療録に添付し明確にしておく必要があります。

　なお、労災リハビリテーション実施計画書における本人及び家族の署名欄について、傷病労働者自ら署名することが困難であり、かつ、傷病労働者の家族が署名することが困難である場合の取扱いは健康保険と同様とし、家族に情報通信機器を用いて計画書の内容等を説明した上で、説明内容について同意を得た旨を診療録に記載することにより、傷病労働者本人又はその家族の署名を求めなくても差し支えありません。

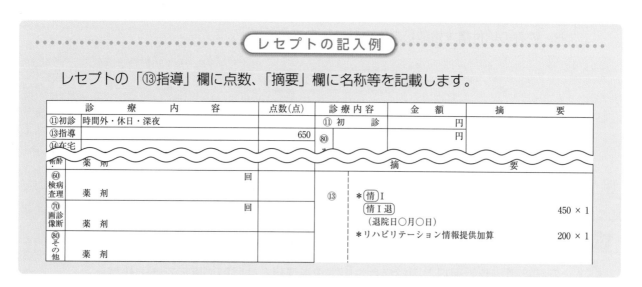

mini Q&A

Q　リハビリテーション情報提供加算について、B009 診療情報提供料（1）と同様に提出先ごとに複数でも算定できますか。

A　リハビリテーション情報提供加算の目的は、早期職場復帰に向けて、傷病労働者のリハビリが転院後においても、早期にかつ計画的に行われることを促進することにあることから、リハビリを伴わない治療のために医療機関を紹介した場合には算定できません。

別紙様式5

労災リハビリテーション実施計画書

患者氏名		男・女	年生（　　　歳）	計画評価実施日　　年　月　日

リハ担当医		PT		OT		ST	

原因疾患(発症・受傷日)	合併疾患・コントロール状態(高血圧, 心疾患, 糖尿病等)

評価項目・内容(コロン(:)の後に具体的内容を記入)

心身機能・構造

- □意識障害:(3-3-9:　　　　　)
- □認知症:
- □中枢性麻痺
  (ステージ・グレード)右上肢:　　右手指:　　右下肢:
  　　　　　　　　左上肢:　　左手指:　　左下肢:
- □筋力低下(部位, MMT:　　　　　)

- □失行・失認:
- □音声・発話障害(□構音障害, □失語症:種類　　)
- □摂食機能障害:
- □排泄機能障害:
- □拘縮:
- □褥瘡:
- □起立性低血圧:

基本動作

- 立位保持(装具:　　) □手放し, □つかまり, □不可
- 平行棒内歩行(装具:　　) □独立 , □一部介助, □非実施
- 訓練室内歩行(装具:　　) □独立 , □一部介助, □非実施

活動

ADL・ASL等 自立度	日常生活(病棟)実行状況:「している"活動"」							訓練時能力:「できる"活動"」						
	自立	監視	一部介助	全介助	非実施	使用用具 杖・装具	姿勢・実行場所 介助内容　　等	独立	監視	一部介助	全介助	非実施	使用用具 杖・装具	姿勢・場所(訓練室・病棟等) 介助内容等
屋外歩行														
病棟トイレへの歩行														
病棟トイレへの車椅子駆動														
車椅子・ベッド間移乗														
椅子座位保持														
ベッド起き上がり														
排尿(昼)														
排尿(夜)														
食事														
整容														
更衣														
装具・靴の着脱														
入浴														
コミュニケーション														

活動度　日中臥床:□無, □有(時間帯:　　　　　　　理由　　　　　　　　　)
　　　　日中座位:□椅子, □車椅子, □ベッド上, □ギャッチアップ

参加

職業(□無職, □病欠中, □休職中, □発症後退職, □退職予定)
これまでの職種・業種・仕事内容:
これまでの通勤方法:
復職希望　□現職復帰　□転職　□その他:

経済状況:

社会参加(内容・頻度等, 発症前状況を含む。)

目標

復職　□現職復帰　□転職　□不可　□その他:
仕事内容の変更　□無　□有:
通勤方法の変更　□無　□有:
職場復帰に向けた目標:

本人の希望

家族の希望

方針

リハビリテーション終了の目安・時期

具体的アプローチ

本人・家族への説明　　年　月　日	本人サイン	家族サイン	説明者サイン

(記入上の留意点)
1 「評価項目・内容」の「参加」欄の「これまでの職種・業種・仕事内容」、「これまでの通勤方法」、「復職希望」を記入すること。
2 「目標」欄には、傷病労働者のこれまでの仕事内容、これまでの通勤方法、復職希望等を踏まえ、仕事内容及び通勤方法の変更の必要性を判断し、「職場復帰に向けた目標」を設定の上、記入すること。
3 「具体的アプローチ」欄には、傷病労働者の「職場復帰に向けた目標」を踏まえ、業務内容・通勤方法等を考慮したアプローチ(キーボードの打鍵やバスへの乗車等)を記入すること。

（5）職場復帰支援・療養指導料

ア　精神疾患を主たる傷病とする場合	初　回	900点
	2回目	560点
	3回目	450点
	4回目	330点
イ　その他の疾患の場合	初　回	680点
	2回目	420点
	3回目	330点
	4回目	250点

(ｱ)　傷病労働者（入院治療後通院療養を継続しながら就労が可能と医師が認める者又は入院治療を伴わず通院療養を2か月以上継続している者で就労が可能と医師が認める者。下記(ｲ)から(ｵ)について同じ）に対し、当該労働者の主治医又はその指示を受けた看護職員、理学療法士、作業療法士、公認心理師若しくはソーシャルワーカーが、就労にあたっての療養上必要な指導事項及び就労上必要な指導事項を記載した「指導管理箋（別紙様式1～4)」（79ページ参照）又はこれに準じた文書を当該労働者に交付し、職場復帰のために必要な説明及び指導を行った場合に月1回に限り算定できます。

(ｲ)　傷病労働者の主治医が、当該労働者の同意を得て、所属事業場の産業医（主治医が当該労働者の所属事業場の産業医を兼ねている場合を除く）に対して文書（指導管理箋等）をもって情報提供した場合についても算定できます。

(ｳ)　傷病労働者の主治医又はその指示を受けた看護職員、理学療法士、作業療法士、公認心理師若しくはソーシャルワーカーが、当該労働者の同意を得て、当該医療機関等に赴いた当該労働者の所属事業場の事業主と面談の上、職場復帰のために必要な説明及び指導を行い、診療録に当該指導内容の要点を記載した場合についても算定できます。

(ｴ)　上記(ｱ)～(ｳ)の算定は、同一傷病労働者につき、それぞれ4回を限度とします。ただし、頭頸部外傷症候群、頸肩腕症候群等の慢性的な疾病を主病とする者で現に就労している者については、医師が必要と認める期間とし、回数の制限はありません。その際、4回目以降は4回目の点数とします。

(ｵ)　上記(ｲ)又は(ｳ)を満たし、職場復帰支援・療養指導料を算定している患者であり、かつ、以下①～③の要件を満たした場合、療養・就労両立支援加算として、同一傷病労働者に対して1回につき600点を算定することができます。

　　①事業主又は産業医から治療上望ましい配慮等について助言を取得すること。

　　②助言を踏まえて、医師が治療計画の再評価を実施し、必要に応じ治療計画の変更を行うこと。

　　③傷病労働者に対して、治療計画変更の必要性の有無や具体的な内容等について、説明を行うこと。

（注1）　看護職員とは、看護師及び准看護師をいいます。

（注2）　ソーシャルワーカーとは、社会福祉士又は精神保健福祉士をいいます。

（注3）　事業主には、人事・労務担当者等傷病労働者の職場復帰に関する権限を有する者も含みます。

（注4）　請求にあたっては、職場復帰支援・療養指導料の算定時は、指導管理箋の写しを診療録に添付し明確にしておく必要があります。

（注5）　療養・就労両立支援加算の算定時は、取得した助言の内容及び患者に説明した内容を診療録に明確にしておく必要があります。

（注6）　同一傷病について、健保の療養・就労両立支援指導料を重複して算定することは、原則、認められません。ただし、同一傷病であっても、指導する内容等が異なっている場合は、それぞれ算定することができます。

mini Q&A

Q1 職場復帰支援・療養指導料は、所属事業場の事業主に行う指導の内容は、「指導管理箋」の記載内容以上でなければなりませんか。
　また、指導内容が「指導管理箋」の記載内容未満の場合、算定できませんか。

A1 所属事業場の事業主に行う指導内容は、必ずしも「指導管理箋」の記載内容以上である必要はありません。医療機関等に赴いた事業主に対し、傷病労働者の職場復帰のために必要な説明及び指導を行えば算定できます。

Q2 職場復帰支援・療養指導料は、同一傷病労働者につき、それぞれ4回を限度（一部を除く）として算定できるとありますが、再発の場合、4回の上限はリセットされますか。

A2 再発の場合、通算回数はリセットされます。

指導管理箋（別紙様式 1～4）

別紙様式1　　　　　　　　　　　　　①精神疾患を主たる傷病とするもの（患者用）

指導管理箋＜第　　回目＞

労働者災害補償保険

| 氏　名 | | 生年月日 | 年　　月　　日 | 男・女 |

| 負傷又は発病年月日 | 年　　月　　日 | 傷病名 | |
| 休業前の職種 | | （深夜勤 有・無） 復帰を希望する職種 | 原職・事務職・その他（　　　） |

就労に当たって必要な指導事項

1　職務内容変更の必要性
　　①あり（理由：　　　　　　　　）　②なし
2　作業制限の必要性（職務内容変更ありの場合、作業制限の有無）
　　①軽作業可　②一般事務可　③肉体労働の制限　④普通勤務可　⑤その他（　　）
　　①～③の場合その期間（推定）　年　　月頃まで
3　勤務時間調整の必要性
　　①あり（1日　　時間まで、週　　時間まで）　②なし
　*なしの場合、時間外勤務調整の必要性
　　①あり（1日　　時間まで、週　　時間まで）　②なし　③深夜勤不可
4　遠隔地出張（宿泊を伴うもの、海外出張など）の制限の必要性
　　①あり（制限（　　）・禁止）　②なし
5　自動車運転・危険を伴う機械操作等、作業内容制限の必要性
　　①あり（　　）　②なし
6　対人業務の制限の必要性
　　①あり（　　）　②なし
7　その他就労に当たって配慮しなければならない事項等について
　　（例：職責の大きさ、労働密度、職場での人間関係）

就労に当たって必要とされる療養に関する指導事項

1　就労に当たって必要とされる療養に関する指導事項

2　今後の療養の予定
　　月に　　回程度の診療予定

上記内容を確認しました。
　　年　　月　　日　　　　　本人署名

上記のとおり診断し、職場復帰（就労継続）に関する意見を提出します。
　　年　　月　　日
　　　　　　病院又は診療所の　所在地／名称／医師名

（注）①この指導管理箋は、入院治療後通院療養を継続しながら就労が可能と医師が認める者又は入院治療を伴わず通院療養を2か月以上継続している者で就労が可能と医師が認める者に対し、就労に当たっての療養上必要な指導事項及び就労上必要な指導事項を記載するものです。
②被災労働者の方は、事業場に対して医師から受けた指導事項を説明する際にこの指導管理箋をお使いください。
③事業場の方は、この指導管理箋をプライバシーに十分配慮して管理してください。

別紙様式2　　　　　　　　　　　　②精神疾患を主たる傷病とするもの（産業医用）

指導管理箋（産業医提出用）＜第　　回目＞

労働者災害補償保険

氏　名		生年月日	年　　月　　日	男・女
休業前の職種		（深夜勤 有・無） 復帰を希望する職種	原職・事務職・その他（　　）
病　名	(1.　　　　　　　)	(2.	

発症（受傷）年月日（　年　月　日・不明）初診年月日（　年　月　日）
□初診時症状　※第2回目以降は、前回指導時の症状を記載する。（前回の指導管理箋の写しの添付でも構いません。）
□前回指導時症状

入院　（　年　月　日）～（　年　月　日）
通院　（　年　月　日）～（　年　月　日）
病状経過　（①不変・②改善傾向・③軽快・④寛解・その他（　　））
現在の症状

現在の治療内容（薬剤の内容を含む。）に関する特記事項

今後の治療予定　（①入院・②入院及び通院・③通院・④治療不要　　　）
入院　　　年　月　日）～（　年　月　日）
通院　（　年　月　日）～（　年　月　日）1月に　　回程度
症状固定の見込み　　年　月頃

就労に当たって勤務内容に対する意見
1　勤務可能（条件なし）
2　勤務可能（条件あり）〔条件のある期間　　　年　月頃まで〕
　ア　職務内容の変更　不要・要
　イ　作業内容の制限
　　　不要・要（軽作業可・一般事務可・肉体労働のみ制限・普通勤務可・その他（　　））
　ウ　時間外労働の禁止・軽減　不要・要（特記事項：　　）
　エ　遠隔地出張（宿泊を伴うもの、海外出張などの）の禁止・軽減
　　　不要・要（特記事項：　　）
　オ　自動車運転・危険を伴う機械操作等の制限
　　　不要・要（特記事項：　　）
　カ　対人業務の制限
　　　不要・要（特記事項：　　）
　キ　その他勤務内容に対する意見（例：職責の大きさ、労働密度、職場での人間関係）
就労に当たって必要な職場での留意点

上記内容を確認し、産業医等に提出されることに同意します。
　　年　　月　　日　　　　　本人署名

上記のとおり診断し、職場復帰（就労継続）に関する意見を提出します。
　　年　　月　　日
　　　　　　病院又は診療所の　所在地／名称／医師名

（注）産業医（事業場の方）は、この指導管理箋をプライバシーに十分配慮して管理してください。

別紙様式3　　　　　　　　　　　③精神疾患を主たる傷病としないもの（患者用）

指導管理箋＜第　　回目＞

労働者災害補償保険

氏　名		生年月日	年　　月　　日	男・女
負傷又は発病年月日	年　　月　　日	傷病名	
休業前の職種		（深夜勤 有・無） 復帰を希望する職種	原職・事務職・その他（　　）

就労に当たって必要な指導事項

1　職務内容変更の必要性
　　①あり（理由：　　　　　　　）　②なし
2　作業制限の必要性（職務内容変更ありの場合、作業制限の有無）
　　①軽作業可　②一般事務可　③肉体労働のみ制限　④普通勤務可　⑤その他（　　）
　　①～③の場合その期間（推定）　年　　月頃まで
3　勤務時間調整の必要性
　　①あり（1日　　時間まで、週　　時間まで）　②なし
　*なしの場合、時間外勤務調整の必要性
　　①あり（1日　　時間まで、週　　時間まで）　②なし　③深夜勤不可
4　遠隔地出張（宿泊を伴うもの、海外出張など）の制限の必要性
　　①あり（制限（　　）・禁止）　②なし
5　自動車運転・危険を伴う機械操作等、作業内容制限の必要性
　　①あり（　　）　②なし
6　その他就労に当たって配慮しなければならない事項等について

就労に当たって必要とされる療養に関する指導事項

1　就労に当たって必要とされる療養に関する指導事項

2　今後の療養の予定
　　月に　　回程度の診療予定

上記内容を確認しました。
　　年　　月　　日　　　　　本人署名

上記のとおり診断し、職場復帰（就労継続）に関する意見を提出します。
　　年　　月　　日
　　　　　　病院又は診療所の　所在地／名称／医師名

（注）①この指導管理箋は、入院治療後通院療養を継続しながら就労が可能と医師が認める者又は入院治療を伴わず通院療養を2か月以上継続している者で就労が可能と医師が認める者に対し、就労に当たっての療養上必要な指導事項及び就労上必要な指導事項を記載するものです。
②被災労働者の方は、事業場に対して医師から受けた指導事項を説明する際にこの指導管理箋をお使いください。
③事業場の方は、この指導管理箋をプライバシーに十分配慮して管理してください。

別紙様式4　　　　　　　　　　④精神疾患を主たる傷病としないもの（産業医用）

指導管理箋（産業医提出用）＜第　　回目＞

労働者災害補償保険

氏　名		生年月日	年　　月　　日	男・女
休業前の職種		（深夜勤 有・無） 復帰を希望する職種	原職・事務職・その他（　　）
病　名	(1.　　　　　　　)	(2.	

発症（受傷）年月日（　年　月　日・不明）初診年月日（　年　月　日）
□初診時症状　※第2回目以降は、前回指導時の症状を記載する。（前回の指導管理箋の写しの添付でも構いません。）
□前回指導時症状

入院　（　年　月　日）～（　年　月　日）
通院　（　年　月　日）～（　年　月　日）
病状経過　（①不変・②改善傾向・③軽快・④寛解・⑤その他（　　））
現在の症状

現在の治療内容（薬剤の内容を含む。）に関する特記事項

今後の治療予定　（①入院・②入院及び通院・③通院・④治療不要　　　）
入院　（　年　月　日）～（　年　月　日）
通院　（　年　月　日）～（　年　月　日）1月に　　回程度
症状固定の見込み　　年　月頃

就労に当たって勤務内容に対する意見
1　勤務可能（条件なし）
2　勤務可能（条件あり）〔条件のある期間　　　年　月頃まで〕
　ア　職務内容の変更　不要・要
　イ　作業内容の制限
　　　不要・要（軽作業可・一般事務可・肉体労働のみ制限・普通勤務可・その他（　　））
　ウ　時間外労働の禁止・軽減　不要・要（特記事項：　　）
　エ　遠隔地出張（宿泊を伴うもの、海外出張などの）の禁止・軽減
　　　不要・要（特記事項：　　）
　オ　自動車運転・危険を伴う機械操作等の制限
　　　不要・要（特記事項：　　）
　カ　その他勤務内容に対する意見
就労に当たって必要な職場での留意点

上記内容を確認し、産業医等に提出されることに同意します。
　　年　　月　　日　　　　　本人署名

上記のとおり診断し、職場復帰（就労継続）に関する意見を提出します。
　　年　　月　　日
　　　　　　病院又は診療所の　所在地／名称／医師名

（注）産業医（事業場の方）は、この指導管理箋をプライバシーに十分配慮して管理してください。

点検しましょう

誤った算定

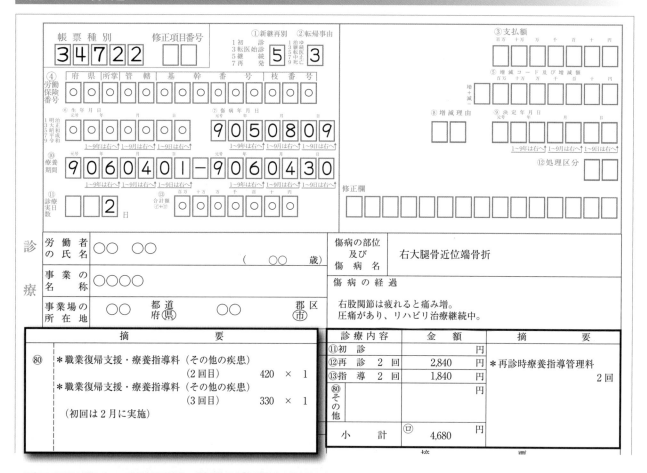

診療内容	金　額	摘　　要
⑪初　診	円	*再診時療養指導管理料
⑫再　診　2回	2,840　円	
⑬指　導　2回	1,840　円	2回
⑧その他	円	
小　計 ⑪	4,680　円	

摘　　要

⑧ *職業復帰支援・療養指導料（その他の疾患）
　　　　　　　　　　　　　　（2回目）　420 × 1
　*職業復帰支援・療養指導料（その他の疾患）
　　　　　　　　　　　　　　（3回目）　330 × 1
　（初回は2月に実施）

正しい算定

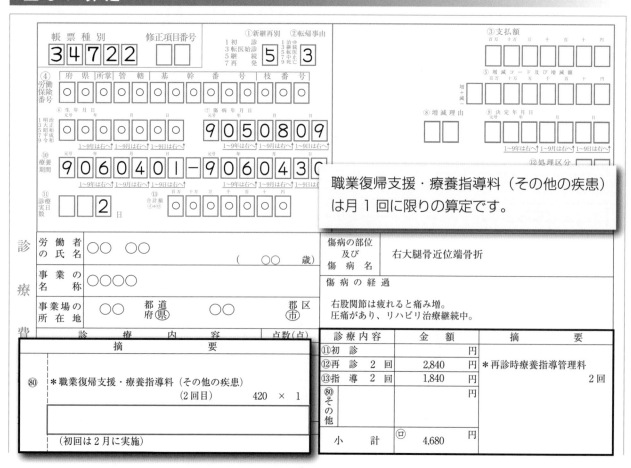

職業復帰支援・療養指導料（その他の疾患）は月1回に限りの算定です。

診療内容	金　額	摘　　要
⑪初　診	円	*再診時療養指導管理料
⑫再　診　2回	2,840　円	
⑬指　導　2回	1,840　円	2回
⑧その他	円	
小　計 ⑪	4,680　円	

摘　　要

⑧ *職業復帰支援・療養指導料（その他の疾患）
　　　　　　　　　　　　　　（2回目）　420 × 1

　（初回は2月に実施）

（6） 職業復帰訪問指導料 ── 精神疾患を主たる傷病とする場合　770点(1日につき)
　　　　　　　　　　　　　　その他の疾患の場合　　　　　　580点(1日につき)

ア　傷病労働者（入院期間が1か月を超えると見込まれる者又は入院治療を伴わず通院療養を2か月以上継続している者であって就労が可能と医師が認める者）が職業復帰を予定している事業場に対し、医師又は医師の指示を受けた看護職員、理学療法士、作業療法士及び公認心理師（以下「医師等」という）又は医師の指示を受けたソーシャルワーカーが当該傷病労働者の同意を得て職場を訪問し、当該職場の事業主に対して、職業復帰のために必要な指導（以下「訪問指導」という）を行い、診療録に当該指導内容の要点を記載した場合に、入院中及び通院中に合わせて3回（入院期間が継続して6か月を超えると見込まれる傷病労働者にあっては、当該入院中及び退院後の通院中に合わせて6回）に限り算定できます。

イ　医師等のうち異なる職種の者2人以上が共同して訪問指導を行った場合や医師等がソーシャルワーカーと一緒に訪問指導を行った場合は、380点を所定点数に加算して算定できます。

　　なお、同一の職種の者2人以上が共同して訪問指導を行った場合は、380点を所定点数に加算することはできません。

ウ　精神疾患を主たる傷病とする場合にあっては、医師等に精神保健福祉士を含みます。

エ　訪問指導を実施した日と同一日又は訪問指導を行った後1か月以内に、医師又は医師の指示を受けた看護職員、理学療法士若しくは作業療法士が上記アの傷病労働者のうち入院中の者に対し、本人の同意を得て、職業復帰を予定している事業場において特殊な器具、設備を用いた作業を行う職種への復職のための作業訓練又は事業場を目的地とする通勤のための移動手段の獲得訓練を行い、診療録に訪問指導の日、訓練を行った日、訓練実施時間及び訓練内容の要点を記載した場合は、訪問指導1回につき2回を限度に職業復帰訪問訓練加算として1日につき400点を職業復帰訪問指導料の所定点数に加算して算定できます。

（注1）　看護職員とは、看護師及び准看護師をいいます。
　　　　看護師と准看護師が共同して訪問指導を行った場合は、380点の加算は算定できません。
（注2）　ソーシャルワーカーとは、社会福祉士又は精神保健福祉士をいいます。
（注3）　事業主には、人事・労務担当者等傷病労働者の職場復帰に関する権限を有する者も含みます。
（注4）　入院中又は通院中における算定については、指導の実施日に算定します。
（注5）　職業復帰訪問訓練加算の算定要件及び実施上の留意事項は以下のとおりです。
　　　〔算定要件〕
　　　①　入院期間が1か月を超えると見込まれる傷病労働者に対する訓練であること。
　　　②　傷病労働者が復職予定の事業場で行われた作業訓練（以下「作業訓練」という）及び当該事業場を目的地とする経路において行われた通勤のための移動手段の獲得訓練（以下「通勤訓練」という）であること。
　　　③　作業訓練の内容は、特殊な器具、設備を用いた作業（施盤作業等）を行う職種への復職の準備のため、当該器具、設備を用いた訓練であって入院医療機関内で実施できないものを行うものであること。
　　　④　作業訓練の実施時間は20分以上（ただし、原則60分を上限とする）であること。
　　　⑤　通勤訓練は、移動の手段の獲得を目的として、バス、電車等への乗降等、傷病労働者が実際に利用する利用手段を用いた訓練を行うものであること。

⑥ 訪問指導と同一日又は訪問指導の日から1か月以内に作業訓練又は通勤訓練を行ったものであること。なお、同一日に、訪問指導又は作業訓練を行うことなく通勤訓練のみを行う場合にあっては、当該事業場へ到着の際に事業主へ訓練の状況について報告を行うこと。

⑦ 職業復帰予定の事業場への往復を含め、訓練の実施中は医師等が傷病労働者に常時付添い、必要に応じて速やかに入院医療機関に連絡、搬送できる体制を確保する等、安全性に十分配慮すること。

⑧ 診療録に訪問指導を行った日、訓練を行った日、訓練実施時間及び訓練内容の要点を記載すること。また、職業復帰訪問訓練加算を算定する場合は、診療費請求内訳書の摘要欄に訪問指導を行った日及び訓練を行った日を記載すること。

⑨ 疾患別リハビリテーション料を実施し算定する日にあっては、職業復帰訪問訓練加算を併算定できないこと。

〔実施上の留意点〕
　作業訓練及び通勤訓練を実施するにあたっては、明確に訓練と位置付け、職業復帰予定の事業場との間で使用従属関係下の労働とならないようにする必要があること。

・・・・・・・・・・・・・・・・・・・・・・・・・・・・・レセプトの記入例・・・・・・・・・・・・・・・・・・・・・・・・・・・・・

　レセプトの「⑧その他」欄に点数、「摘要」欄に名称等、何回目の指導にあたるかを記載します。

⑧その他	処方せん　　　　　回		580	⑧	＊職業復帰訪問指導料（その他の疾患）
	薬　剤				（3回目）　　　　　　　580 × 1

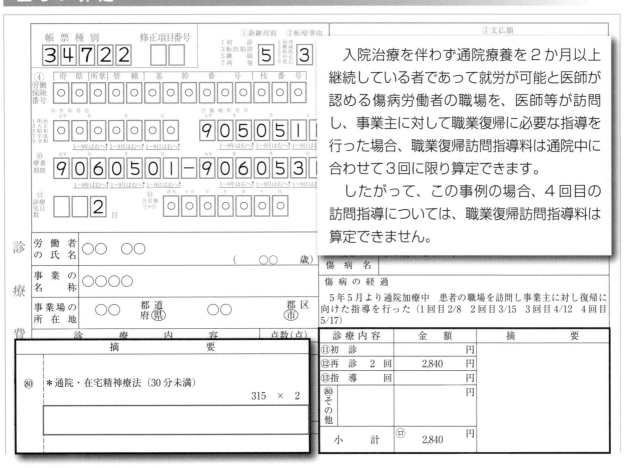

点検しましょう

誤った算定

帳票種別	修正項目番号
3 4 7 2 2	

①新継再別 1 初 診 3 転医始続 5 7 継 発
②転帰事由
5 3

③支払額

④労働保険番号
府県 所掌 管轄 基幹番号 枝番号
⑤増減コード及び増減額 増＋減

⑥生年月日 治正大和成 1 3 5 7 9 明大昭平令

⑦傷病年月日 9 0 5 0 5 1 1

⑧増減理由　⑨決定年月日

⑩療養期間 9 0 6 0 5 0 1 － 9 0 6 0 5 3 1

⑫処理区分

⑪診療実数 2 日　⑬合計額

修正欄

診療	労 働 者 の 氏 名	○○ ○○ （ ○○ 歳）

傷病の部位及び傷病名　うつ病エピソード

| | 事 業 の 名 称 | ○○○○ |

傷病の経過
5年5月より通院加療中　患者の職場を訪問し事業主に対し復帰に向けた指導を行った（1回目2/8　2回目3/15　3回目4/12　4回目5/17）

| | 事業場の所在地 | ○○ 都道府県 ○○ 郡区市 |

	摘　　要
⑳	＊通院・在宅精神療法（30分未満）　　　　　315 × 2 ＊職業復帰訪問指導料　　　　　　　　　　770 × 1 （精神疾患を主たる傷病とする場合）（4回目）

診療内容	金額	摘　要
⑪初 診	円	
⑫再 診 2回	2,840 円	
⑬指 導 回	円	
⑳その他	円	
小 計	㋺ 2,840 円	

正しい算定

帳票種別	修正項目番号
3 4 7 2 2	

①新継再別 1 初 診 3 転医始続 5 7 継 発
②転帰事由
5 3

③支払額

④労働保険番号
府県 所掌 管轄 基幹番号 枝番号

⑥生年月日 治正大和成 1 3 5 7 9 明大昭平令

⑦傷病年月日 9 0 5 0 5 1 1

⑩療養期間 9 0 6 0 5 0 1 － 9 0 6 0 5 3 1

⑪診療実数 2 日　⑬合計額

入院治療を伴わず通院療養を2か月以上継続している者であって就労が可能と医師が認める傷病労働者の職場を、医師等が訪問し、事業主に対して職業復帰に必要な指導を行った場合、職業復帰訪問指導料は通院中に合わせて3回に限り算定できます。
　したがって、この事例の場合、4回目の訪問指導については、職業復帰訪問指導料は算定できません。

診療	労 働 者 の 氏 名	○○ ○○ （ ○○ 歳）

傷病名

| | 事 業 の 名 称 | ○○○○ |

傷病の経過
5年5月より通院加療中　患者の職場を訪問し事業主に対し復帰に向けた指導を行った（1回目2/8　2回目3/15　3回目4/12　4回目5/17）

| | 事業場の所在地 | ○○ 都道府県 ○○ 郡区市 |

	診療内容　点数（点） 摘　　要
⑳	＊通院・在宅精神療法（30分未満）　　　　　315 × 2

診療内容	金額	摘　要
⑪初 診	円	
⑫再 診 2回	2,840 円	
⑬指 導 回	円	
⑳その他	円	
小 計	㋺ 2,840 円	

（7）　社会復帰支援指導料 ── 130点

ア　3か月以上の療養を行っている傷病労働者に対して、治ゆが見込まれる時期及び治ゆ後における日常生活（就労を含む）上の注意事項等について、医師が所定の様式に基づき指導を行い、診療費請求内訳書の摘要欄に、指導年月日及び治ゆが見込まれる時期を記載した場合に、同一傷病労働者につき、1回に限り算定できます。

　　ただし、転医している場合は、医療機関につき1回に限り算定できます。

イ　この指導は、「別紙様式6」（85ページ参照）の指導項目に基づいて行い、算定にあたっては、「別紙様式6」に必要事項を記載して診療録に添付する必要があります。

別紙様式6

早期社会復帰のための指導項目

氏名 _____

発症（負傷）年月日	年　　　月　　　日
治ゆ見込み年月日	年　　　月　　　日

○職場（業務）や日常生活において注意する点（指導した項目に☑を入れること）

【全般】

☐ 傷病の状態が安定するまでは、無理に動かさないこと
☐ 受傷部位を意識しすぎて他の部位に負担をかけないこと
☐ 受傷部位を徐々に動かして、可動範囲を広げるように努めること
☐ 重いものを持つときは注意すること
☐ 休憩時間のストレッチなど一定の姿勢をとり続けないように心がけること
☐ 無理な姿勢をとらないようにすること
☐ 車の運転は避けたほうがよい
☐ 睡眠時間をしっかりとること
☐ その他注意すべきこと（具体的に記載する）

【職場】

☐ 長時間の残業は避けること
☐ 長期の出張や海外出張は避けること
☐ その他注意すべきこと（具体的に記載する）

【日常生活】

☐ 定期的に自分で脈拍のチェックをすること
☐ 適度な運動を実施するように心がけること
☐ 当面の間は、激しい運動は避けること　（概ね___月間）
☐ 食事の内容、摂取量について注意すること
☐ 患部の保温に努めること
☐ その他注意すべきこと（具体的に記載する）

【その他】

☐ 治ゆ後、労働局にアフターケア制度の相談をすること（該当者のみ）
☐ その他注意すべきこと（具体的に記載する）

☐　現状どおりの生活で問題がないと指導した
　　（該当する場合のみ☑）

指導日　　　　年　　　月　　　日　　　　　　医師名 _____

2 検査料

（1）振動障害に係る検査料

振動障害に係る検査料については、健保点数表に定めてありませんが、労災保険においては、次により算定することができます。

検 査 項 目	点 数
(1) 握力（最大握力、瞬発握力）、維持握力（5回法）を併せて行う検査	片手、両手にかかわらず60点
(2) 維持握力（60%法）検査 つまみ力検査 タッピング検査	片手、両手にかかわらず60点 片手、両手にかかわらず60点 片手、両手にかかわらず60点
(3) 常温下での手指の皮膚温検査	1指につき　　7点
(4) 冷却負荷による手指の皮膚温検査	1指1回につき　7点
(5) 常温下による爪圧迫検査	1指につき　　7点
(6) 冷却負荷による爪圧迫検査	1指1回につき　7点
(7) 常温下での手指の痛覚検査	1指につき　　9点
(8) 冷却負荷による手指の痛覚検査	1指1回につき　9点
(9) 指先の振動覚（常温下での両手）検査	1指につき　　40点
(10) 指先の振動覚（冷却負荷での両手）検査	1指1回につき　40点
(11) 手背等の温覚検査	1手につき　　9点
(12) 手背等の冷覚検査	1手につき　　9点

mini Q&A

Q　振動障害の検査料のうち、「指先の振動覚（常温下での両手）検査」については、「1指につき40点」となっていますが、両手の3指（示指、中指、環指）に周波数を変えて3回ずつ測定を行いました。周波数を変える度に、それぞれ1回として算定することはできますか。

A　「指先の振動覚（常温下での両手）検査」については、「1指につき40点」となっていることから、周波数を変えて検査測定を行ったとしても、それは一連の検査測定と考え、検査を行った1指について40点しか算定できません。

3　画像診断料

（1）コンピューター断層撮影料

　　健康保険では、コンピューター断層撮影及び磁気共鳴コンピューター断層撮影が同一月に2回以上行われた場合、当該月の2回目以降の断層撮影の費用については、所定点数にかかわらず一連につき所定点数の100分の80に相当する点数により算定することとなっていますが、労災保険では、この規定は適用されず、2回目以降の断層撮影の費用においても、健保点数表の断層撮影の種類ごとにそれぞれ定められている点数をもって算定することとなります。

算定例 1

同一月に1回目CT撮影ハ、2回目CT撮影ハを行った場合

	【労災の場合】	【健保の場合】
CT撮影ハ（1回目）	750点	750点
CT撮影ハ（2回目）	750点	600点
断層診断料	450点	450点
合　計	1,950点	1,800点

算定例 2

同一月に1回目MRI撮影2、2回目MRI撮影2を行った場合

	【労災の場合】	【健保の場合】
MRI撮影2（1回目）	1,330点	1,330点
MRI撮影2（2回目）	1,330点	1,064点
断層診断料	450点	450点
合　計	3,110点	2,844点

算定例 3

同一月に1回目CT撮影ロ、2回目MRI撮影2を行った場合

	【労災の場合】	【健保の場合】
CT撮影ロ（1回目）	900点	900点
MRI撮影2（2回目）	1,330点	1,064点
断層診断料	450点	450点
合　計	2,680点	2,414点

（2）コンピューター断層診断の特例 —— 225点

　　他の医療機関でコンピューター断層撮影（磁気共鳴コンピューター断層撮影、血流予備量比コンピューター断層撮影及び非放射性キセノン脳血流動態検査を含み、健保点数表の「E101-3 ポジトロン断層コンピューター断層複合撮影」及び「E101-4 ポジトロン断層・磁気共鳴コンピューター断層複合撮影」は含まない）を実施したフィルムについて診断を行った場合は、初診料を算定した日に限り、従来より「E203 コンピューター断層診断」を算定できることとされていますが、再診時に他の医療機関でコンピューター断層撮影を実施したフィルムについて診断を行った場合は、月1回に限りコンピューター断層診断の特例（225点）を算定できます。

　　ただし、他院へ画像撮影を依頼し、撮影されたフィルムについて自院又は他院で「E203 コンピューター断層診断」を算定できる場合は、当該特例は算定できません。

算定例 1

　　転医後、初診時に自院で撮影した CT のフィルムについて診断し、初診と同一月に行った再診時に他の医療機関で撮影した CT のフィルムについて診断した場合のコンピューター断層診断（他の医療機関で撮影した CT フィルムは、画像撮影を依頼し撮影されたものではない場合）

	【労災の場合】	【健保の場合】
初診時　E203 コンピューター断層診断	450 点	450 点
再診時　コンピューター断層診断の特例	225 点	―

◇　再診時が初診と別月であった場合も、コンピューター断層診断の特例 225 点は算定できます。

算定例 2

　　転医後、初診時に他の医療機関（A）で撮影した CT のフィルムについて診断し、初診と同一月に行った再診時に他の医療機関（B）で撮影した CT のフィルムについて診断した場合のコンピューター断層診断（他の医療機関で撮影した CT フィルムは、画像撮影を依頼し撮影されたものではない場合）

	【労災の場合】	【健保の場合】
初診時　E203 コンピューター断層診断	450 点	450 点
再診時　コンピューター断層診断の特例	225 点	―

◇　再診時が初診と別月であった場合も、コンピューター断層診断の特例 225 点は算定できます。

点検しましょう

誤った算定

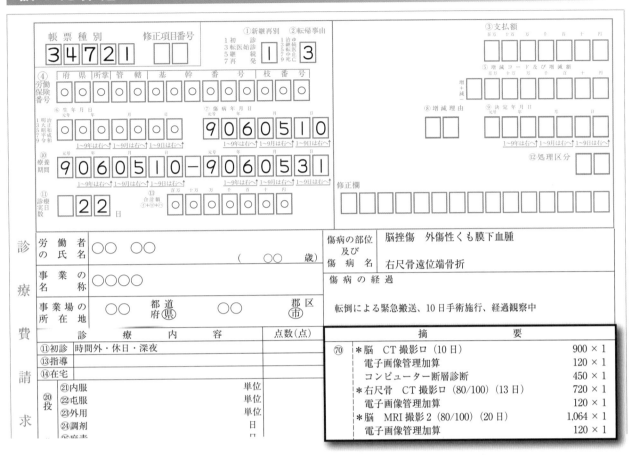

	診　療　内　容	点数(点)	摘　　　要	
⑪初診	時間外・休日・深夜		⑦ *脳　CT撮影ロ（10日）	900×1
⑬指導			電子画像管理加算	120×1
⑭在宅			コンピューター断層診断	450×1
⑳投	㉑内服 単位		*右尺骨　CT撮影ロ（80/100）（13日）	720×1
	㉒屯服 単位		電子画像管理加算	120×1
	㉓外用 単位		*脳　MRI撮影2（80/100）（20日）	1,064×1
	㉔調剤 日		電子画像管理加算	120×1

傷病の部位及び傷病名：脳挫傷　外傷性くも膜下血腫　右尺骨遠位端骨折

傷病の経過：転倒による緊急搬送、10日手術施行、経過観察中

正しい算定

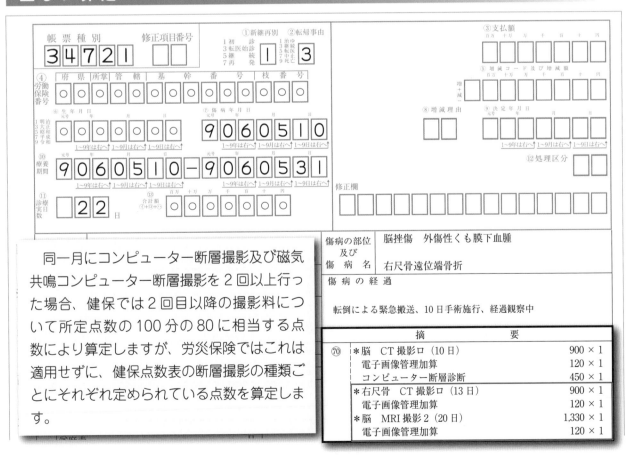

同一月にコンピューター断層撮影及び磁気共鳴コンピューター断層撮影を2回以上行った場合、健保では2回目以降の撮影料について所定点数の100分の80に相当する点数により算定しますが、労災保険ではこれは適用せずに、健保点数表の断層撮影の種類ごとにそれぞれ定められている点数を算定します。

傷病の部位及び傷病名：脳挫傷　外傷性くも膜下血腫　右尺骨遠位端骨折

傷病の経過：転倒による緊急搬送、10日手術施行、経過観察中

摘　　　要	
⑦ *脳　CT撮影ロ（10日）	900×1
電子画像管理加算	120×1
コンピューター断層診断	450×1
*右尺骨　CT撮影ロ（13日）	900×1
電子画像管理加算	120×1
*脳　MRI撮影2（20日）	1,330×1
電子画像管理加算	120×1

医学管理等・検査料・画像診断料 2

MEMO

第3編

処置料・リハビリテーション料

1　処置料

（1）四肢加算（四肢の傷病に係る加算）

　　四肢（鎖骨、肩甲骨及び股関節を含む。以下同じ）の傷病に対し、下記に掲げる処置を行った場合、健保点数の1.5倍により算定することができます（**1点未満切り上げ**）。

※ 218ページに四肢加算一覧表を掲載していますので、ご参照ください。

　　また、このうち、**赤字**で示した①創傷処置、③熱傷処置、⑥重度褥瘡処置、⑦爪甲除去（麻酔を要しないもの）、⑧穿刺排膿後薬液注入、⑨ドレーン法、⑩皮膚科軟膏処置、⑫関節穿刺、⑬粘（滑）液嚢穿刺注入、⑭ガングリオン穿刺術、⑮ガングリオン圧砕法、⑳消炎鎮痛等処置のうち「湿布処置」を、手（手関節以下）及び手の指の傷病に行った場合、健保点数の2.0倍で算定できます。

（一般処置）

① 創傷処置
② **下肢創傷処置**
③ 熱傷処置
④ **絆創膏固定術**
⑤ **鎖骨又は肋骨骨折固定術**
⑥ 重度褥瘡処置
⑦ 爪甲除去（麻酔を要しないもの）
⑧ 穿刺排膿後薬液注入
⑨ ドレーン法

※⑤については鎖骨骨折固定術のみ対象

（皮膚科処置）

⑩ 皮膚科軟膏処置
⑪ **皮膚科光線療法**

（整形外科的処置）

⑫ 関節穿刺
⑬ 粘（滑）液嚢穿刺注入
⑭ ガングリオン穿刺術
⑮ ガングリオン圧砕法
⑯ **鋼線等による直達牽引（2日目以降）**
⑰ 介達牽引
⑱ 矯正固定
⑲ 変形機械矯正術
⑳ 消炎鎮痛等処置
　　「マッサージ等の手技による療法」
　　「器具等による療法」
　　「湿布処置」
㉑ **低出力レーザー照射**

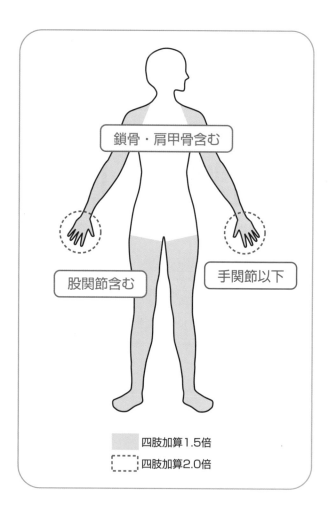

鎖骨・肩甲骨含む

股関節含む

手関節以下

▢ 四肢加算1.5倍

▢ 四肢加算2.0倍

算定例 1

左前腕部に皮膚科軟膏処置 100cm² を行った場合

皮膚科軟膏処置1　55 点× 1.5 ＝ 82.5 点　→　83 点
　　　　　　　　　　　　　　　　　　切り上げ

◇　皮膚科軟膏処置は四肢加算の対象処置です。また、前腕部は四肢加算の対象部位です。この場合、健保点数の 1.5 倍で算定します。

算定例 2

①右第 1 指に創傷処置 10cm² を行った場合

創傷処置1　52 点× 2.0 ＝ 104 点

◇　手の指の傷病に対して行われた創傷処置は、健保点数の 2.0 倍で算定します。

②右第 1 趾に創傷処置 10cm² を行った場合

創傷処置1　52 点× 1.5 ＝ 78 点

◇　足の指の傷病に対して行われた創傷処置は、健保点数の 1.5 倍で算定します。

算定例 3

肋骨に肋骨骨折固定術を行った場合

500 点

◇　肋骨は四肢加算の対象部位ではありません。

ポイント①

　ギプス、医療機器等加算、薬剤料及び特定保険医療材料料は、四肢加算の対象ではありません。

算定例 4

左手第 3 指関節捻挫に対して副木（F10-b-1・12 点）固定のみを行った場合

創傷処置1　　　　　　　52 点× 2.0 ＝ 104 点
副木（F10-b-1）　　　　　　　　12 点

◇　手の指に行われた創傷処置は、健保点数の 2.0 倍で算定します。
　　なお、副木は特定保険医療材料であるため、四肢加算の対象ではありません。

処置料・リハビリテーション料

3

ポイント②

　四肢加算が適用される場合の「外来管理加算の特例」（29ページ参照）の取扱いは、四肢加算後の特例点数を基準にします。

算定例5

右手関節部にドレーン法（その他のもの）を行った場合

25点 × 2.0 ＝ 50点　＜　52点　→　外来管理加算を別に算定できる。

	【労災の場合】	【健保の場合】
ドレーン法（その他のもの）	50点	25点
外来管理加算	㊵52点	──
合　計	102点	25点

◇　手関節部に行われたドレーン法は、健保点数の2.0倍で算定します。
　　なお、四肢加算後の点数が外来管理加算の所定点数52点に満たない場合は、外来管理加算を算定することができます。

算定例6

左肩鎖部に消炎鎮痛等処置（器具等による療法）を行った場合

35点 × 1.5 ＝ 52.5点　→　53点　＞　52点　→　外来管理加算を算定できない。
　　　　　　　　切り上げ

	【労災の場合】	【健保の場合】
消炎鎮痛等処置（器具）	53点	35点
外来管理加算	算定不可	──
合　計	53点	35点

◇　肩鎖部に行われた消炎鎮痛等処置（器具）は、健保点数の1.5倍で算定します。
　　なお、四肢加算を行わずに外来管理加算を算定することはできません。

ポイント❸

　健康保険において処置面積を合算して算定する「創傷処置、皮膚科軟膏処置又は消炎鎮痛等処置の「3」湿布処置」（以下「創傷処置等」という）については、四肢加算の倍率（手指 2.0 倍、手指以外の四肢 1.5 倍、四肢以外 1.0 倍）が異なる部位に行う場合には、それぞれの倍率ごとに処置面積を合算して算定することができます。

　また、「創傷処置等」を四肢加算の倍率が異なる範囲にまたがって（連続して）行う場合には、処置面積を合算し該当する区分の所定点数に対して最も高い倍率で算定します。

算 定 例 7

同一日に次の処置を行った場合

左上腕　創傷処置　100cm²

左下腿　創傷処置　400cm²

（同一疾病又はこれに起因する病変の場合）

左上腕＋左下腿　→　500cm²

創傷処置3　90 点× 1.5 ＝ 135 点

◇　左上腕と左下腿は、いずれも四肢加算 1.5 倍の対象部位です。この場合、処置面積を合算し該当する区分の所定点数の 1.5 倍で算定します。

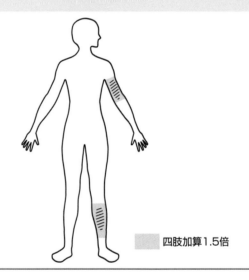

四肢加算1.5倍

処置料・リハビリテーション料

3

第3編 処置料・リハビリテーション料

算定例8

同一日に次の処置を行った場合
　左手部　創傷処置　20cm²
　左上腕　創傷処置　90cm²
（同一疾病又はこれに起因する病変の場合）

左手部　創傷処置1　52点×2.0 = 104点
左上腕　創傷処置1　52点×1.5 =　78点
──────────────────────────
　合　計　　　　　　　　　　　　182点

◇　左手部は四肢加算2.0倍の対象部位です。また、左上腕は四肢加算1.5倍の対象部位です。
　四肢加算の倍率が異なる部位に行われた創傷処置であるため処置面積は合算せず、倍率ごとに算定します。

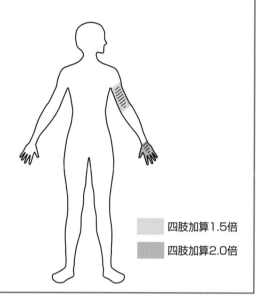

四肢加算1.5倍
四肢加算2.0倍

算定例9

左手部から左上腕に連続して創傷処置500cm²を行った場合
（同一疾病又はこれに起因する病変の場合）

左手部〜左上腕　創傷処置3　90点×2.0 = 180点

◇　四肢加算2.0倍の対象である左手部から四肢加算1.5倍の対象である左上腕までまたがって（連続して）行われた創傷処置であるため、処置面積を合算し倍率の高い2.0倍で算定します。

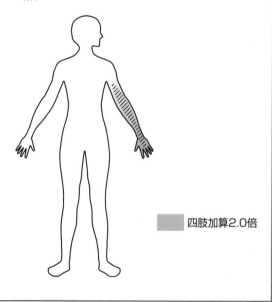

四肢加算2.0倍

算定例10

同一日に次の処置を行った場合
　　顔　面　創傷処置　30cm²
　　左前腕　創傷処置　80cm²
　　（同一疾病又はこれに起因する病変の場合）

顔　面　創傷処置1　　　　　　　　　52点
左前腕　創傷処置1　52点×1.5＝　　78点
──────────────────────────
合　計　　　　　　　　　　　　　　130点　＞　52点　→　外来管理加算を算定できない。

◇　外来管理加算特例の算定の可否については、倍率が異なる部位ごとに算定し合算した点数が基準となります。
　　したがって、この場合、外来管理加算を算定することはできません。

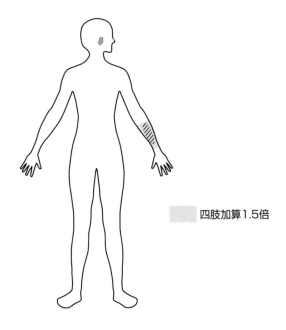

　　四肢加算1.5倍

··· レセプトの記入例 ···

摘	要	
㊵　＊創傷処置（顔面）	52	× 1
＊創傷処置（左前腕）（52 × 1.5）	78	× 1

処置料・リハビリテーション料
3

Q1 J001 熱傷処置及び J001-4 重度褥瘡処置についても、創傷処置と同様にそれぞれ面積を合算して算定することができますか。

　　また、四肢加算の倍率（手指2倍、手指以外の四肢1.5倍、四肢以外1倍）が異なる部位に行う場合には、それぞれの倍率毎に処置面積を合算して算定することができますか。

A1 それぞれ算定できます。

Q2 四肢加算の倍率の異なる部位ごとに四肢加算後の点数をもって時間外加算の可否を判断し所定点数を算定していましたが、この方法によると、同じ創傷処置であるにもかかわらず、部位により時間外加算を行える部位と行えない部位が生じ、不都合があるように思われます。当該処置の算定についての考え方を教えてください。

A2 四肢加算の倍率毎に算定した点数を合計した点数について、時間外加算の可否を判断し算定します。（下記の例を参照）

　　労災特掲においては、四肢加算があるため、所定点数の算定過程において便宜的に四肢加算の倍率毎に算定した点数を合計して算定できるとしているものであり、時間外加算の算定要件「所定点数が150点以上」については、当該算定過程における点数ではなく合計後の点数をもって判断します。

　　（例）熱傷の患者に熱傷処置を行った場合（時間外加算2を算定する医療機関の場合）

指………100cm² 未満		135 点
四肢……100cm² 以上 500cm² 未満		147 点
頭頸部…100cm² 以上 500cm² 未満		147 点

　　指………$135 \times 2.0 = 270$………①
　　四肢……$147 \times 1.5 = 221$………②
　　頭頸部…$147 \times 1.0 = 147$………③

　　①　+　②　+　③　= 638
　　$638 \times 140 / 100 = 893$

例題　算定しましょう

例 題 01 ▷ 左鎖骨に鎖骨骨折固定術を行った場合

例 題 02 ▷ 時間外に右膝関節に関節穿刺を行った場合
（時間外加算2を算定する医療機関の場合）

例 題 03 ▷ 時間外に次の処置を行った場合
前額部　　創傷処置　20cm^2
右足部　　創傷処置　40cm^2
右手部　　創傷処置　30cm^2
（同一疾病又はこれに起因する病変の場合・時間外加算2を算定する医療機関の場合）

例 題 04 ▷ 時間外に次の処置を行った場合
左手部　　　　　　皮膚科軟膏処置　100cm^2
右手部〜右前腕部　皮膚科軟膏処置　180cm^2
（同一疾病又はこれに起因する病変の場合・時間外加算2を算定する医療機関の場合）

例 題 05 ▷ 同一日に次の処置を行った場合
右手部〜右前腕部　　熱傷処置　120cm^2
右大腿部　　　　　　熱傷処置　250cm^2
腹　　部　　　　　　熱傷処置　150cm^2
（初回の処置を行った日から起算して2か月以内）

例 題 06 ▷ 同一日に次の処置を行った場合
右手第4指　創傷処置　5cm^2
左手第1指　創傷処置　5cm^2
左前腕部　　┌創傷処置　250cm^2
　　　　　　└湿布処置

（同一疾病又はこれに起因する病変の場合）

解答と解説

例 題 **01** ▷ 左鎖骨に鎖骨骨折固定術を行った場合

解 答 と 解 説

鎖骨骨折固定術　500 点　×　1.5　=　750 点
（四肢加算）

　四肢の傷病に対して行われた鎖骨骨折固定術は四肢加算の対象となります。この場合、健保点数の 1.5 倍で算定します。

例 題 **02** ▷ 時間外に右膝関節に関節穿刺を行った場合
（時間外加算 2 を算定する医療機関の場合）

解 答 と 解 説

関節穿刺　120 点　×　1.5　=　180 点　＞150 点　→　時間外加算　算定可
（四肢加算）

180 点　×　1.4　=　252 点
（時間外加算2）

　膝関節に対して行われた関節穿刺は、健保点数の 1.5 倍で算定することができます。
　なお、時間外加算の対象となる「150 点以上の緊急処置」については、四肢加算後の点数を基準とし、判断します。この場合、「150 点以上の緊急処置」に該当するため時間外加算を算定できます。

例題 **03**

時間外に次の処置を行った場合
前額部　創傷処置　20cm²
右足部　創傷処置　40cm²
右手部　創傷処置　30cm²
（同一疾病又はこれに起因する病変の場合・時間外加算2を算定する医療機関の場合）

解答と解説

前額部　創傷処置1　　　　　　　　　52点

右足部　創傷処置1　52点 × 1.5 ＝ 78点
　　　　　　　　　　　　　四肢加算

右手部　創傷処置1　52点 × 2.0 ＝104点
　　　　　　　　　　　　　四肢加算

合　計　　　　　　　　　　234点　＞150点　→　時間外加算
　　　　　　　　　　　　　　　　　　　　　　　　算定可

234点 × 1.4 ＝ 328点
　　　　時間外加算2

　同一疾病又はこれに起因する病変に対して行われた創傷処置、皮膚科軟膏処置又は消炎鎮痛等処置の「3」湿布処置については、四肢加算の倍率が異なる部位に行われた場合には、それぞれの倍率ごとに処置面積を合算し算定することができます。

　なお、時間外加算の対象となる「150点以上の緊急処置」については、四肢加算後の点数を合算した点数を基準とし、判断します。

例題 **04**

時間外に次の処置を行った場合
左手部　　　　　　　皮膚科軟膏処置　100cm²
右手部〜右前腕部　皮膚科軟膏処置　180cm²
（同一疾病又はこれに起因する病変の場合・時間外加算2を算定する医療機関の場合）

解答と解説

左手部 ＋ 右手部〜右前腕部　→　280cm²

皮膚科軟膏処置1　55点 × 2.0 ＝ 110点　＜150点　→　時間外加算
　　　　　　　　　　　四肢加算　　　　　　　　　　　　　　算定不可

　同一疾病又はこれに起因する病変に対して行われた創傷処置、皮膚科軟膏処置又は消炎鎮痛等処置の「3」湿布処置については、四肢加算の倍率が異なる範囲にまたがって（連続して）行った場合には、処置面積を合算し、該当する区分の所定点数に対して最も高い倍率で算定します。

　したがって、右手部から右前腕部に連続して行われた皮膚科軟膏処置は、左手部と同様に四肢加算2.0倍の対象となるため、処置面積を合算し算定します。

　なお、時間外加算については、150点に満たないため算定できません。

処置料・リハビリテーション料
3

例題 **05**　同一日に次の処置を行った場合

右手部～右前腕部	熱傷処置	120cm²
右大腿部	熱傷処置	250cm²
腹　部	熱傷処置	150cm²

（初回の処置を行った日から起算して2か月以内）

解答と解説

		四肢加算
右手部～右前腕部　熱傷処置2	147点 × 2.0 = 294点
右大腿部　熱傷処置2	147点 × 1.5 = 221点
腹　部　熱傷処置2	147点
合　計	662点

　熱傷処置、重度褥瘡処置についても、四肢加算の倍率が異なる部位に行われた場合には、それぞれの倍率ごとに処置面積を合算し算定することができます。

　また、四肢加算の倍率が異なる範囲にまたがって（連続して）行った場合には、処置面積を合算し、該当する区分の所定点数に対して最も高い倍率で算定します。

例題 **06**　同一日に次の処置を行った場合

右手第4指	創傷処置	5cm²
左手第1指	創傷処置	5cm²
左前腕部	創傷処置	250cm²
	湿布処置	

（同一疾病又はこれに起因する病変の場合）

解答と解説

右手第4指 ＋ 左手第1指　→　10cm²

　　　　　　　　　　　　　　　　四肢加算
　創傷処置1　　52点　×　2.0　＝　104点‥‥‥‥①

左前腕部

　　　　　　　　　　　　　　　四肢加算
　┌ 創傷処置2　　60点　×　1.5　＝　90点‥‥‥‥②
　└ 湿布処置　　35点　×　1.5　＝　53点‥‥‥‥③

②＞③により
　①＋② ＝ 194点

　同一部位に対して、創傷処置、皮膚科軟膏処置、面皰圧出法又は湿布処置が行われた場合は、いずれか1つのみにより算定し、併せて算定することはできません。

　この例題では、左前腕の同一部位に創傷処置と湿布処置が行われているため、点数の高い創傷処置を算定します。

点検しましょう

誤った算定1

帳票種別	修正項目番号		①新継再別	②転帰事由
3 4 7 2 2			1 初　診 3 転医始続 5 継続 7 再発	1 治継医止 3 継転中止 5 中止

①新継再別 1　②転帰事由 3

④労働保険番号　府県 所掌 管轄　基幹　番号　枝番号
○ ○ ○ ○ ○ ○ ○ ○ ○ ○ ○ ○ ○ ○

③支払額　百万 十万 万 千 百 十 円

⑤増減コード及び増減額　百万 十万 万 千 百 十 円　増+減-

⑥生年月日 元号 年 月 日　1明治 2大正 3昭和 5平成 7令和 9
○ ○ ○ ○ ○ ○ ○

⑦傷病年月日 元号 年 月 日
9 0 6 0 4 0 5

⑧増減理由　⑨決定年月日 元号 年 月 日

⑩療養期間 元号 年 月 日 ～ 元号 年 月 日
9 0 6 0 4 0 5 － 9 0 6 0 4 3 0

⑫処理区分

⑪診療実日数　　5 日
⑬合計額(⑦+⑧) 百万 十万 万 千 百 十 円
○ ○ ○ ○ ○ ○ ○

修正欄

診療費請求

労働者の氏名	○○　○○	
		(　○○　歳)
事業の名称	○○○○	
事業場の所在地	○○　都道府県　○○　郡区市	

傷病の部位及び傷病名：左足関節捻挫

傷病の経過：固定術を施行、経過観察中。

診　療　内　容	点数(点)
⑪初診　時間外・休日・深夜	
⑫再診　外来管理加算　×　回	
時間外　×　回	
休　日　×　回	
深　夜　×　回	
⑬指導	
往　診　回	

摘　　　　要	
⑩ ＊絆創膏固定術	500 × 1

正しい算定1

帳票種別	修正項目番号		①新継再別	②転帰事由
3 4 7 2 2			1 初　診 3 転医始続 5 継続 7 再発	1 治継医止 3 継転中止 5 中止

①新継再別 1　②転帰事由 3

④労働保険番号　府県 所掌 管轄　基幹　番号　枝番号
○ ○ ○ ○ ○ ○ ○ ○ ○ ○ ○ ○ ○ ○

③支払額　百万 十万 万 千 百 十 円

⑤増減コード及び増減額　百万 十万 万 千 百 十 円　増+減-

⑥生年月日 元号 年 月 日　1明治 2大正 3昭和 5平成 7令和 9
○ ○ ○ ○ ○ ○ ○

⑦傷病年月日 元号 年 月 日
9 0 6 0 4 0 5

⑧増減理由　⑨決定年月日 元号 年 月 日

⑩療養期間 元号 年 月 日 ～ 元号 年 月 日
9 0 6 0 4 0 5 － 9 0 6 0 4 3 0

⑫処理区分

⑪診療実日数　　5 日
⑬合計額(⑦+⑧) 百万 十万 万 千 百 十 円
○ ○ ○ ○ ○ ○ ○

修正欄

診療

労働者の氏名	○○　○○	
		(　○○　歳)
事業の名称	○○○○	
事業場の所在地	○○　都道府県　○○　郡区市	

傷病の部位及び傷病名：左足関節捻挫

傷病の経過：固定術を施行、経過観察中。

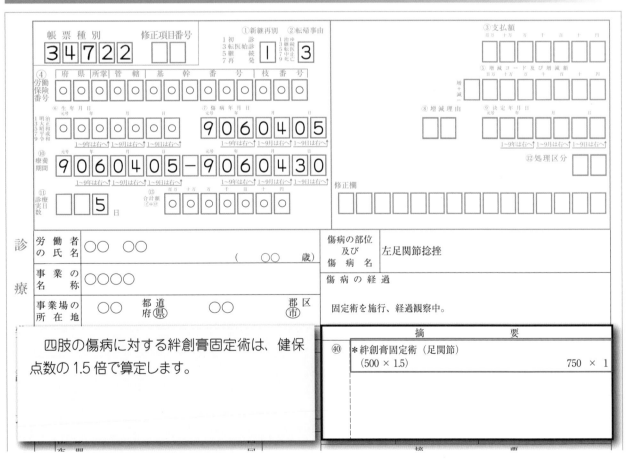

四肢の傷病に対する絆創膏固定術は、健保点数の1.5倍で算定します。

摘　　　　要	
⑩ ＊絆創膏固定術（足関節） 　　（500 × 1.5）	750 × 1

誤った算定2

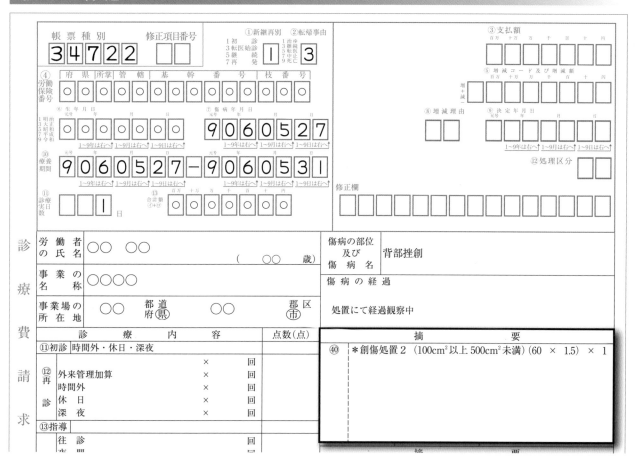

正しい算定2

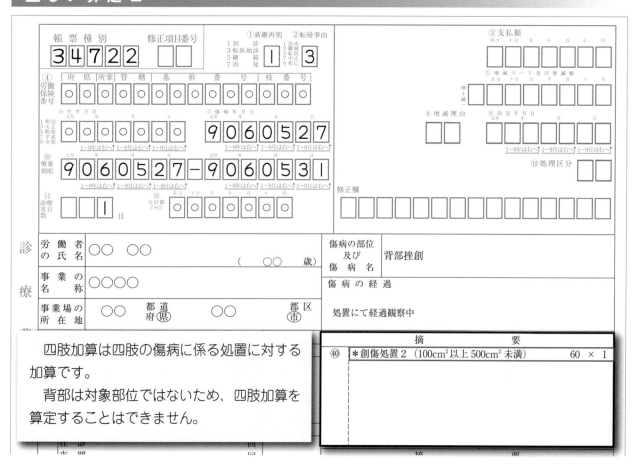

四肢加算は四肢の傷病に係る処置に対する加算です。

背部は対象部位ではないため、四肢加算を算定することはできません。

誤った算定3

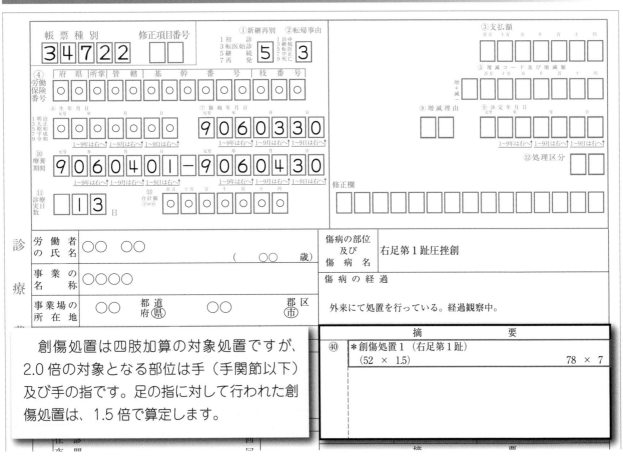

帳票種別：34722　修正項目番号：□□
① 新継再別：5　② 転帰事由：3
③ 支払額

④労働保険番号：○○○○○○○○○○○○○○
⑥生年月日　⑦傷病年月日：9060330
⑩療養期間：9060401－9060430
⑪診療実数：13日

労働者の氏名：○○　○○（　○○　歳）
事業の名称：○○○○
事業場の所在地：○○　都道府県　○○　郡区市

傷病の部位及び傷病名：右足第1趾圧挫創
傷病の経過：外来にて処置を行っている。経過観察中。

診療内容	点数(点)
⑪初診　時間外・休日・深夜	
⑫再診　外来管理加算	× 回
時間外	× 回
休日	× 回
深夜	× 回
⑬指導	
往診	回

摘要
⑭ ＊創傷処置1（右足第1趾）
（52 × 2.0）　　　104 × 7

正しい算定3

帳票種別：34722　修正項目番号：□□
① 新継再別：5　② 転帰事由：3
③ 支払額

④労働保険番号：○○○○○○○○○○○○○○
⑥生年月日　⑦傷病年月日：9060330
⑩療養期間：9060401－9060430
⑪診療実数：13日

労働者の氏名：○○　○○（　○○　歳）
事業の名称：○○○○
事業場の所在地：○○　都道府県　○○　郡区市

傷病の部位及び傷病名：右足第1趾圧挫創
傷病の経過：外来にて処置を行っている。経過観察中。

創傷処置は四肢加算の対象処置ですが、2.0倍の対象となる部位は手（手関節以下）及び手の指です。足の指に対して行われた創傷処置は、1.5倍で算定します。

摘要
⑭ ＊創傷処置1（右足第1趾）
（52 × 1.5）　　　78 × 7

誤った算定4

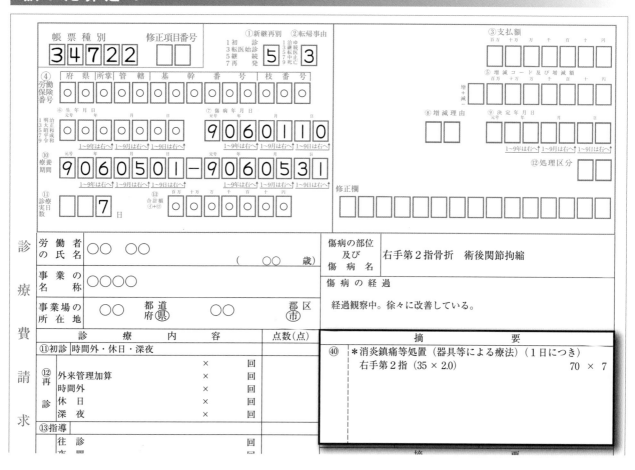

傷病の部位及び傷病名：右手第2指骨折　術後関節拘縮

傷病の経過：経過観察中。徐々に改善している。

摘要
⑩ ＊消炎鎮痛等処置（器具等による療法）（1日につき）
　右手第2指（35×2.0）　　　　　　　　　70　×　7

正しい算定4

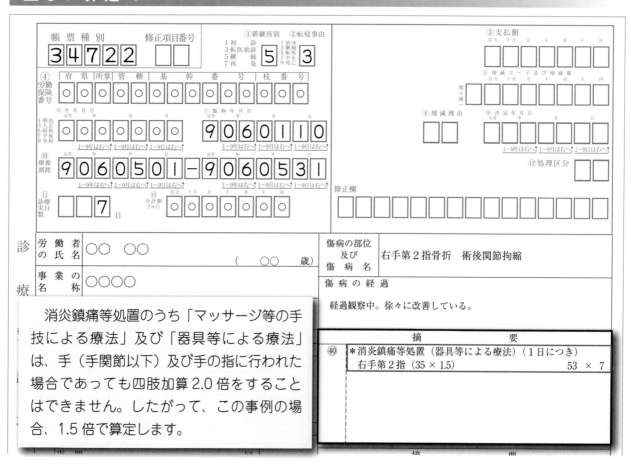

傷病の部位及び傷病名：右手第2指骨折　術後関節拘縮

傷病の経過：経過観察中。徐々に改善している。

消炎鎮痛等処置のうち「マッサージ等の手技による療法」及び「器具等による療法」は、手（手関節以下）及び手の指に行われた場合であっても四肢加算2.0倍をすることはできません。したがって、この事例の場合、1.5倍で算定します。

摘要
⑩ ＊消炎鎮痛等処置（器具等による療法）（1日につき）
　右手第2指（35×1.5）　　　　　　　　　53　×　7

誤った算定5

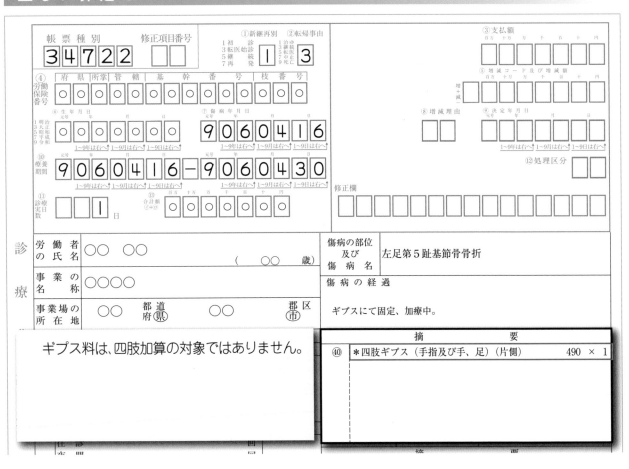

帳票種別	修正項目番号
34722	

①新継再別 1 初診 3 転医始診 5 継続 7 再発 … 1
②転帰事由 1 治ゆ 3 継続 5 転医中止 7 中死 … 3

③支払額
⑤増減コード及び増額
⑧増減理由　⑨決定年月日
⑫処理区分
修正欄

④労働保険番号　府県 所掌 管轄 基幹番号 枝番号
⑥生年月日
⑦傷病年月日 9060416
⑩療養期間 9060416-9060430
⑪診療実日数 1日
⑬合計額

労働者の氏名 ○○ ○○ （ ○○ 歳）
事業の名称 ○○○○
事業場の所在地 ○○ 都道府(県) ○○ 郡区(市)

傷病の部位及び傷病名 左足第5趾基節骨骨折
傷病の経過 ギプスにて固定、加療中。

診療費請求

診療内容	点数(点)
⑪初診 時間外・休日・深夜	
⑫再診 外来管理加算 × 回	
時間外 × 回	
休日 × 回	
深夜 × 回	
⑬指導	
往診 回	

摘要
⑩ ＊四肢ギプス（手指及び手、足）（片側）
　　　　　　　（490 × 1.5）× 1

正しい算定5

帳票種別	修正項目番号
34722	

①新継再別 1 初診 3 転医始診 5 継続 7 再発 … 1
②転帰事由 1 治ゆ 3 継続 5 転医中止 7 中死 … 3

③支払額
⑤増減コード及び増額
⑧増減理由　⑨決定年月日
⑫処理区分
修正欄

④労働保険番号　府県 所掌 管轄 基幹番号 枝番号
⑥生年月日
⑦傷病年月日 9060416
⑩療養期間 9060416-9060430
⑪診療実日数 1日
⑬合計額

労働者の氏名 ○○ ○○ （ ○○ 歳）
事業の名称 ○○○○
事業場の所在地 ○○ 都道府(県) ○○ 郡区(市)

傷病の部位及び傷病名 左足第5趾基節骨骨折
傷病の経過 ギプスにて固定、加療中。

ギプス料は、四肢加算の対象ではありません。

摘要
⑩ ＊四肢ギプス（手指及び手、足）（片側）　490 × 1

誤った算定6

帳票種別 `3 4 7 2 2`　修正項目番号 ☐☐

①新継再別
1 初　　　診
3 転医始診
5 継　　　続
7 再　　　発　`5`
②転帰事由
1 治ゆ中止
3 継続
5 転医中止
7 中止
9 死亡　`3`

③支払額
百万 十万 万 千 百 十 円
☐☐☐☐☐☐☐

④労働保険番号
府県 所掌 管轄 基幹番号 枝番号
○○ ○ ○○ ○○○○○ ○○

⑤増減コード及び増減額
増＋減－
百万 十万 万 千 百 十 円
☐☐☐☐☐☐☐

⑥生年月日
元号 年 月 日
明治1 大正3 昭和5 平成7 令9
○○○○○○○

⑦傷病年月日
元号 年 月 日
`9 0 6 0 2 2 7`

⑧増減理由 ☐☐

⑨決定年月日
元号 年 月 日

⑩療養期間
`9 0 6 0 5 0 1` － `9 0 6 0 5 3 1`

⑫処理区分 ☐☐

⑪診療実日数　☐☐`5`日
合計額 ④+ロ
百万 十万 万 千 百 十 円
○○○○○○○

修正欄 ☐☐☐☐☐☐☐☐☐☐☐☐

診療費請求内訳書 (入院外用)			
労働者の氏名	○○　○○　　　　（　○○　歳）	傷病の部位及び傷病名	左鎖骨骨折
事業の名称	○○○○	傷病の経過	
事業場の所在地	○○ 都道府(県) ○○ 郡区(市)	現在外来通院中です。	

診　療　内　容				点数(点)
⑪初診	時間外・休日・深夜			
⑫再診	外来管理加算	52 × 5 回		260
	時間外	× 回		
	休　日	× 回		
	深　夜	× 回		
⑬指導				
⑭在宅	往　診		回	
	夜　間		回	
	緊急・深夜		回	
	在宅患者訪問診療		回	
	その他			
	薬　剤			
⑳投薬	㉑内服薬剤		単位	
	調剤	×	回	
	㉒屯服薬剤		単位	
	㉓外用薬剤		単位	
	調剤	×	回	
	㉕処　方	×	回	
	㉖麻　毒		回	
	㉗調　基			
㉚注射	㉛皮下筋肉内		回	
	㉜静脈内		回	
	㉝その他		回	
㊵処置		5 回		175
	薬　剤			
㊿手術・麻酔			回	
	薬　剤			
⑥⓪検査・病理			回	
	薬　剤			
⑦⓪画像診断			回	
	薬　剤			
⑧⓪その他	処方せん		回	
	薬　剤			
小　計	○○○ 点	④ ○,○○○ 円		

診療内容	金　額	摘　　要
⑪初　診	円	
⑫再　診 5 回	7,100 円	(特) 52 × 5
⑬指　導 回	円	
⑧⓪その他	円	
小　計	(ロ) 7,100 円	

摘　　要
㊵　＊消炎鎮痛等処置（器具等による療法）　　　　　35 × 5

正しい算定6

帳票種別	修正項目番号		①新継再別	②転帰事由
3 4 7 2 2	□ □		5	3

①新継再別
1 初　診
3 転医初診
5 継　続
7 再　発

②転帰事由
1 治ゆ
3 継続転医中止
5 転医中止
7 中止

③支払額
百万 十万 万 千 百 十 円

⑤増減コード及び増減額
百万 十万 万 千 百 十 円
増＋減－

⑧増減理由　□□

⑨決定年月日
元号　　年　　月　　日

④労働保険番号
府県 所掌 管轄 基幹 番号 枝番号
○ ○ ○ ○ ○ ○ ○ ○ ○ ○ ○ ○ ○ ○

⑥生年月日
明大昭平令
1357 9
元号　　年　　月　　日

⑦傷病年月日
元号 9 0 6 0 2 2 7
年　　月　　日

⑩療養期間
9 0 6 0 5 0 1 － 9 0 6 0 5 3 1

⑪診療実数　　5 日

合計額（イ＋ロ）
百万 十万 万 千 百 十 円

⑫処理区分　□□

修正欄

処置料・リハビリテーション料 3

診療費請求内訳書（入院外用）					

労働者の氏名　○○　○○　（　○○　歳）
事業の名称　○○○○
事業場の所在地　○○都道府県　○○郡区市

傷病の部位及び傷病名　左鎖骨骨折
傷病の経過　現在外来通院中です。

診療内容		点数(点)
⑪初診 時間外・休日・深夜		
⑫再診	×　回	
外来管理加算	×　回	
時間外	×　回	
休　日	×　回	
深　夜	×　回	
⑬指導		
⑭在宅 往　診	回	
夜　間	回	
緊急・深夜	回	
在宅患者訪問診療	回	
その他		
薬　剤		
⑳投薬 ㉑内服薬剤	単位	
調剤	×　回	
㉒屯服薬剤	単位	
㉓外用薬剤	単位	
調剤	×　回	
㉕処方	×　回	
㉖麻毒	回	
㉗調基		
㉚注射 ㉛皮下筋肉内	回	
㉜静脈内	回	
㉝その他	回	
㊵処置	5　回	265
薬　剤		
㊿手術麻酔	回	
薬　剤		
⑳検査病理	回	
薬　剤		
⑦画像診断	回	
薬　剤		
⑳その他 処方せん	回	
薬　剤		
小　計 ○○○ 点	㋑ ○,○○○ 円	

診療内容	金額	摘要
⑪初　診	円	
⑫再　診　5 回	7,100 円	
⑬指　導　回	円	
⑳その他	円	
小　計　㋺	7,100 円	

摘　要	
㊵ ＊消炎鎮痛等処置（器具等による療法）（左鎖骨） 　（35 × 1.5）　　　　　　　　　　53 × 5	

> 　四肢の傷病に対する消炎鎮痛等処置（器具）は、健保点数の1.5倍で算定します。
> 　なお、四肢加算が適用される場合の外来管理加算特例の算定の可否は、四肢加算後の点数を基準とします。
> 　この事例の場合、四肢加算後の点数が53点となるため、外来管理加算の特例は算定できません。

誤った算定7

帳票種別 **34722** 修正項目番号

① 新継再別　② 転帰事由
1 初　　診　1 治ゆ　2 転医
3 転医始診　3 継続中　5 中止　6 ゆ　8 死亡
5 継　　続　7 転　　　　　9
7 再　　発　　　　　発

I　**3**

③支払額

④労働保険番号　府県 所掌 管轄　基幹番号　枝番号
○○ ○ ○○ ○○○○○○ ○○○

⑤増減コード及び増減額
増＋減

⑥生年月日　元号 年　月　日
明治1 大正3 昭和5 平成7 令和9
○○ ○○ ○○ ○○

⑦傷病年月日　元号 年 月 日
9060408

⑧増減理由　⑨決定年月日 元号 年 月 日

⑩療養期間 元号 年 月 日　元号 年 月 日
9060408 - 9060430

⑫処理区分

⑪診療実数　**3** 日　⑬合計額

修正欄

| 診療 | 労働者の氏名 | ○○　○○（　　○○　歳） | 傷病の部位及び傷病名 | 左中指切創 |

事業の名称　○○○○

事業場の所在地　○○ 都道府県 ○○ 郡区市

傷病の経過

受傷日同日に受診、創傷処置施行。

診療内容	点数(点)	診療内容	金額	摘要
⑪初診 時間外・休日・深夜		⑪初 診	3,850 円	
	×　回	⑫再 診 2 回	2,840 円	*㊏ 52 × 2
⑫再 外来管理加算 52 × 2 回	104	⑬指 導 回	円	*療養の給付請求書取扱料 2,000 円 × 1
		⑳その他	2,000 / 1,250 円	*救急医療管理加算（外来）1,250 円 × 1

摘要
⑳ *創傷処置（100cm² 未満）
　（左中指）　　52 × 1
　*創傷処置（100cm² 未満）（労災）
　（左中指）　　45 × 2

小 計 ㋺ 9,940 円

正しい算定7

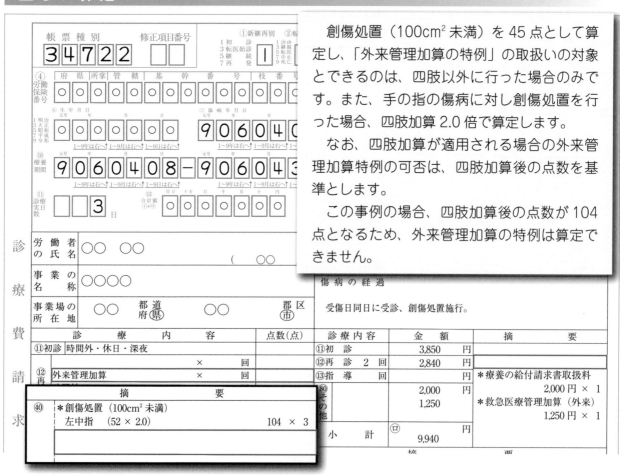

帳票種別 **34722** 修正項目番号

① 新継再別
1 初　　診
3 転医始診
5 継　　続
7 再　　発

I

④労働保険番号　府県 所掌 管轄 基幹番号 枝番号
○○ ○ ○○ ○○○○○○ ○○○

⑥生年月日 元号 年 月 日
明治1 大正3 昭和5 平成7 令和9
○○ ○○

⑦傷病年月日
90604

⑩療養期間
9060408 - 90604

⑪診療実数 **3** 日 ⑬合計額

労働者の氏名 ○○ ○○（　○○）

事業の名称 ○○○○

事業場の所在地 ○○ 都道府県 ○○ 郡区市

傷病の経過

受傷日同日に受診、創傷処置施行。

診療内容	点数(点)	診療内容	金額	摘要
⑪初診 時間外・休日・深夜		⑪初 診	3,850 円	
	×　回	⑫再 診 2 回	2,840 円	
⑫再 外来管理加算 × 回		⑬指 導 回	円	*療養の給付請求書取扱料 2,000 円 × 1
		⑳その他	2,000 / 1,250 円	*救急医療管理加算（外来）1,250 円 × 1

摘要
⑳ *創傷処置（100cm² 未満）
　左中指 （52 × 2.0）　　104 × 3

小 計 ㋺ 9,940 円

創傷処置（100cm² 未満）を 45 点として算定し、「外来管理加算の特例」の取扱いの対象とできるのは、四肢以外に行った場合のみです。また、手の指の傷病に対し創傷処置を行った場合、四肢加算 2.0 倍で算定します。

なお、四肢加算が適用される場合の外来管理加算特例の可否は、四肢加算後の点数を基準とします。

この事例の場合、四肢加算後の点数が 104 点となるため、外来管理加算の特例は算定できません。

誤った算定 8

帳票種別	修正項目番号	①新継再別	②転帰事由

帳票種別 `3 4 7 2 2`　修正項目番号 `□□`

①新継再別
1 初　　診
3 転医始診
5 継　　続
7 再　　発
`1`

②転帰事由
⓪継続
1治ゆ
3中止
5転医
7死亡
9
`3`

③支払額
百万 十万 万 千 百 十 円
`□□□□□□□□`

④労働保険番号
府県 所掌 管轄 基幹番号 枝番号
`○○ ○ ○ ○○○○○ ○○○○ ○○○`

⑤増減コード及び増減額
百万 十万 万 千 百 十 円
増+減−
`□□□□□□□□`

⑥生年月日
元号（明治1 大正3 昭和5 平成7 令9）
`○○ ○○ ○ ○○ ○ ○○`

⑦傷病年月日
`9 0 6 0 5 1 8`

⑧増減理由 `□□`

⑨決定年月日
元号 年 月 日

⑩療養期間
`9 0 6 0 5 1 8 − 9 0 6 0 5 3 1`

⑫処理区分 `□□`

⑪診療実日数 `□ □ 3` 日

⑬合計額（④+⑬）
百万 十万 万 千 百 十 円
`○○○○○○`

修正欄
`□□□□□□□□□□□□□□`

診療費請求

労働者の氏名	○○　○○	（　○○　歳）
事業の名称	○○○○	
事業場の所在地	○○　都道府県　○○　郡市区	

傷病の部位及び傷病名：疥癬（頸部・左上腕）

傷病の経過

疥癬に対して処置を行った。

診　療　内　容	点数（点）
⑪初診　時間外・休日・深夜	
⑫再診　外来管理加算　　×　　回	
時間外　　　　　×　　回	
休日　　　　　　×　　回	
深夜　　　　　　×　　回	
⑬指導	
往診	回

摘　　　　要	
㊵ ＊皮膚科軟膏処置1 （頸部 100cm² ・左上腕 150cm²） （55 × 1.5）	83 × 1

正しい算定 8

帳票種別 `3 4 7 2 2`　修正項目番号 `□□`

①新継再別
1 初　　診
3 転医始診
5 継　　続
7 再　　発
`1`

②転帰事由
⓪継続
1治ゆ
3中止
5転医
7死亡
9
`3`

③支払額
百万 十万 万 千 百 十 円
`□□□□□□□□`

④労働保険番号
府県 所掌 管轄 基幹番号 枝番号
`○○ ○ ○ ○○○○○ ○○○○ ○○○`

⑤増減コード及び増減額
百万 十万 万 千 百 十 円
増+減−
`□□□□□□□□`

⑥生年月日
元号（明治1 大正3 昭和5 平成7 令9）
`○○ ○○ ○ ○○ ○ ○○`

⑦傷病年月日
`9 0 6 0 5 1 8`

⑧増減理由 `□□`

⑨決定年月日
元号 年 月 日

⑩療養期間
`9 0 6 0 5 1 8 − 9 0 6 0 5 3 1`

⑫処理区分 `□□`

⑪診療実日数 `□ □ 3` 日

⑬合計額（④+⑬）
百万 十万 万 千 百 十 円
`○○○○○○`

修正欄
`□□□□□□□□□□□□□□`

診療

労働者の氏名	○○　○○	（　○○　歳）
事業の名称	○○○○	
事業場の所在地	○○　都道府県　○○　郡市区	

傷病の部位及び傷病名：疥癬（頸部・左上腕）

傷病の経過

疥癬に対して処置を行った。

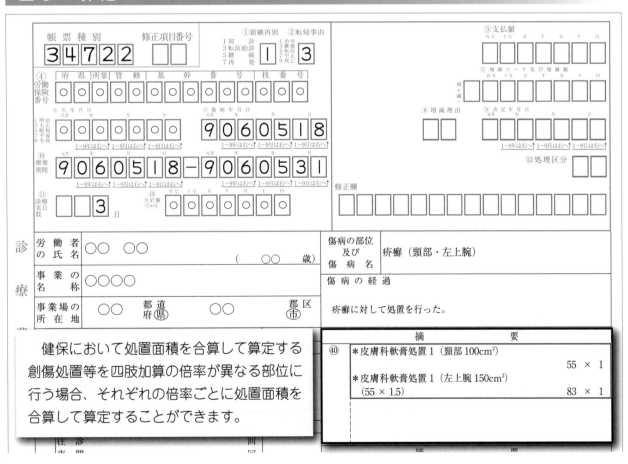

健保において処置面積を合算して算定する創傷処置等を四肢加算の倍率が異なる部位に行う場合、それぞれの倍率ごとに処置面積を合算して算定することができます。

摘　　　　要	
㊵ ＊皮膚科軟膏処置1（頸部 100cm²）	55 × 1
＊皮膚科軟膏処置1（左上腕 150cm²） （55 × 1.5）	83 × 1

処置料・リハビリテーション料 3

誤った算定9

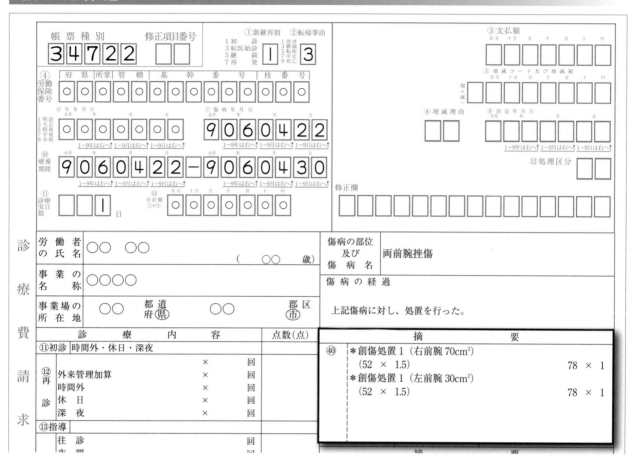

帳票種別	修正項目番号
34722	

①新継再別
1 初　　　診
3 転医始診
5 継　　　続
7 再　　　発　【1】

②転帰事由
治ゆ院中止
継転転中死　【3】

③支払額
百万 十万 万 千 百 十 円

④労働保険番号
府県 所掌 管轄 基幹番号 枝番号
0 0 0 0 0 0 0 0 0 0 0 0 0

⑤増減コード及び増減額
百万 十万 万 千 百 十 円
増＋減−

⑥生年月日
元号 年 月 日
明治1 大正3 昭和5 平成7 令和9
0 0 0 0 0 0 0

⑦傷病年月日
元号 年 月 日
9 0 6 0 4 2 2

⑧増減理由

⑨決定年月日
元号 年 月 日

⑩療養期間
9 0 6 0 4 2 2 − 9 0 6 0 4 3 0

⑫処理区分

⑪診療実数
| 1 |日

⑬合計額（④＋⑤）
百万 十万 万 千 百 十 円
0 0 0 0 0 0 0

修正欄

診療費請求

労働者の氏名	○○　○○	（　○○　歳）
事業の名称	○○○○	
事業場の所在地	○○ 都道府県 ○○ 郡区市	

傷病の部位及び傷病名：両前腕挫傷

傷病の経過

上記傷病に対し、処置を行った。

診療内容	点数（点）
⑪初診 時間外・休日・深夜	
⑫再診 外来管理加算	× 回
時間外	× 回
休日	× 回
深夜	× 回
⑬指導	
往診	回

摘要

⑩ ＊創傷処置1（右前腕 70cm²）
　　（52 × 1.5）　　　　　　　　　　78 × 1
＊創傷処置1（左前腕 30cm²）
　　（52 × 1.5）　　　　　　　　　　78 × 1

正しい算定9

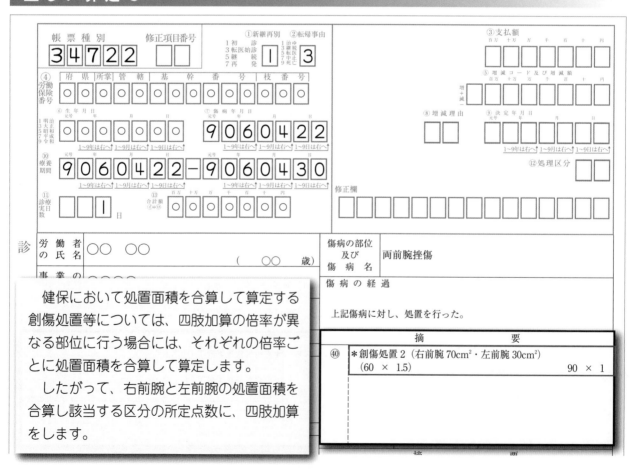

帳票種別	修正項目番号
34722	

①新継再別
1 初　　　診
3 転医始診
5 継　　　続
7 再　　　発　【1】

②転帰事由
治ゆ院中止
継転転中死　【3】

③支払額
百万 十万 万 千 百 十 円

④労働保険番号
府県 所掌 管轄 基幹番号 枝番号
0 0 0 0 0 0 0 0 0 0 0 0 0

⑤増減コード及び増減額
百万 十万 万 千 百 十 円
増＋減−

⑥生年月日
元号 年 月 日
明治1 大正3 昭和5 平成7 令和9
0 0 0 0 0 0 0

⑦傷病年月日
元号 年 月 日
9 0 6 0 4 2 2

⑧増減理由

⑨決定年月日
元号 年 月 日

⑩療養期間
9 0 6 0 4 2 2 − 9 0 6 0 4 3 0

⑫処理区分

⑪診療実数
| 1 |日

⑬合計額（④＋⑤）
百万 十万 万 千 百 十 円
0 0 0 0 0 0 0

修正欄

診

労働者の氏名	○○　○○	（　○○　歳）
事業の	○○○○	

傷病の部位及び傷病名：両前腕挫傷

傷病の経過

上記傷病に対し、処置を行った。

> 　健保において処置面積を合算して算定する創傷処置等については、四肢加算の倍率が異なる部位に行う場合には、それぞれの倍率ごとに処置面積を合算して算定します。
> 　したがって、右前腕と左前腕の処置面積を合算し該当する区分の所定点数に、四肢加算をします。

摘要

⑩ ＊創傷処置2（右前腕 70cm²・左前腕 30cm²）
　　（60 × 1.5）　　　　　　　　　　90 × 1

2 リハビリテーション料

（1）疾患別リハビリテーション料

疾患別リハビリテーション料を算定する場合は、健保点数表のリハビリテーションの「通則1」にかかわらず、次の点数で算定します。

心大血管疾患リハビリテーション料（1単位）

				※参考 健康保険の点数
（Ⅰ）	a	理学療法士による場合	250 点	205 点
	b	作業療法士による場合	250 点	205 点
	c	医師による場合	250 点	205 点
	d	看護師による場合	250 点	205 点
	e	集団療法による場合	250 点	205 点
（Ⅱ）	a	理学療法士による場合	125 点	125 点
	b	作業療法士による場合	125 点	125 点
	c	医師による場合	125 点	125 点
	d	看護師による場合	125 点	125 点
	e	集団療法による場合	125 点	125 点

脳血管疾患等リハビリテーション料（1単位）

（Ⅰ）	a	理学療法士による場合	250 点	245 点
	b	作業療法士による場合	250 点	245 点
	c	言語聴覚士による場合	250 点	245 点
	d	医師による場合	250 点	245 点
（Ⅱ）	a	理学療法士による場合	200 点	200 点
	b	作業療法士による場合	200 点	200 点
	c	言語聴覚士による場合	200 点	200 点
	d	医師による場合	200 点	200 点
（Ⅲ）	a	理学療法士による場合	100 点	100 点
	b	作業療法士による場合	100 点	100 点
	c	言語聴覚士による場合	100 点	100 点
	d	医師による場合	100 点	100 点
	e	aからdまで以外の場合	100 点	100 点

廃用症候群リハビリテーション料（1単位）

（Ⅰ）	a	理学療法士による場合	250 点	180 点
	b	作業療法士による場合	250 点	180 点
	c	言語聴覚士による場合	250 点	180 点
	d	医師による場合	250 点	180 点
（Ⅱ）	a	理学療法士による場合	200 点	146 点
	b	作業療法士による場合	200 点	146 点
	c	言語聴覚士による場合	200 点	146 点
	d	医師による場合	200 点	146 点
（Ⅲ）	a	理学療法士による場合	100 点	77 点
	b	作業療法士による場合	100 点	77 点
	c	言語聴覚士による場合	100 点	77 点
	d	医師による場合	100 点	77 点
	e	aからdまで以外の場合	100 点	77 点

運動器リハビリテーション料（1単位）				※参考 健康保険の点数
（Ⅰ）	a	理学療法士による場合	190 点	185 点
	b	作業療法士による場合	190 点	185 点
	c	医師による場合	190 点	185 点
（Ⅱ）	a	理学療法士による場合	180 点	170 点
	b	作業療法士による場合	180 点	170 点
	c	医師による場合	180 点	170 点
（Ⅲ）	a	理学療法士による場合	85 点	85 点
	b	作業療法士による場合	85 点	85 点
	c	医師による場合	85 点	85 点
	d	aからcまで以外の場合	85 点	85 点
呼吸器リハビリテーション料（1単位）				
（Ⅰ）	a	理学療法士による場合	180 点	175 点
	b	作業療法士による場合	180 点	175 点
	c	言語聴覚士による場合	180 点	175 点
	d	医師による場合	180 点	175 点
（Ⅱ）	a	理学療法士による場合	85 点	85 点
	b	作業療法士による場合	85 点	85 点
	c	言語聴覚士による場合	85 点	85 点
	d	医師による場合	85 点	85 点

※表中の　　　については健康保険と点数が異なります。

健保点数表に定める疾患別リハビリテーション料の各規定における早期リハビリテーション加算、初期加算及び急性期リハビリテーション加算については、健保点数表に準じて算定します。

（2）ADL 加算 ── 30 点

入院中の傷病労働者に対し、訓練室以外の病棟等において早期歩行、ADL の自立等を目的とした疾患別リハビリテーション料（Ⅰ）（運動器リハビリテーション料（Ⅱ）を含む）を算定すべきリハビリテーションを行った場合、又は医療機関外において、疾患別リハビリテーション料（Ⅰ）（運動器リハビリテーション料（Ⅱ）を含まない）を算定できる訓練に関するリハビリテーションを行った場合は、1単位につき 30 点を加算して算定できます。

なお、早期リハビリテーション加算が算定できる傷病労働者に対し、初期加算、ADL 加算、急性期リハビリテーション加算が算定できるリハビリテーションを行った場合は、それぞれ所定点数を算定できます。

算定例

入院中の傷病労働者に対し、訓練室以外の病棟等において早期歩行、ADL の自立等を目的とした呼吸器リハビリテーション（Ⅰ）1 単位を行った場合
（早期リハビリテーション加算が算定できる場合）

	【労災の場合】	【健保の場合】
呼吸器リハビリテーション料（Ⅰ）	180 点	175 点
早期リハビリテーション加算	25 点	25 点
ADL 加算	30 点	——
合　計	235 点	200 点

レセプトの記入例

	摘　　　　　　要	
⑧⓪	＊呼吸器リハビリテーション料（Ⅰ）（1 単位） （理学療法十による場合）	180 × 1
	早期リハビリテーション加算	25 × 1
	ADL 加算	30 × 1
	実施日数　1 日	
	（肺損傷）	
	（治療開始日○年○月○日）	

（呼吸器リハビリテーション料（Ⅰ）理学療法士による場合）

処置料・リハビリテーション料

3

mini Q&A

Q　リハビリテーション料の ADL 加算については、早期リハビリテーション加算のような日数制限の適用はありますか。

A　日数制限の適用はありません。

（3）四肢加算（四肢の傷病に係る加算）

四肢（鎖骨、肩甲骨及び股関節を含む。以下同じ）の傷病に対し、疾患別リハビリテーションを行った場合、113〜114ページ（1）の［表］に示した点数の1.5倍で算定することができます（**1点未満切り上げ**）。

※218ページに四肢加算一覧表を掲載していますので、ご参照ください。

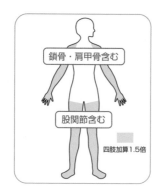

鎖骨・肩甲骨含む

股関節含む

四肢加算1.5倍

ポイント①

四肢の傷病に対する疾患別リハビリテーション料については、1単位ごとの点数に四肢加算の倍率を乗じて算定します。

算定例1

右手関節部に行ったリハビリテーションに対し、運動器リハビリテーション料（Ⅲ）2単位を算定する場合

85点× 1.5 ＝ 127.5点　→　128点
　　　　　　　　切り上げ
128点× 2単位＝ 256点

ポイント②

早期リハビリテーション加算、初期加算、急性期リハビリテーション加算及びADL加算は、四肢加算の対象ではありません。

算定例2

右大腿骨頸部骨折で入院中の傷病労働者に行ったリハビリテーションに対し、運動器リハビリテーション料（Ⅰ）、早期リハビリテーション加算、初期加算及びADL加算をそれぞれ2単位算定する場合

190点× 1.5 ＝ 285点
（285点＋ 25点＋ 45点＋ 30点）× 2単位＝ 770点

── レセプトの記入例 ──

摘	要
⑧⓪ ＊運動器リハビリテーション料（Ⅰ）（右大腿部）	
（理学療法士による場合）	
（190 × 1.5）	285 × 2
早期リハビリテーション加算	25 × 2
初期加算	45 × 2
ADL加算	30 × 2
（対象疾患：右大腿骨頸部骨折）	
（発症日：○年○月○日）	
実施日数1日	

（運動器リハビリテーション料（Ⅰ）理学療法士による場合）

点検しましょう

誤った算定 1

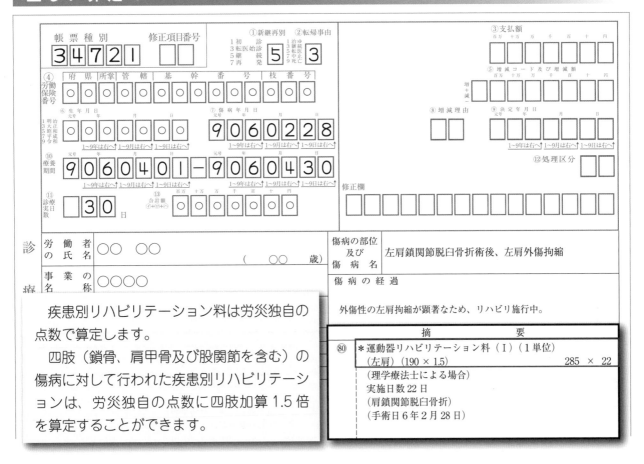

帳票種別	修正項目番号
3 4 7 2 1	□ □

①新継再別
1 初　　　診
3 転医始診
5 継　　続
7 再　　発
5

②転帰事由
1 治継医止亡
3 中　　　止
5 治転中死
3

③支払額
百万 十万 万 千 百 十 円

④労働保険番号
府県 所掌 管轄 基幹番号 枝番号
○ ○ ○ ○ ○ ○ ○ ○ ○ ○ ○ ○ ○ ○

⑤増減コード及び増減額
百万 十万 万 千 百 十 円
増減

⑥生年月日
元号 年 月 日
治正和成令 1 3 5 7 9
○ ○ ○ ○ ○ ○ ○

⑦傷病年月日
元号 年 月 日
9 0 6 0 2 2 8

⑧増減理由

⑨決定年月日
元号 年 月 日

⑩療養期間
元号 年 月 日 元号 年 月 日
9 0 6 0 4 0 1 - 9 0 6 0 4 3 0

⑫処理区分
□ □

⑪診療実数
3 0 日

⑬合計額
百万 十万 万 千 百 十 円
○ ○ ○ ○ ○ ○ ○

修正欄
□ □ □ □ □ □ □ □ □ □ □ □ □

診療費請求

労の 働氏 者名	○○　○○	（　○○　歳）
事業の名称	○○○○	
事業場の所在地	○○都道府県 ○○郡区市	

傷病の部位及び傷病名：左肩鎖関節脱臼骨折術後、左肩外傷拘縮

傷病の経過

外傷性の左肩拘縮が顕著なため、リハビリ施行中。

診療内容	点数（点）
⑪初診　時間外・休日・深夜	
⑬指導	
⑭在宅	
⑳投⑳ ㉑内服	単位
㉒屯服	単位
㉓外用	単位
㉔調剤	日
㉕処方	日

摘　要
⑧ ＊運動器リハビリテーション料（Ⅰ）（1単位）185 × 22
（理学療法士による場合）
実施日数　22日
（肩鎖関節脱臼骨折）
（手術日 6年2月28日）

正しい算定 1

帳票種別	修正項目番号
3 4 7 2 1	□ □

①新継再別
1 初　　　診
3 転医始診
5 継　　続
7 再　　発
5

②転帰事由
1 治継医止亡
3 中　　　止
5 治転中死
3

③支払額
百万 十万 万 千 百 十 円

④労働保険番号
府県 所掌 管轄 基幹番号 枝番号
○ ○ ○ ○ ○ ○ ○ ○ ○ ○ ○ ○ ○ ○

⑤増減コード及び増減額
百万 十万 万 千 百 十 円
増減

⑥生年月日
元号 年 月 日
治正和成令 1 3 5 7 9
○ ○ ○ ○ ○ ○ ○

⑦傷病年月日
元号 年 月 日
9 0 6 0 2 2 8

⑧増減理由

⑨決定年月日
元号 年 月 日

⑩療養期間
元号 年 月 日 元号 年 月 日
9 0 6 0 4 0 1 - 9 0 6 0 4 3 0

⑫処理区分
□ □

⑪診療実数
3 0 日

⑬合計額
百万 十万 万 千 百 十 円
○ ○ ○ ○ ○ ○ ○

修正欄
□ □ □ □ □ □ □ □ □ □ □ □ □

診療費

労の 働氏 者名	○○　○○	（　○○　歳）
事業の名称	○○○○	

傷病の部位及び傷病名：左肩鎖関節脱臼骨折術後、左肩外傷拘縮

傷病の経過

外傷性の左肩拘縮が顕著なため、リハビリ施行中。

> 　疾患別リハビリテーション料は労災独自の点数で算定します。
> 　四肢（鎖骨、肩甲骨及び股関節を含む）の傷病に対して行われた疾患別リハビリテーションは、労災独自の点数に四肢加算1.5倍を算定することができます。

摘　要
⑧ ＊運動器リハビリテーション料（Ⅰ）（1単位）
（左肩）（190 × 1.5）　　　　　　285 × 22
（理学療法士による場合）
実施日数 22日
（肩鎖関節脱臼骨折）
（手術日 6年2月28日）

誤った算定2

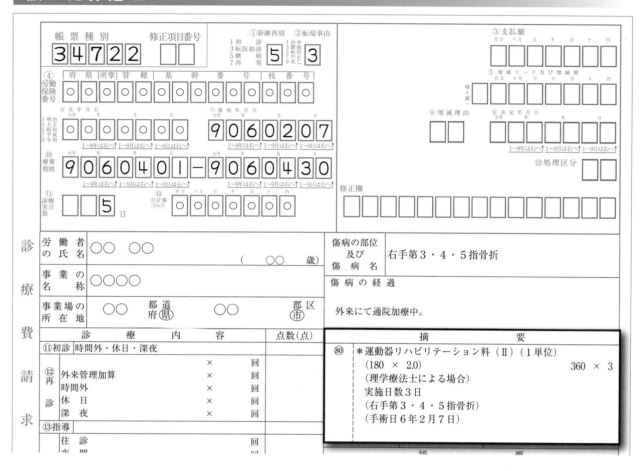

傷病の部位及び傷病名　右手第3・4・5指骨折

傷病の経過

外来にて通院加療中。

診　療　内　容	点数(点)
⑪初診　時間外・休日・深夜	
⑫再　外来管理加算　　　×　　回	
時間外　　　　　　×　　回	
診　休　日　　　　　　×　　回	
深　夜　　　　　　×　　回	
⑬指導	
往　診　　　　　　　　回	

摘　要

⑧⓪　＊運動器リハビリテーション料（Ⅱ）（1単位）
　　　（180 × 2.0）　　　　　　　　　　　　360 × 3
　　　（理学療法士による場合）
　　　実施日数3日
　　　（右手第3・4・5指骨折）
　　　（手術日6年2月7日）

正しい算定2

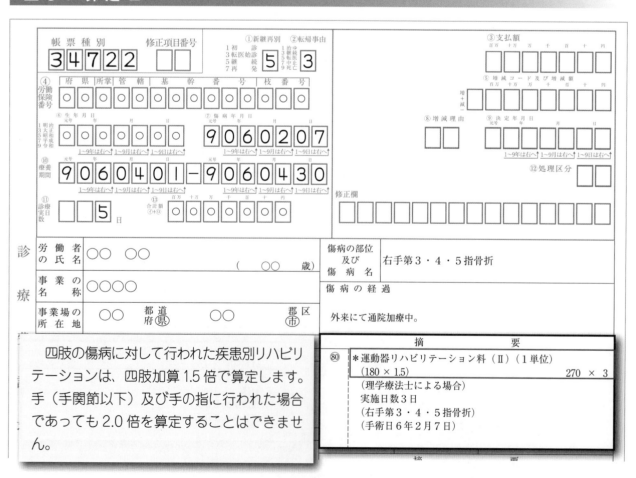

傷病の部位及び傷病名　右手第3・4・5指骨折

傷病の経過

外来にて通院加療中。

摘　要

⑧⓪　＊運動器リハビリテーション料（Ⅱ）（1単位）
　　　（180 × 1.5）　　　　　　　　　　　　270 × 3
　　　（理学療法士による場合）
　　　実施日数3日
　　　（右手第3・4・5指骨折）
　　　（手術日6年2月7日）

四肢の傷病に対して行われた疾患別リハビリテーションは、四肢加算1.5倍で算定します。手（手関節以下）及び手の指に行われた場合であっても2.0倍を算定することはできません。

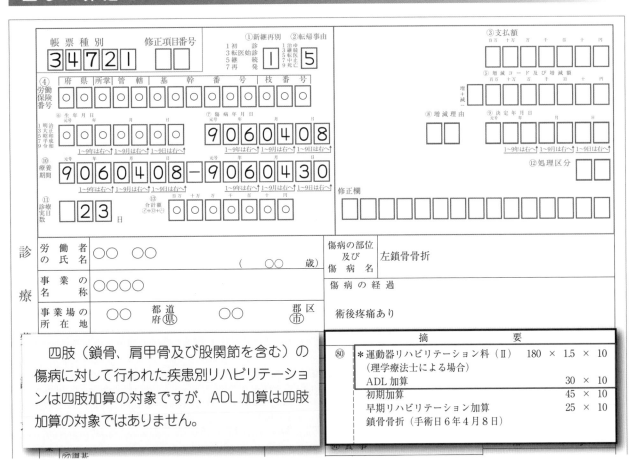

誤った算定3

帳票種別	修正項目番号
3 4 7 2 1	□□

①新継再別
1 初　診
3 転医始診
5 継　続
7 再　発
→ 1

②転帰事由
1 治ゆ続医止止
3 継医転中死
5 中死
7 発
→ 5

③支払額
百万 十万 万 千 百 十 円

④労働保険番号
府県 所掌 管轄 基幹番号 枝番号
○ ○ ○ ○ ○ ○ ○ ○ ○ ○ ○ ○ ○ ○

⑤増減コード及び増減額
百万 十万 万 千 百 十 円
増＋減－

⑥生年月日
元号 年 月 日
治正昭和明大昭平令
1 3 5 7 9
○ ○ ○ ○ ○ ○ ○

⑧増減理由
□□

⑦傷病年月日
元号 年 月 日
9 0 6 0 4 0 8

⑨決定年月日
元号 年 月 日

⑩療養期間
元号 年 月 日 ～ 元号 年 月 日
9 0 6 0 4 0 8 － 9 0 6 0 4 3 0

⑫処理区分
□□

⑪診療実日数
□ 2 3 日

⑬合計額
百万 十万 万 千 百 十 円
○ ○ ○ ○ ○ ○ ○

修正欄

診療費請求

労の働者 氏名	○○　○○
	（　　○○　　歳）
事業の名称	○○○○
事業場の所在地	○○ 都道府(県) ○○ 郡区(市)

傷病の部位及び傷病名：左鎖骨骨折

傷病の経過

術後疼痛あり

診療内容	点数(点)
⑪初診 時間外・休日・深夜	
⑬指導	
⑭在宅	
⑳投薬 ㉑内服	単位
㉒屯服	単位
㉓外用	単位
㉔調剤	日
㉖麻毒	日

摘　　要
⑧⃝ ＊運動器リハビリテーション料（Ⅱ）
（理学療法士による場合）
ADL加算　　　　　　　　（180＋30）× 1.5 × 10
初期加算　　　　　　　　　　　　　45 × 10
早期リハビリテーション加算　　　　25 × 10
鎖骨骨折（手術日6年4月8日）

正しい算定3

帳票種別	修正項目番号
3 4 7 2 1	□□

①新継再別
1 初　診
3 転医始診
5 継　続
7 再　発
→ 1

②転帰事由
1 治ゆ続医止止
3 継医転中死
5 中死
7 発
→ 5

③支払額
百万 十万 万 千 百 十 円

④労働保険番号
府県 所掌 管轄 基幹番号 枝番号
○ ○ ○ ○ ○ ○ ○ ○ ○ ○ ○ ○ ○ ○

⑤増減コード及び増減額
百万 十万 万 千 百 十 円
増＋減－

⑥生年月日
元号 年 月 日
治正昭和明大昭平令
1 3 5 7 9
○ ○ ○ ○ ○ ○ ○

⑧増減理由
□□

⑦傷病年月日
元号 年 月 日
9 0 6 0 4 0 8

⑨決定年月日
元号 年 月 日

⑩療養期間
元号 年 月 日 ～ 元号 年 月 日
9 0 6 0 4 0 8 － 9 0 6 0 4 3 0

⑫処理区分
□□

⑪診療実日数
□ 2 3 日

⑬合計額
百万 十万 万 千 百 十 円

修正欄

労の働者 氏名	○○　○○
	（　　○○　　歳）
事業の名称	○○○○
事業場の所在地	○○ 都道府(県) ○○ 郡区(市)

傷病の部位及び傷病名：左鎖骨骨折

傷病の経過

術後疼痛あり

四肢（鎖骨、肩甲骨及び股関節を含む）の傷病に対して行われた疾患別リハビリテーションは四肢加算の対象ですが、ADL加算は四肢加算の対象ではありません。

摘　　要
⑧⃝ ＊運動器リハビリテーション料（Ⅱ）　　180 × 1.5 × 10
（理学療法士による場合）
ADL加算　　　　　　　　　　　　　30 × 10
初期加算　　　　　　　　　　　　　45 × 10
早期リハビリテーション加算　　　　25 × 10
鎖骨骨折（手術日6年4月8日）

（4）標準的算定日数に係る取扱い

疾患別リハビリテーションについては、リハビリテーションの必要性及び効果が認められるものについては、健保点数表における疾患別リハビリテーション料の各規定の注1のただし書きにかかわらず、健保点数表に定める標準的算定日数を超えても制限されることなく算定できます。

なお、健保点数表の疾患別リハビリテーション料の各規定の注5、注6及び注7（注6及び注7は脳血管疾患等リハビリテーション料、廃用症候群リハビリテーション料及び運動器リハビリテーション料に限る）については、労災保険では適用しません。

＊　健保点数表の疾患別リハビリテーション料の各規定の注5に示す範囲内でリハビリテーションを行う場合（標準的算定日数を超えて疾患別リハビリテーションを1月13単位以内で行う場合）には、診療費請求内訳書の摘要欄に標準的算定日数を超えて行うべき医学的所見等を記載する必要はありません。

ただし、標準的算定日数を超え、さらに疾患別リハビリテーションを1月13単位を超えて行う場合には、①診療費請求内訳書の摘要欄に標準的算定日数を超えて行うべき医学的所見等を記載すること又は②労災リハビリテーション評価計画書を診療費請求内訳書に添付して提出します。

労災リハビリテーション評価計画書

患者氏名：	男・女	生年月日（西暦）　　　年　　　月　　　日

原因疾患

［心大血管疾患・脳血管疾患等・廃用症候群・運動器・呼吸器（該当するものに〇をして下さい）］
リハビリテーション起算日（発症日、手術日、急性増悪の日、治療開始日）
　　　　　　　年　　　　　　月　　　　　　日

現在の評価及び前回評価計画書作成日（　　　年　　　月　　　日）からの改善・変化等

治療目標等
（1）標準的算定日数を超えて行うべき医学的所見（必要性・医学的効果等）

（2）目標到達予想時期：　　　　　年　　　　月頃

（3）その他特記事項

評価計画書作成日：　　　　　年　　　　月　　　　日

医療機関名	医師

注　前回評価計画書作成日からの改善・変化等の記載については、初回評価計画書作成日においては不要であること。

3　処置及びリハビリテーションの特例

（1）処置の特例

ア　3部位又は3局所の取扱い

下記に掲げる処置を同一日に行った場合は、1日につき、負傷にあっては受傷部位ごとに3部位を限度とし、また、疾病にあっては3局所を限度とし算定できます。

局所とは、上肢の左右、下肢の左右及び頭より尾頭までの躯幹のそれぞれを1局所とし、人体図内全身を5局所に分けたものをいいます。

（特例の対象となる整形外科的処置）

介達牽引
矯正固定
変形機械矯正術
消炎鎮痛等処置
　「マッサージ等の手技による療法」
　「器具等による療法」
腰部又は胸部固定帯固定
低出力レーザー照射

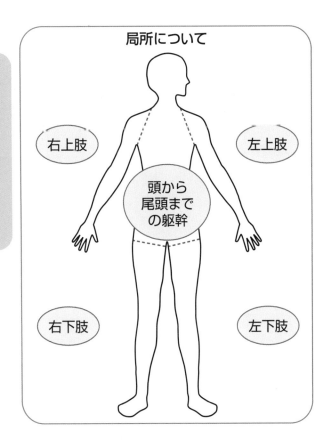

局所について

右上肢　左上肢

頭から尾頭までの躯幹

右下肢　左下肢

算定例1

同一日に次の処置を行った場合

右上腕部　消炎鎮痛等処置（手技による療法）	35点×1.5	＝53点
左上腕部　消炎鎮痛等処置（手技による療法）	35点×1.5	＝53点
左下腿部　消炎鎮痛等処置（器具等による療法）	35点×1.5	＝53点
右下腿部　介達牽引	35点×1.5	＝53点

53点＋53点＋53点＝159点

算 定 例 2

同一日に次の処置を行った場合
　右手背部　消炎鎮痛等処置（器具等による療法）
　右前腕部　消炎鎮痛等処置（器具等による療法）
　左上腕部　消炎鎮痛等処置（手技による療法）

① 負傷の場合

　右手背部　消炎鎮痛等処置（器具）35点 × 1.5 ＝ 53点
　右前腕部　消炎鎮痛等処置（器具）35点 × 1.5 ＝ 53点
　左上腕部　消炎鎮痛等処置（手技）35点 × 1.5 ＝ 53点
　合　計　　　　　　　　　　　　　　　　159点

◇　負傷の場合、受傷部位ごとに3部位を限度として
　　算定できます。

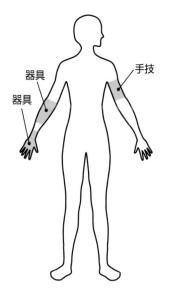

② 疾病の場合

　右手背部　消炎鎮痛等処置（器具）
　右前腕部　消炎鎮痛等処置（器具）　｝35点 × 1.5 ＝ 53点
　左上腕部　消炎鎮痛等処置（手技）35点 × 1.5 ＝ 53点
　合　計　　　　　　　　　　　　　　　106点

◇　疾病の場合、3局所を限度に算定できます。
　　右手背部と右前腕部は、右上肢（1局所）となり、
　　左上肢と合わせ、2局所を算定することになります。

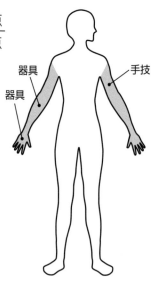

イ　湿布処置の取扱い

消炎鎮痛等処置のうち「湿布処置」については、1日につき所定点数（四肢加算の倍率が異なる部位に行う場合には、それぞれの倍率ごとに算定し合算した点数を所定点数とする）を算定できます。

（「湿布処置」と肛門処置を倍率が異なる部位に行った場合は、倍率が異なる部位ごとに算定し合算できます）

算定例3

右上腕と腰部に湿布処置を行った場合
（いずれの湿布処置も、「半肢の大部又は頭部、頸部及び顔面の大部以上」（以下、「半肢の大部以上」という）にわたる範囲）

右上腕部　湿布処置	35点 × 1.5 ＝ 53点	
腰　　部　湿布処置	35点	
合　　計	88点 ＞ 52点 → 外来管理加算を算定できない。	

◇　四肢加算の倍率が異なる部位ごとにおいて、湿布の処置面積が半肢の大部以上の範囲に該当するため、それぞれの倍率ごとに算定することができます。
　　なお、外来管理加算特例の算定の可否については、湿布処置の所定点数（四肢加算の倍率が異なる部位ごとに算定し合算した点数）を基準とします。したがって、この場合、外来管理加算を算定することはできません。

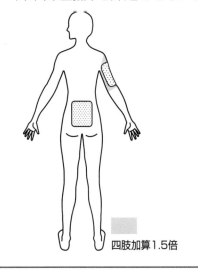

四肢加算1.5倍

算定例4

右手部から右前腕部に連続して湿布処置（半肢の大部以上にわたる範囲）を行った場合

右手部～右前腕部　湿布処置　35点 × 2.0 ＝ 70点

◇　湿布処置を四肢加算の倍率が異なる範囲にまたがって（連続して）行う場合は、処置面積を合算し、該当する部位の最も高い倍率で算定します。したがって、この場合、2.0倍で算定します。

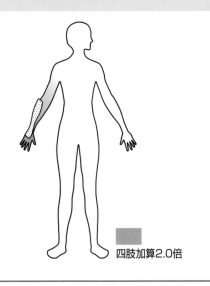

四肢加算2.0倍

算定例5

次のように湿布処置を行った場合

①

施行部位	面積割合＊
右前腕部	50%
右下腿部	50%
左下腿部	50%

②

施行部位	面積割合＊
右手部及び左手部	100%
右下腿部	100%
背部	100%

③

施行部位	面積割合＊
右手部	30%
右下腿部	100%
背部	80%

④

施行部位	面積割合＊
右手部	30%
右下腿部	50%
背部	50%

⑤

施行部位	面積割合＊
右手部	30%
右下腿部	30%
背部	30%

＊半肢の大部以上に該当する範囲を100%とした場合の面積割合を示したものです。

① 35点 × 1.5倍 ＝ 53点

◇　部位ごとの処置面積は半肢の大部以上の範囲に該当しませんが、処置面積を合算すると、半肢の大部以上に該当します。したがって、該当する部位の四肢加算の倍率である1.5倍で算定します。

② 右手部及び左手部　　35点 × 2.0倍 ＝ 70点
　　右下腿部　　　　　　35点 × 1.5倍 ＝ 53点
　　背　　部　　　　　　　　　　　　　　 35点
　　　　　　　　　　　　　　　　　　　　158点

◇　四肢加算の倍率が異なる部位ごとにおいて、処置面積が半肢の大部以上の範囲に該当するため、倍率ごとに算定することができます。

③ 右下腿部　　　　　35点 × 1.5倍 ＝ 53点
　　右手部・背部　　　35点 × 2.0倍 ＝ 70点
　　　　　　　　　　　　　　　　　　　123点

◇　右下腿部の処置面積は半肢の大部以上の範囲に該当するため、1.5倍で算定します。
　　右手部と背部の処置面積は、半肢の大部以上の範囲の広さに該当しませんが、合算すると半肢の大部以上に該当するため、最も高い倍率である2.0倍で算定します。

④ 35点 × 2.0倍 = 70点

◇ 四肢加算の倍率が異なる部位ごとにおいて、処置面積が半肢の大部以上の範囲に該当しませんが、処置面積を合算すると半肢の大部以上に該当するため、最も高い倍率である2.0倍で算定します。

⑤ 算定不可

◇ 四肢加算の倍率が異なる部位ごとにおいて、処置面積が半肢の大部以上の範囲の広さに該当せず、処置面積を合算しても半肢の大部以上に該当しません。したがって、湿布処置を算定することはできません。

処置料・リハビリテーション料
3

点検しましょう

誤った算定1

帳票種別	修正項目番号	①新継再別	②転帰事由	③支払額
3 4 7 2 2		5	3	百万 十万 万 千 百 十 円

1 初　　診
3 転医始診
5 継　　続
7 再　　発

1 治継医院止亡
3 ゆ続転医院中止亡
5 死
7 9

④労働保険番号　府県 所掌 管轄 基幹 番号 枝番号
○○○○○○○○○○○○○○

⑤増減コード及び増減額
増＋ 減－
百万 十万 万 千 百 十 円

⑥生年月日　治正大和昭成 明1大3昭5平7和9　元号 年 月 日　⑦傷病年月日 9 0 6 0 4 0 3
○○○○○○○○○○

⑧増減理由　⑨決定年月日　元号 年 月 日

⑩療養期間　9 0 6 0 5 0 1 － 9 0 6 0 5 3 1

⑫処理区分

⑪診療実数　2 0 日　合計額(⑦+⑪) 百万 十万 万 千 百 十 円 ○○○○○○○

修正欄

診療

労働者の氏名	○○　○○	（　○○　歳）
事業の名称	○○○○	
事業場の所在地	○○ 都道府県 ○○ 郡区市	

傷病の部位及び傷病名：腰仙部打撲、膀胱直腸障害、仙骨骨折、左大腿骨骨折

傷病の経過

通院にて加療中。

摘　　要		
㊵ ＊消炎鎮痛等処置（器具）（腰、左大腿）		
（35 × 1.5）	53 × 20	

診療内容	金　額	摘　要
⑪初　診	円	
⑫再　診 20 回	28,400 円	
⑬指　導　　回	円	
㊿その他	円	
小　　計	㋺ 28,400 円	

正しい算定1

帳票種別	修正項目番号	①新継再別	②転帰事由
3 4 7 2 2		5	3

1 初　　診
3 転医始診
5 継　　続
7 再　　発

④労働保険番号　府県 所掌 管轄 基幹 番号 枝番号
○○○○○○○○○○○○○○

⑥生年月日　治正大和昭成 明1大3昭5平7和9　⑦傷病年月日 9 0 6 0 4 0 3
○○○○○○○○○○

⑩療養期間　9 0 6 0 5 0 1 － 9 0 6 0 5 3 1

⑪診療実数　2 0 日　⑬合計額(⑦+⑪) 百万 十万 万 千 百 十 円 ○○○○○○○

診療

労働者の氏名	○○　○○	（　○○　歳）
事業の名称	○○○○	
事業場の所在地	○○ 都道府県 ○○ 郡区市	

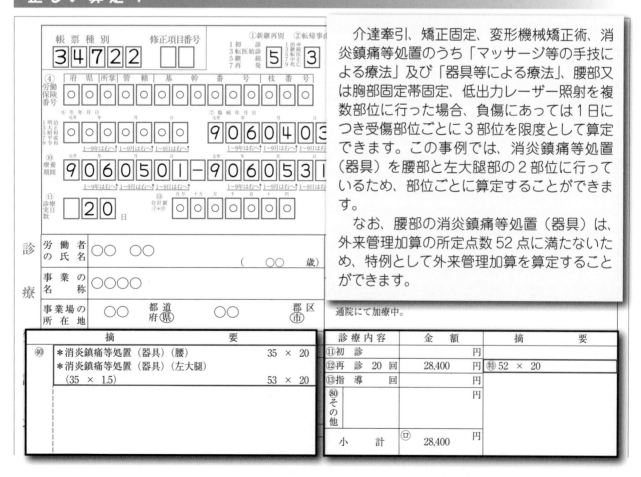

介達牽引、矯正固定、変形機械矯正術、消炎鎮痛等処置のうち「マッサージ等の手技による療法」及び「器具等による療法」、腰部又は胸部固定帯固定、低出力レーザー照射を複数部位に行った場合、負傷にあっては1日につき受傷部位ごとに3部位を限度として算定できます。この事例では、消炎鎮痛等処置（器具）を腰部と左大腿部の2部位に行っているため、部位ごとに算定することができます。

なお、腰部の消炎鎮痛等処置（器具）は、外来管理加算の所定点数52点に満たないため、特例として外来管理加算を算定することができます。

通院にて加療中。

摘　　要		
㊵ ＊消炎鎮痛等処置（器具）（腰）	35 × 20	
＊消炎鎮痛等処置（器具）（左大腿）		
（35 × 1.5）	53 × 20	

診療内容	金　額	摘　要
⑪初　診	円	
⑫再　診 20 回	28,400 円	㊟ 52 × 20
⑬指　導　　回	円	
㊿その他	円	
小　　計	㋺ 28,400 円	

誤った算定2

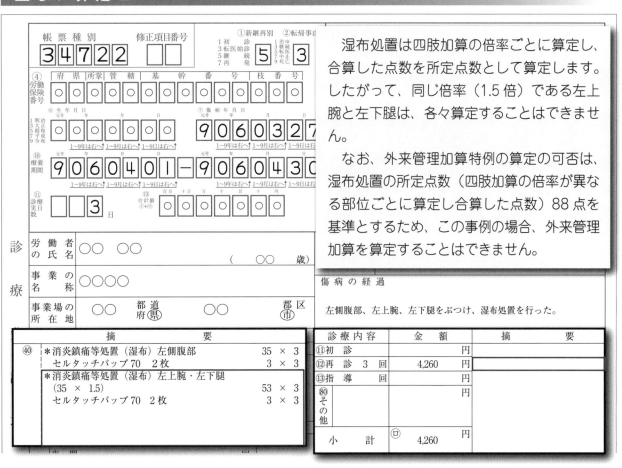

摘要		
㊵ ＊消炎鎮痛等処置（湿布）左側腹部	35	× 3
セルタッチパップ70　2枚	3	× 3
＊消炎鎮痛等処置（湿布）左上腕		
（35 × 1.5）	53	× 3
セルタッチパップ70　1枚	2	× 3
＊消炎鎮痛等処置（湿布）左下腿		
（35 × 1.5）	53	× 3
セルタッチパップ70　1枚	2	× 3

診療内容	金額	摘要
⑪初　診	円	
⑫再　診 3 回	4,260 円	㊙52 × 3
⑬指　導 回	円	
⑳その他	円	
小　計	㋺ 4,260 円	

傷病の部位及び傷病名：左側腹部、左上腕、左下腿打撲

傷病の経過：左側腹部、左上腕、左下腿をぶつけ、湿布処置を行った。

正しい算定2

摘要		
㊵ ＊消炎鎮痛等処置（湿布）左側腹部	35	× 3
セルタッチパップ70　2枚	3	× 3
＊消炎鎮痛等処置（湿布）左上腕・左下腿		
（35 × 1.5）	53	× 3
セルタッチパップ70　2枚	3	× 3

診療内容	金額	摘要
⑪初　診	円	
⑫再　診 3 回	4,260 円	
⑬指　導 回	円	
⑳その他	円	
小　計	㋺ 4,260 円	

傷病の経過：左側腹部、左上腕、左下腿をぶつけ、湿布処置を行った。

　湿布処置は四肢加算の倍率ごとに算定し、合算した点数を所定点数として算定します。したがって、同じ倍率（1.5倍）である左上腕と左下腿は、各々算定することはできません。

　なお、外来管理加算特例の算定の可否は、湿布処置の所定点数（四肢加算の倍率が異なる部位ごとに算定し合算した点数）88点を基準とするため、この事例の場合、外来管理加算を算定することはできません。

（2）リハビリテーション及び処置の併施

ア　処置の併施

　　介達牽引、矯正固定、変形機械矯正術、消炎鎮痛等処置（「湿布処置」、「マッサージ等の手技による療法」及び「器具等による療法」）、腰部又は胸部固定帯固定、低出力レーザー照射及び肛門処置を同一日にそれぞれ異なる部位（局所）に行った場合は、「湿布処置」又は肛門処置(※) の所定点数の他に、介達牽引、矯正固定、変形機械矯正術、「マッサージ等の手技による療法」、「器具等による療法」、腰部又は胸部固定帯固定及び低出力レーザー照射のうち計2部位（局所）までの所定点数を合わせて算定できます。

　　なお、この場合、「湿布処置」又は肛門処置(※) の所定点数を算定することなく、介達牽引、矯正固定、変形機械矯正術、「マッサージ等の手技による療法」、「器具等による療法」、腰部又は胸部固定帯固定及び低出力レーザー照射を合計で3部位（局所）まで算定することとしても差し支えありません。

（※）「湿布処置」と肛門処置をそれぞれ倍率が異なる部位ごとに算定する場合は、「「湿布処置」及び肛門処置」となります。

湿布処置等と介達牽引・手技・器具等の併施
＜異なる部位（局所）に行った場合に限る＞

湿布処置等を算定する場合		湿布処置等を算定しない場合
湿布処置等 四肢加算の倍率ごとに算定合算 ＋ **介達牽引・手技・器具等** 合計2部位（局所）まで	又は	**介達牽引・手技・器具等** 合計3部位（局所）まで

「湿布処置等」とは、消炎鎮痛等処置のうち「湿布処置」、肛門処置をいいます。
　また、「介達牽引・手技・器具等」とは、介達牽引、矯正固定、変形機械矯正術、消炎鎮痛等処置のうち「マッサージ等の手技による療法」及び「器具等による療法」、腰部又は胸部固定帯固定、低出力レーザー照射をいいます。

算定例1

同一日に次の処置を行った場合（負傷の場合）
　　右上腕部　　　　　湿布処置（半肢の大部以上の範囲）
　　左手部〜左前腕部　湿布処置（半肢の大部以上の範囲）
　　右下腿部　　　　　消炎鎮痛等処置（器具等による療法）
　　左下腿部　　　　　消炎鎮痛等処置（器具等による療法）
　　腰　　部　　　　　消炎鎮痛等処置（マッサージ等の手技による療法）

① **湿布処置を算定する場合**

右上腕部	湿布処置	35点 × 1.5 ＝ 53点
左手部〜左前腕部	湿布処置	35点 × 2.0 ＝ 70点
右下腿部	消炎鎮痛等処置（器具）	35点 × 1.5 ＝ 53点
腰　　部	消炎鎮痛等処置（手技）	35点
外来管理加算		㊙52点
合　計		263点

◇　湿布処置の所定点数（四肢加算の倍率毎に算定し合算した点数）の他、消炎鎮痛等処置（器具）及び消炎鎮痛等処置（手技）のうち合計2部位まで算定できます。
　　消炎鎮痛等処置についてはどの部位を選択しても差し支えありませんが、腰部の消炎鎮痛等処置（手技）を算定せずに、左下腿部の消炎鎮痛等処置（器具）を算定する場合は、外来管理加算の特例は算定できません。

② **湿布処置を算定しない場合**

右下腿部	消炎鎮痛等処置（器具）	35点 × 1.5 ＝ 53点
左下腿部	消炎鎮痛等処置（器具）	35点 × 1.5 ＝ 53点
腰　　部	消炎鎮痛等処置（手技）	35点
外来管理加算		㊙52点
合　計		193点

◇　消炎鎮痛等処置（器具）及び消炎鎮痛等処置（手技）を合計3部位まで算定できます。

①＞②より
263点を算定します。

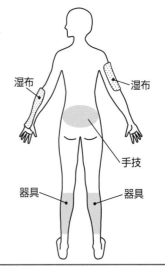

湿布　　　　　　　　　湿布
　　　　　　手技
器具　　　　　器具

処置料・リハビリテーション料
3

イ　リハビリテーション及び処置の併施

① 疾患別リハビリテーションの他に、介達牽引、矯正固定、変形機械矯正術、「マッサージ等の手技による療法」、「器具等による療法」、腰部又は胸部固定帯固定及び低出力レーザー照射を同一日に行った場合は、疾患別リハビリテーションの点数の他に、介達牽引、矯正固定、変形機械矯正術、「マッサージ等の手技による療法」、「器具等による療法」、腰部又は胸部固定帯固定、又は低出力レーザー照射のいずれか 1 部位（局所）を算定できます。

なお、この場合、疾患別リハビリテーションの点数を算定することなく、介達牽引、矯正固定、変形機械矯正術、「マッサージ等の手技による療法」、「器具等による療法」、腰部又は胸部固定帯固定及び低出力レーザー照射を合計で 3 部位（局所）まで算定することとしても差し支えありません。

リハビリテーションと介達牽引・手技・器具等の併施
＜介達牽引・手技・器具等は異なる部位（局所）に行った場合に限る＞

リハビリテーションを算定する場合

リハビリテーション

+

介達牽引・手技・器具等
いずれか 1 部位（局所）

又は

リハビリテーションを算定しない場合

介達牽引・手技・器具等
合計 3 部位（局所）まで

「介達牽引・手技・器具等」とは、介達牽引、矯正固定、変形機械矯正術、消炎鎮痛等処置のうち「マッサージ等の手技による療法」及び「器具等による療法」、腰部又は胸部固定帯固定、低出力レーザー照射をいいます。

算定例2

同一日に次のリハビリテーション及び処置を行った場合

右下腿部 ┌ 運動器リハビリテーション（Ⅰ）1単位
　　　　 └ 消炎鎮痛等処置（器具等による療法）

右上腕部　消炎鎮痛等処置（器具等による療法）

左上腕部　消炎鎮痛等処置（器具等による療法）

① **リハビリテーションを算定する場合**

右下腿部

運動器リハビリテーション料（Ⅰ）1単位	190点 × 1.5 = 285点
消炎鎮痛等処置（器具）	35点 × 1.5 = 　53点
合　計	338点

◇　運動器リハビリテーションの他に、消炎鎮痛等処置（器具）のうちいずれか1部位を算定できます。右下腿部の消炎鎮痛等処置（器具）の替わりに、右上腕部又は左上腕部の消炎鎮痛等処置（器具）を選択しても差し支えありません。

② **リハビリテーションを算定しない場合**

右下腿部	消炎鎮痛等処置（器具）	35点 × 1.5 = 　53点
右上腕部	消炎鎮痛等処置（器具）	35点 × 1.5 = 　53点
左上腕部	消炎鎮痛等処置（器具）	35点 × 1.5 = 　53点
合　計		159点

◇　消炎鎮痛等処置（器具）を合計3部位まで算定できます。

①＞②より
　338点を算定します。

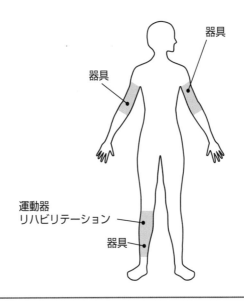

② 「湿布処置」、肛門処置及び疾患別リハビリテーションを同一日に行った場合は、「湿布処置」の1部位又は肛門処置のいずれかの所定点数と疾患別リハビリテーションの点数を算定できます。

リハビリテーションと湿布処置等の併施

| リハビリテーション | ＋ | 湿布処置等
いずれか1部位 |

「湿布処置等」とは、消炎鎮痛等処置のうち「湿布処置」、肛門処置をいいます。

算定例3

同一日に次のリハビリテーション及び処置を行った場合
    左手部～左前腕部 ┌ 運動器リハビリテーション（Ⅲ）1単位
                  └ 湿布処置（半肢の大部以上の範囲）
    左大腿部   湿布処置（半肢の大部以上の範囲）

① **左手部～左前腕部の湿布処置を算定する場合**

    左手部～左前腕部　運動器リハビリテーション料（Ⅲ）1単位
                            85点 × 1.5 ＝ 128点
    左手部～左前腕部　湿布処置　　35点 × 2.0 ＝ 70点
    ―――――――――――――――――――――――――――――――――
    合　計　　　　　　　　　　　　　　　　　198点

② **左大腿部の湿布処置を算定する場合**

    左手部～左前腕部　運動器リハビリテーション料（Ⅲ）1単位
                            85点 × 1.5 ＝ 128点
    左大腿部　　　　　湿布処置　　35点 × 1.5 ＝ 53点
    ―――――――――――――――――――――――――――――――――
    合　計　　　　　　　　　　　　　　　　　181点

①＞②により
    198点を算定します。

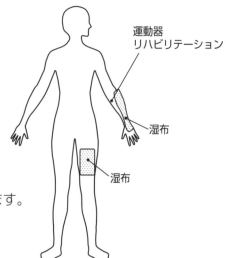

◇　湿布処置は、いずれか1部位のみを算定します。

③　「湿布処置」、肛門処置及び疾患別リハビリテーションの他に、介達牽引、矯正固定、変形機械矯正術、「マッサージ等の手技による療法」、「器具等による療法」、腰部又は胸部固定帯固定及び低出力レーザー照射を同一日に行った場合は、疾患別リハビリテーションの点数と「湿布処置」の1部位又は肛門処置のいずれかの所定点数の他に、介達牽引、矯正固定、変形機械矯正術、「マッサージ等の手技による療法」、「器具等による療法」、腰部又は胸部固定帯固定、又は低出力レーザー照射のいずれか1部位（局所）を算定できます。

　　なお、この場合、疾患別リハビリテーションの点数を算定することなく、「湿布処置」又は肛門処置（※）の所定点数の他に、介達牽引、矯正固定、変形機械矯正術、「マッサージ等の手技による療法」、「器具等による療法」、腰部又は胸部固定帯固定及び低出力レーザー照射のうち計2部位（局所）まで算定することとして差し支えありません。

　　また、「疾患別リハビリテーションの点数と「湿布処置」の1部位又は肛門処置のいずれかの所定点数」及び「「湿布処置」又は肛門処置（※）の所定点数」を算定することなく、介達牽引、矯正固定、変形機械矯正術、「マッサージ等の手技による療法」、「器具等による療法」、腰部又は胸部固定帯固定及び低出力レーザー照射を合計で3部位（局所）まで算定することとしても差し支えありません。

（※）「湿布処置」と肛門処置をそれぞれ倍率が異なる部位ごとに算定する場合は、「「湿布処置」及び肛門処置」となります。

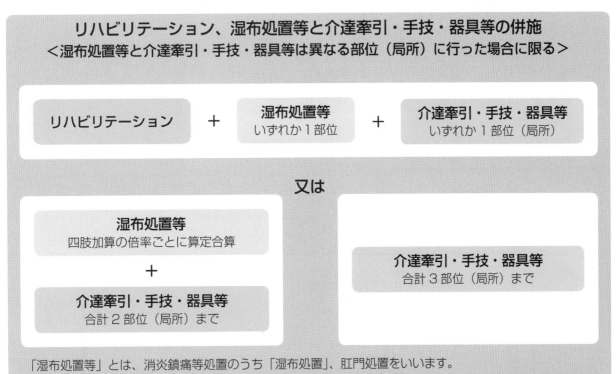

リハビリテーション、湿布処置等と介達牽引・手技・器具等の併施
＜湿布処置等と介達牽引・手技・器具等は異なる部位（局所）に行った場合に限る＞

リハビリテーション	＋	湿布処置等 いずれか1部位	＋	介達牽引・手技・器具等 いずれか1部位（局所）

又は

湿布処置等 四肢加算の倍率ごとに算定合算 ＋ 介達牽引・手技・器具等 合計2部位（局所）まで	介達牽引・手技・器具等 合計3部位（局所）まで

「湿布処置等」とは、消炎鎮痛等処置のうち「湿布処置」、肛門処置をいいます。
また、「介達牽引・手技・器具等」とは、介達牽引、矯正固定、変形機械矯正術、消炎鎮痛等処置のうち「マッサージ等の手技による療法」及び「器具等による療法」、腰部又は胸部固定帯固定、低出力レーザー照射をいいます。

算定例 4

同一日に次のリハビリテーション及び処置を行った場合

左下腿部 ┌ 運動器リハビリテーション（Ⅱ）　2単位
　　　　 └ 消炎鎮痛等処置（器具等による療法）
右上腕部　湿布処置（半肢の大部以上の範囲）

		【労災の場合】	【健保の場合】
左下腿部	運動器リハビリテーション料（Ⅱ）	180点 × 1.5 × 2単位	170点 × 2単位
右上腕部	湿布処置	35点 × 1.5	—
左下腿部	消炎鎮痛等処置（器具）	35点 × 1.5	—
合　計		646点	340点

◇　健保では、消炎鎮痛等処置は疾患別リハビリテーションの点数に含まれ算定できませんが、労災では、運動器リハビリテーションの他に、湿布処置1部位と消炎鎮痛等処置1部位を算定できます。

　なお、「湿布処置等」と「介達牽引・手技・器具等」の併施は異なる部位（局所）に行った場合に限り算定できますが、疾患別リハビリテーションと「湿布処置」、「介達牽引・手技・器具等」の併施はこの限りではありません。したがって左下腿に行ったリハビリテーション2単位と消炎鎮痛等処置（器具）はそれぞれ算定することができます。

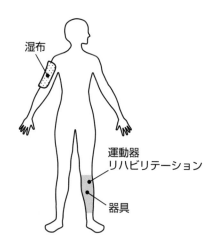

湿布

運動器
リハビリテーション

器具

··········· レセプトの記入例 ···········

　介達牽引、矯正固定、変形機械矯正術、消炎鎮痛等処置、腰部又は胸部固定帯固定及び低出力レーザー照射を算定する場合は、レセプトにその種類及び部位（局所）について明記する必要があります。

	摘　　　　　　　　　　　　要	
㊵	＊湿布処置（右上腕）	
	（35 × 1.5）	53 × 1
	＊消炎鎮痛等処置（器具）（左下腿）	
	（35 × 1.5）	53 × 1
㊱	＊運動器リハビリテーション料（Ⅱ）（左下腿）	
	（理学療法士による場合）	
	2単位（180 × 1.5）	540 × 1
	（対象疾患：左腓骨骨折）	
	（手術日：○年○月○日）	
	実施日数1日	

（運動器リハビリテーション料（Ⅱ）理学療法士による場合）

例題 算定しましょう

例題 01

同一日に次の処置を行った場合（負傷の場合）

| 頸　部 | 消炎鎮痛等処置（手技による療法） |
| 腰　部 | 消炎鎮痛等処置（器具等による療法）
湿布処置（半肢の大部以上の範囲） |

例題 02

同一日に次の処置を行った場合（負傷の場合）

腰　部	湿布処置（半肢の大部以上の範囲）
左大腿部	湿布処置（半肢の大部以上の範囲）
右上腕部	消炎鎮痛等処置（器具等による療法）
右前腕部	消炎鎮痛等処置（器具等による療法）
頸　部	介達牽引

例題 03

同一日に次の処置を行った場合（負傷の場合）

腰　部	湿布処置（半肢の大部以上の範囲） 低出力レーザー照射
左前腕部	湿布処置（半肢の大部以上の範囲）
右大腿部	介達牽引

例題 04

同一日に次のリハビリテーション及び処置を行った場合（負傷の場合）

| 腰　部 | 運動器リハビリテーション（Ⅱ）2単位
消炎鎮痛等処置（手技による療法） |
| 左下腿部 | 消炎鎮痛等処置（器具等による療法） |

例題 05

同一日に次のリハビリテーション及び処置を行った場合（負傷の場合）

| 右前腕部 | 運動器リハビリテーション（Ⅲ）1単位
湿布処置（半肢の大部以上の範囲） |
| 腰　部 | 湿布処置（半肢の大部以上の範囲） |

例題 06

同一日に次のリハビリテーション及び処置を行った場合（負傷の場合）

右上腕部	運動器リハビリテーション（Ⅲ）2単位 消炎鎮痛等処置（器具等による療法）
右大腿部	消炎鎮痛等処置（器具等による療法）
右下腿部	湿布処置（半肢の大部以上の範囲）
腰　部	湿布処置（半肢の大部以上の範囲）

解答と解説

例題 01 ▶ 同一日に次の処置を行った場合（負傷の場合）
頸　部　　消炎鎮痛等処置（手技による療法）
腰　部 ┌ 消炎鎮痛等処置（器具等による療法）
　　　　└ 湿布処置（半肢の大部以上の範囲）

解答と解説

頸部　消炎鎮痛等処置（手技）		35点
腰部　消炎鎮痛等処置（器具）又は湿布処置（読み替え）		㊵52点
外来管理加算		㊵52点
合　計		139点

　「湿布処置等」と「介達牽引・手技・器具等」を同一日にそれぞれ異なる部位に行った場合は、「湿布処置等」の所定点数の他に、「介達牽引・手技・器具等」のうち計2部位までの所定点数を合わせて算定できます。

　ただし、この例題では、湿布処置と消炎鎮痛等処置（器具）は腰部の同一部位に行われているため、どちらか一方のみを算定することになります。

※　「湿布処置等」とは、消炎鎮痛等処置のうち「湿布処置」、肛門処置をいいます。

　　また、「介達牽引・手技・器具等」とは、介達牽引、矯正固定、変形機械矯正術、消炎鎮痛等処置のうち「マッサージ等の手技による療法」及び「器具等による療法」、腰部又は胸部固定帯固定、低出力レーザー照射をいいます（以下同じ）。

同一日に次の処置を行った場合（負傷の場合）

腰　　部	湿布処置（半肢の大部以上の範囲）	
左大腿部	湿布処置（半肢の大部以上の範囲）	
右上腕部	消炎鎮痛等処置（器具等による療法）	
右前腕部	消炎鎮痛等処置（器具等による療法）	
頸　　部	介達牽引	

解答と解説

① 湿布処置を算定する場合

腰　　部	湿布処置	35 点	88 点
左大腿部	湿布処置	35 点 × 1.5　（四肢加算）	
右上腕部 又は右前腕部	消炎鎮痛等処置（器具）	35 点 × 1.5	= 53 点
頸　　部	介達牽引		35 点
外来管理加算			㊛ 52 点
合　　計			228 点

② 湿布処置を算定しない場合

右上腕部	消炎鎮痛等処置（器具）	35 点 × 1.5　（四肢加算）	= 53 点
右前腕部	消炎鎮痛等処置（器具）	35 点 × 1.5	= 53 点
頸　　部	介達牽引		35 点
外来管理加算			㊛ 52 点
合　　計			193 点

①＞②により
228 点を算定します。

　「湿布処置等」と「介達牽引・手技・器具等」を同一日にそれぞれ異なる部位に行った場合は、「湿布処置等」の所定点数の他に、「介達牽引・手技・器具等」のうち計2部位までの所定点数を合わせて算定できます。

　また、「湿布処置等」の所定点数を算定することなく、「介達牽引・手技・器具等」を計3部位まで算定しても差し支えありません。

　なお、湿布処置を算定する場合は、倍率が異なる部位ごとに算定し合算することができますが、この場合、外来管理加算特例の算定の可否は、合算した点数を基準とします。したがって、この例題では、頸部に行われた介達牽引のみが外来管理加算の特例の対象となります。

処置料・リハビリテーション料 3

例題 **03**　同一日に次の処置を行った場合（負傷の場合）
腰　　部　｢湿布処置（半肢の大部以上の範囲）
　　　　　｣低出力レーザー照射
左前腕部　　湿布処置（半肢の大部以上の範囲）
右大腿部　　介達牽引

解答と解説

① **腰部の湿布処置を算定する場合**

腰　　部	湿布処置	35点	
左前腕部	湿布処置	35点 × 1.5	88点
右大腿部	介達牽引	35点 × 1.5 ＝	53点
合　計			141点

四肢加算

② **腰部の低出力レーザー照射を算定する場合**

腰　　部	低出力レーザー照射		35点
左前腕部	湿布処置	35点 × 1.5 ＝	53点
右大腿部	介達牽引	35点 × 1.5 ＝	53点
外来管理加算			㊙52点
合　計			193点

四肢加算

①＜②により
　193点を算定します。

　｢湿布処置等｣と｢介達牽引・手技・器具等｣を同一日にそれぞれ異なる部位に行った場合は、｢湿布処置等｣の所定点数の他に、｢介達牽引・手技・器具等｣のうち計2部位までの所定点数を合わせて算定できます。
　この例題では、湿布処置を四肢加算の倍率が異なる部位に行っているため、倍率が異なる部位ごとに算定し合算することができます。ただし、湿布処置と低出力レーザー照射は腰部の同一部位に行われているため、どちらか一方のみを算定することになります。

例題 **04**　同一日に次のリハビリテーション及び処置を行った場合（負傷の場合）

　　腰　　部 〔 運動器リハビリテーション（Ⅱ）2単位
　　　　　　　 消炎鎮痛等処置（手技による療法）

　　左下腿部　　消炎鎮痛等処置（器具等による療法）

解答と解説

① **腰部の消炎鎮痛等処置（手技）を算定する場合**

腰　　部　　運動器リハビリテーション料（Ⅱ）

　　　　　　　　　　　　　　　　　　180点×2単位＝360点

腰　　部　　消炎鎮痛等処置（手技）　　　　　　　　　35点

外来管理加算　　　　　　　　　　　　　　　　　㊕52点

合　計　　　　　　　　　　　　　　　　　　　447点

② **左下腿部の消炎鎮痛等処置（器具）を算定する場合**

腰　　部　　運動器リハビリテーション料（Ⅱ）

　　　　　　　　　　　　　　　　　　180点×2単位＝360点

　　　　　　　　　　　　　　　　　　　　四肢加算

左下腿部　　消炎鎮痛等処置（器具）　　35点×1.5　＝　53点

合　計　　　　　　　　　　　　　　　　　　　413点

①＞②により
　447点を算定します。

　疾患別リハビリテーションと「介達牽引・手技・器具等」を同一日に行った場合は、疾患別リハビリテーションの点数と「介達牽引・手技・器具等」のいずれか1部位を算定できます。

　なお、「湿布処置等」と「介達牽引・手技・器具等」の併施は異なる部位（局所）に行った場合に限り算定できますが、疾患別リハビリテーションと「湿布処置等」、「介達牽引・手技・器具等」の併施は、この限りではありません。

　したがって、腰部に行われた消炎鎮痛等処置（手技）と左下腿に行われた消炎鎮痛等処置（器具）はどちらを算定しても差し支えありません。

処置料・リハビリテーション料 **3**

例題 **05** 　同一日に次のリハビリテーション及び処置を行った場合（負傷の場合）

　　　右前腕部 ┌ 運動器リハビリテーション（Ⅲ）1単位
　　　　　　　└ 湿布処置（半肢の大部以上の範囲）
　　　腰　　部　湿布処置（半肢の大部以上の範囲）

解答と解説

① **右前腕部の湿布処置を算定する場合**

　　右前腕部　　運動器リハビリテーション料（Ⅲ）

　　　　　　　　　　　　　　　　　　　　四肢加算
　　　　　　　　　　　　　85点 × 1.5 × 1単位 = 128点

　　右前腕部　　湿布処置　　　35点 × 1.5　　　 = 　53点

　　　　合　計　　　　　　　　　　　　　　　　　　181点

② **腰部の湿布処置を算定する場合**

　　右前腕部　　運動器リハビリテーション料（Ⅲ）

　　　　　　　　　　　　　　　　　　　　四肢加算
　　　　　　　　　　　　　85点 × 1.5 × 1単位 = 128点

　　腰　　部　　湿布処置　　　　　　　　　　　　　35点

　　外来管理加算　　　　　　　　　　　　　　㊙ 52点

　　　　合　計　　　　　　　　　　　　　　　　　　215点

①＜②により

　215点を算定します。

　「湿布処置等」と疾患別リハビリテーションを同一日に行った場合は、「湿布処置等」の1部位の所定点数と疾患別リハビリテーションの点数を算定できます。

　したがって、右前腕部と腰部に行われた湿布処置はいずれか1部位のみ算定します。

例題 06　同一日に次のリハビリテーション及び処置を行った場合（負傷の場合）

右上腕部　┌運動器リハビリテーション（Ⅲ）2単位
　　　　　└消炎鎮痛等処置（器具等による療法）
右大腿部　消炎鎮痛等処置（器具等による療法）
右下腿部　湿布処置（半肢の大部以上の範囲）
腰　　部　湿布処置（半肢の大部以上の範囲）

解答と解説

① リハビリテーションを算定する場合

右上腕部　運動器リハビリテーション料（Ⅲ）

四肢加算
$85点 \times 1.5 \times 2単位 = 256点$

腰　部　湿布処置　　　　　　　　　　　　　35点

右大腿部
又は右上腕部　消炎鎮痛等処置（器具）　四肢加算 $35点 \times 1.5 = 53点$

外来管理加算　　　　　　　　　　　　　　㊙52点

合　計　　　　　　　　　　　　　　　　　396点

② リハビリテーションを算定せず湿布処置を算定する場合

腰　部　湿布処置　　35点　┐
右下腿部　湿布処置　四肢加算 $35点 \times 1.5$ ┘ 88点
右上腕部　消炎鎮痛等処置（器具）$35点 \times 1.5 = 53点$
右大腿部　消炎鎮痛等処置（器具）$35点 \times 1.5 = 53点$

合　計　　　　　　　　　　　　　　　　　194点

③ リハビリテーション及び湿布処置を算定しない場合

右上腕部　消炎鎮痛等処置（器具）四肢加算 $35点 \times 1.5 = 53点$
右大腿部　消炎鎮痛等処置（器具）$35点 \times 1.5 = 53点$

合　計　　　　　　　　　　　　　　　　　106点

①＞②＞③により
396点を算定します。

　「湿布処置等」と疾患別リハビリテーションの他に、「介達牽引・手技・器具等」を同一日に行った場合は、疾患別リハビリテーションの点数と「湿布処置等」の1部位の所定点数の他に、「介達牽引・手技・器具等」のいずれか1部位を算定できます。

　また、疾患別リハビリテーションの点数を算定することなく、「湿布処置等」の所定点数の他に、「介達牽引・手技・器具等」のうち計2部位までを算定、又は疾患別リハビリテーションの点数と「湿布処置等」の所定点数を算定することなく、「介達牽引・手技・器具等」を計3部位まで算定しても差し支えありません。

点検しましょう

誤った算定

帳票種別	修正項目番号	①新継再別	②転帰事由
3 4 7 2 2	☐ ☐	1 初　　診　2 ゆ 診 3 転医始診　4 治医転正中止 5 継　　続　6 死　　亡 7 再　　発	5　3

③支払額
百万 十万 万 千 百 十 円
☐☐☐☐☐☐☐

④労働保険番号
府県 所掌 管轄 基幹番号 枝番号
○○ ○○ ○ ○○○○○ ○○○

⑤増減コード及び増減額
百万 十万 万 千 百 十 円
増＋減－ ☐☐☐☐☐☐☐

⑥生年月日
元号 年 月 日
○ ○○ ○○ ○○
明治1 大正3 昭和5 平成7 令和9

⑦傷病年月日
元号 年 月 日
9 06 02 27

⑧増減理由 ☐☐

⑨決定年月日
元号 年 月 日
☐ ☐☐ ☐☐ ☐☐

⑩療養期間
9 06 04 01 － 9 06 04 30

⑫処理区分 ☐☐

⑪診療実数 ☐☐ 4 日

⑬合計額（④＋⑫）
百万 十万 万 千 百 十 円
○○○○○○

修正欄
☐☐☐☐☐☐☐☐☐☐☐☐☐☐

診療費請求

労働者の氏名	○○　○○　（　　○○歳）
事業の名称	○○○○
事業場の所在地	○○ 都道府(県) ○○ 郡区(市)

傷病の部位及び傷病名：左橈骨尺骨遠位端骨折、右橈骨遠位端骨折

傷病の経過
両前腕ともギプス除去後リハビリ中。

診療内容	点数(点)
⑪初診　時間外・休日・深夜	
⑫再診　外来管理加算　　×　　回	
時間外　　×　　回	
休　日　　×　　回	
深　夜　　×　　回	
⑬指導	
往　診　　　　回	

摘要	
㊵	＊消炎鎮痛等処置（器具等による療法）（1日につき） （右前腕）（35 × 1.5）　　　　53 × 4
	＊消炎鎮痛等処置（器具等による療法）（1日につき） （左前腕）（35 × 1.5）　　　　53 × 4
⑧	＊運動器リハビリテーション料（Ⅲ）1単位 （理学療法士による場合） （左・右前腕）（85 × 1.5）　　128 × 4 実施日数4日 （対象疾患：左橈骨尺骨遠位端骨折・右橈骨遠位端骨折） （発症日：6年2月27日）

正しい算定

帳票種別	修正項目番号	①新継再別	②転帰事由
3 4 7 2 2	☐ ☐	1 初　　診　2 ゆ 診 3 転医始診　4 治医転正中止 5 継　　続　6 死　　亡 7 再　　発	5　3

③支払額
百万 十万 万 千 百 十 円
☐☐☐☐☐☐☐

④労働保険番号
府県 所掌 管轄 基幹番号 枝番号
○○ ○○ ○ ○○○○○ ○○○

⑤増減コード及び増減額
百万 十万 万 千 百 十 円
増＋減－ ☐☐☐☐☐☐☐

⑥生年月日
元号 年 月 日
○ ○○ ○○ ○○
明治1 大正3 昭和5 平成7 令和9

⑦傷病年月日
9 06 02 27

⑧増減理由 ☐☐

⑨決定年月日
元号 年 月 日
☐ ☐☐ ☐☐ ☐☐

⑩療養期間
9 06 04 01 － 9 06 04 30

⑫処理区分 ☐☐

⑪診療実数 ☐☐ 4 日

⑬合計額（④＋⑫）
百万 十万 万 千 百 十 円
○○○○○○

修正欄
☐☐☐☐☐☐☐☐☐☐☐☐☐☐

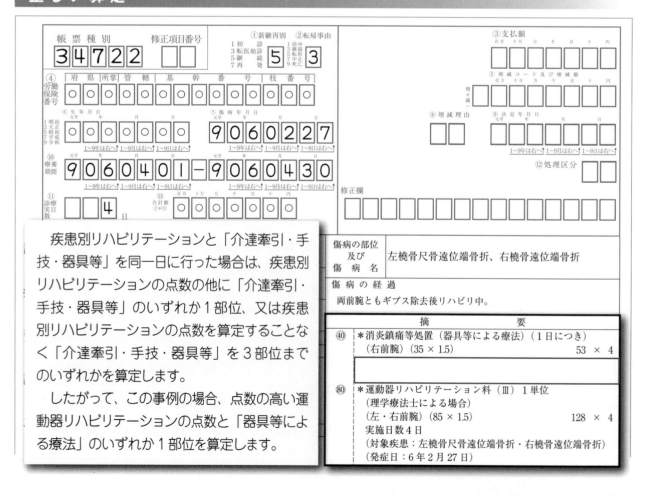

　疾患別リハビリテーションと「介達牽引・手技・器具等」を同一日に行った場合は、疾患別リハビリテーションの点数の他に「介達牽引・手技・器具等」のいずれか1部位、又は疾患別リハビリテーションの点数を算定することなく「介達牽引・手技・器具等」を3部位までのいずれかを算定します。

　したがって、この事例の場合、点数の高い運動器リハビリテーションの点数と「器具等による療法」のいずれか1部位を算定します。

傷病の部位及び傷病名：左橈骨尺骨遠位端骨折、右橈骨遠位端骨折

傷病の経過
両前腕ともギプス除去後リハビリ中。

摘要	
㊵	＊消炎鎮痛等処置（器具等による療法）（1日につき） （右前腕）（35 × 1.5）　　　　53 × 4
⑧	＊運動器リハビリテーション料（Ⅲ）1単位 （理学療法士による場合） （左・右前腕）（85 × 1.5）　　128 × 4 実施日数4日 （対象疾患：左橈骨尺骨遠位端骨折・右橈骨遠位端骨折） （発症日：6年2月27日）

第**4**編

手術料

1　四肢の傷病に対する手術の特例

（1）四肢加算（四肢の傷病に係る加算）

　　四肢（鎖骨、肩甲骨及び股関節を含む。以下同じ）の傷病に対し、次に掲げる手術を行った場合、健保点数の 1.5 倍により算定することができます（**1 点未満切り上げ**）。

　　また、手（手関節以下）及び手の指の傷病に行った場合は、健保点数の 2.0 倍で算定できます。※ 219 ページに四肢加算一覧表を掲載していますので、ご参照ください。

①　創傷処理
　　皮膚切開術
　　デブリードマン
②　筋骨格系・四肢・体幹の手術
③　神経の手術
④　血管の手術

　　手の指の創傷処理（筋肉・臓器に達しないもの）及び**手の指の骨折非観血的整復術**については算定方法が異なります。
　　（後記（2）158〜161 ページ参照）

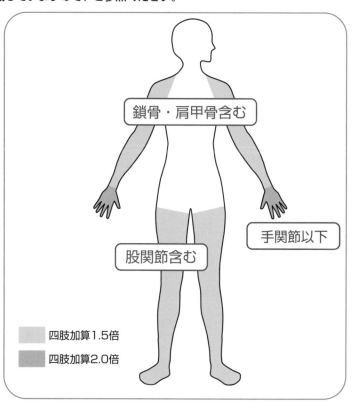

鎖骨・肩甲骨含む

手関節以下

股関節含む

　四肢加算1.5倍
　四肢加算2.0倍

算定例 1

①　右足背に K000 創傷処理（筋肉・臓器に達しないもの）4cm を行った場合

【労災の場合】　　　　　　　【健保の場合】
530 点 × 1.5 = 795 点　　　　530 点

◇　創傷処理は四肢加算の対象手術です。また、足部は四肢加算の対象部位です。この場合、健保点数の 1.5 倍で算定します。

②　右手背に K000 創傷処理（筋肉・臓器に達しないもの）4cm を行った場合

【労災の場合】　　　　　　　【健保の場合】
530 点 × 2.0 = 1,060 点　　　530 点

◇　手部に行った創傷処理（手の指の創傷処理（筋肉・臓器に達しないもの）を除く）は、健保点数の 2.0 倍で算定します。

算定例2

左鎖骨に K044 骨折非観血的整復術を行った場合

1,440 点×1.5 ＝ 2,160 点

◇　骨折非観血的整復術は四肢加算の対象である「筋骨格系・四肢・体幹の手術」です。また、鎖骨は四肢加算の対象部位です。この場合、健保点数の 1.5 倍で算定します。

算定例3

右手関節に K182 神経縫合術を行った場合

24,510 点 × 2.0 ＝ 49,020 点

◇　神経縫合術は四肢加算の対象である「神経の手術」です。また、手関節は四肢加算の対象部位です。この場合、健保点数の 2.0 倍で算定します。

ポイント①

植皮術、皮膚移植術等の形成手術は、四肢加算の対象になりません。

算定例4

①　左前腕部に K610 動脈形成術、吻合術を行った場合

21,700 点×1.5 ＝ 32,550 点

◇　動脈形成術、吻合術は、四肢加算の対象である「血管の手術」です。また、前腕部は、四肢加算の対象部位です。この場合、健保点数の 1.5 倍で算定します。

②　左前腕部に K016 動脈（皮）弁術を行った場合

41,120 点

◇　動脈（皮）弁術は、「形成の手術」です。
「形成の手術」（K009〜K022-3）は、四肢加算の対象ではありません。したがって前腕部に対して行われた場合でも、四肢加算をすることはできません。

手術料

4

145

ポイント②

　四肢加算の対象となる「健保点数」とは、健保点数表（医科に限る）の第2章第10部手術（以下「医科点数表手術料」という）の第1節手術料に掲げられた点数及び各区分の注に規定する加算の合計をいい、通則の加算点数は含みません。

　ただし、医科点数表手術料「通則12」（時間外加算、休日加算及び深夜加算）の加算点数については、「健保点数」に含みます。

算定例5

　右手背にK000創傷処理（筋肉・臓器に達しないもの）4cmとデブリードマンを行った場合

（530点＋100点）× 2.0 ＝ 1,260点

◇　創傷処理が、手背に対して行われた場合は、健保点数の2.0倍で算定します。

　なお、四肢加算の対象となる健保点数には、医科点数表手術料の区分の注に規定する加算を含みます。

　したがって、デブリードマン加算（100点）を合計した後の点数に対して2.0倍で算定します。

算定例6

　右肩甲骨にK046骨折観血的手術を行った場合
　マスク又は気管内挿管による閉鎖循環式全身麻酔5（ロ）（1時間30分）
　C型肝炎感染患者の場合

骨折観血的手術1	21,630点×1.5 ＝ 32,445点
C型肝炎感染患者加算	1,000点
閉鎖循環式全身麻酔5（ロ）（1時間30分）	6,000点
合　計	39,445点

◇　骨折観血的手術は四肢加算の対象である「筋骨格系・四肢・体幹の手術」です。また、肩甲骨は四肢加算の対象部位です。この場合、健保点数の1.5倍で算定します。

　なお、四肢加算の対象となる健保点数には、原則として医料点数表手術料の通則の加算は含みません。

　したがって、「通則11」の加算（C型肝炎感染患者等に対する加算）には、四肢加算することはできません。

　また、麻酔料は四肢加算の対象ではありません。

算定例 7

時間外に、右第 5 中足骨に K045 骨折経皮的鋼線刺入固定術を行った場合
〔時間外加算 2 を算定する医療機関〕

2,190 点 × 1.4 × 1.5 ＝ 4,599 点

◇　骨折経皮的鋼線刺入固定術は四肢加算の対象である「筋骨格系・四肢・体幹の手術」です。また、足の指は四肢加算の対象部位です。この場合、健保点数の 1.5 倍で算定します。

　なお、四肢加算の対象となる健保点数には、原則として医料点数表手術料の通則の加算は含みませんが、「通則 12」（時間外等の加算）は四肢加算の対象となります。

　したがって、時間外加算後の点数に対して、1.5 倍で算定します。

ポイント③

　輸血料、医療機器等加算、薬剤料及び特定保険医療材料料は、四肢加算の対象ではありません。

算定例 8

左脛骨の粉砕骨折に K046 骨折観血的手術（創外固定器使用）を行った場合

骨折観血的手術 2	18,370 点 × 1.5 ＝ 27,555 点
創外固定器加算	10,000 点
合　計	37,555 点

◇　骨折観血的手術が脛骨に対して行われた場合は、健保点数の 1.5 倍で算定します。

　なお、医療機器等加算は四肢加算の対象ではありません。したがって、創外固定器加算には、四肢加算することはできません。

手術料

4

例題　算定しましょう

次の手術を同時に行った場合

例題 01

左手第2指　K089 爪甲除去術
左足第4指　K089 爪甲除去術

例題 02

左 手 掌　K000 創傷処理（筋肉・臓器に達しないもの）3cm
左足底部　K000 創傷処理（筋肉・臓器に達しないもの）9cm
　　　　　（真皮縫合を伴う）及びデブリードマン
左 頬 部　K000 創傷処理（筋肉・臓器に達するもの）3cm
　　　　　（真皮縫合を伴う）

例題 03

左手第1指　K099 指瘢痕拘縮手術
左 上 腕 部　K010 瘢痕拘縮形成手術

例題 04

左手第5指　K037 腱縫合術
〔時間外：時間外加算2を算定する医療機関〕

例題 05

左手背の同一部位に行った場合
　　K002　デブリードマン（100cm² 未満）
　　K013　分層植皮術（25cm² 未満）

例題 06

左下腿の同一部位に行った場合
　　K046　骨折観血的手術
　　K059　骨移植術（自家骨移植）［腸骨より骨片を切採し移植した場合］

解答と解説

例題 01
> 左手第2指　K089 爪甲除去術
> 左足第4指　K089 爪甲除去術

解答と解説

			四肢加算	
左手第2指　爪甲除去術	770点	×	2.0	= 1,540点
左足第4指　爪甲除去術	770点	×	1.5	= 1,155点
合　計				2,695点

　四肢の傷病に対して行われた爪甲除去術（筋骨格系・四肢・体幹の手術）は、四肢加算の対象となります。手部は健保点数の2.0倍で算定します。また、足部は健保点数の1.5倍で算定します。

例題 02
> 左手掌　K000 創傷処理（筋肉・臓器に達しないもの）3cm
> 左足底部　K000 創傷処理（筋肉・臓器に達しないもの）9cm
> 　　　　　（真皮縫合を伴う）及びデブリードマン
> 左頰部　K000 創傷処理（筋肉・臓器に達するもの）3cm
> 　　　　　（真皮縫合を伴う）

解答と解説

		真皮縫合加算　デブリードマン加算	四肢加算	
左手掌　創傷処理4	530点		× 2.0	= 1,060点
左足底部　創傷処理5	（950点 + 460点 + 100点）	× 1.5	= 2,265点
左頰部　創傷処理1	1,400点 + 460点			= 1,860点
合　計				5,185点

　四肢の傷病に対して行われた創傷処理は、四肢加算の対象となります。手部（手の指の創傷処理（筋肉・臓器に達しないもの）を除く）は健保点数の2.0倍、足部は健保点数の1.5倍で算定します。
　また、医科点数表手術料の区分の注に規定する加算は、四肢加算の対象となります。したがって、足部は真皮縫合加算及びデブリードマン加算を合計した後の点数に対して四肢加算します。
　なお、顔面は四肢加算の対象部位ではないため、創傷処理が行われた場合でも四肢加算を算定することはできません。

手術料

4

例題 **03** 左手第1指　K099 指瘢痕拘縮手術
左上腕部　K010 瘢痕拘縮形成手術

解答と解説

			四肢加算	
左手第1指	指瘢痕拘縮手術	8,150点 ×	2.0	= 16,300点
左上腕部	瘢痕拘縮形成手術2			8,060点
合　計				24,360点

　四肢の傷病に対して行われた指瘢痕拘縮手術（筋骨格系・四肢・体幹の手術）は四肢加算の対象となります。この例題では手の指に行われているため、健保点数の2.0倍で算定します。

　なお、瘢痕拘縮形成手術は「形成の手術」であるため、上腕部に行われた場合でも、四肢加算することはできません。

例題 **04** 左手第5指　K037 腱縫合術
〔時間外：時間外加算2を算定する医療機関〕

解答と解説

　　　　　　　　　　　　　　時間外加算2　　四肢加算
腱縫合術　　13,580点 × 1.4 × 2.0 = 38,024点

　四肢の傷病に対して行われた腱縫合術（筋骨格系・四肢・体幹の手術）は、四肢加算の対象となります。この例題では手部に行われているため、健保点数の2.0倍で算定します。

　なお、医科点数表手術料の通則の加算点数は、四肢加算の対象ではありませんが、「通則12」（時間外等の加算）は、四肢加算の対象です。

例題 **05** ▷ 左手背の同一部位に行った場合
K002　デブリードマン（100cm² 未満）
K013　分層植皮術（25cm² 未満）

解答と解説

分層植皮術 1			3,520 点
デブリードマン 1	1,620 点 ×	四肢加算 2.0	= 3,240 点
合 計			6,760 点

　四肢の傷病に対して行われたデブリードマンは四肢加算の対象となります。この例題では手部に行われているため、健保点数の 2.0 倍で算定します。
　なお、植皮術は「形成の手術」であるため手部に行われた場合でも、四肢加算を算定することはできません。
　この例題では、左手背の同一部位に行われているため、医科点数表手術料「通則 14」（162 ページ参照）により算定します。同一手術野又は同一病巣につき、植皮術と他の手術とを同時に行った場合は、それぞれの所定点数を合算して算定することができます。

例題 **06** ▷ 左下腿の同一部位に行った場合
K046　骨折観血的手術
K059　骨移植術（自家骨移植）［腸骨より骨片を切採し移植した場合］

解答と解説

骨移植術 1	16,830 点 ×	四肢加算 1.5	= 25,245 点
骨折観血的手術 2	18,370 点 ×	1.5	= 27,555 点
合 計			52,800 点

　四肢の傷病に対して行われた骨折観血的手術及び骨移植術はいずれも、四肢加算の対象となる「筋骨格系・四肢・体幹の手術」です。
　骨移植術については、躯幹部分より骨片を切採したとしても四肢の傷病に対する治療の一環として行われている場合は、四肢加算を算定することができます（四肢から骨片を切採したとしても、移植先が躯幹である場合は、四肢加算の算定はできません）。この例題では下腿部の傷病に対する治療として行われているため、健保点数の 1.5 倍で算定します。
　なお、当該手術は左下腿の同一部位に行われているため、医科点数表手術料「通則 14」（162 ページ参照）により算定します。同一手術野又は同一病巣につき、骨移植術と他の手術とを同時に行った場合は、それぞれの所定点数を合算して算定することができます。

第4編 手術料

点検しましょう

誤った算定1

帳票種別	3 4 7 2 1

傷病の部位及び傷病名：右脛骨骨折

傷病の経過：抜釘を行った

	摘要	
⑤	＊骨内異物（挿入物を含む）除去術3（下腿）(22日)	5,200 × 1

正しい算定1

傷病の部位及び傷病名：右脛骨骨折

傷病の経過：抜釘を行った

	摘要	
⑤	＊骨内異物（挿入物を含む）除去術3（下腿）(5,200 × 1.5)（22日）	7,800 × 1

骨内異物除去術は、四肢加算の対象である「筋骨格系・四肢・体幹の手術」です。また、下腿は四肢加算の対象部位です。したがって、健保点数の1.5倍で算定します。

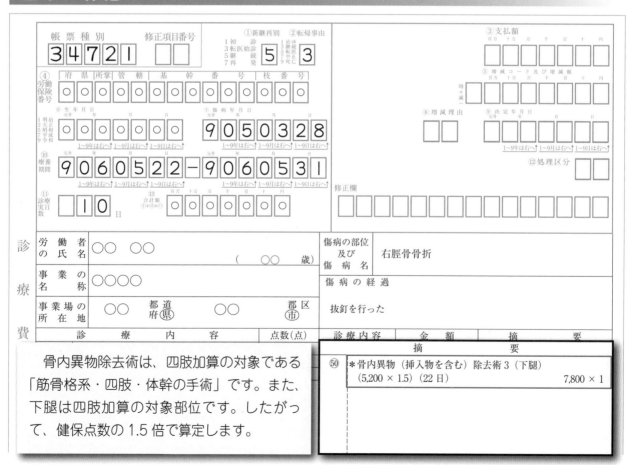

誤った算定2

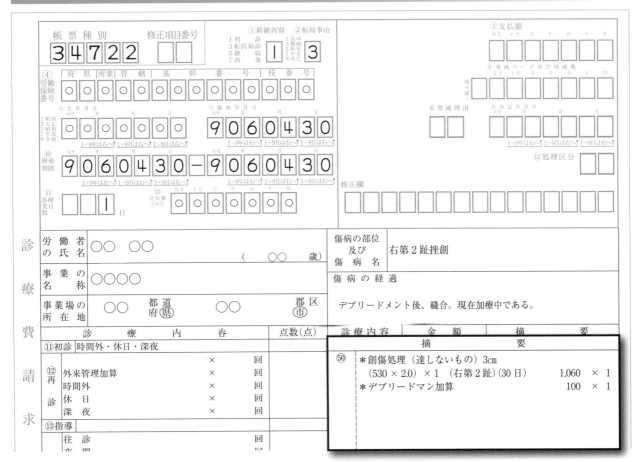

傷病の部位 及び 傷病名 右第2趾挫創

傷病の経過

デブリードメント後、縫合。現在加療中である。

診療内容	金額	摘要
摘		要
㊿ ＊創傷処理（達しないもの）3cm		
（530×2.0）×1（右第2趾）(30日)	1,060	×1
＊デブリードマン加算	100	×1

手術料

4

正しい算定2

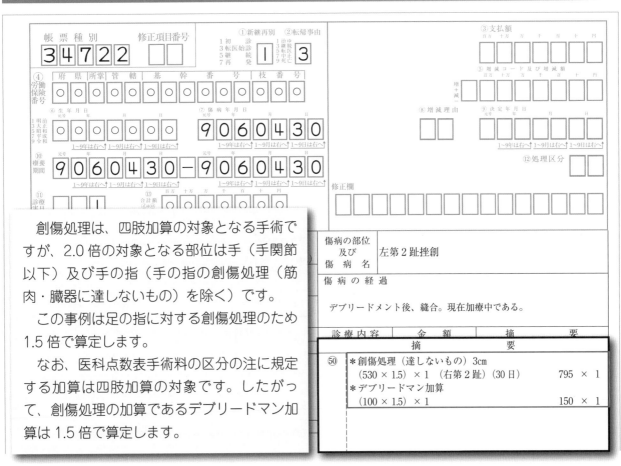

　創傷処理は、四肢加算の対象となる手術ですが、2.0倍の対象となる部位は手（手関節以下）及び手の指（手の指の創傷処理（筋肉・臓器に達しないもの）を除く）です。

　この事例は足の指に対する創傷処理のため1.5倍で算定します。

　なお、医科点数表手術料の区分の注に規定する加算は四肢加算の対象です。したがって、創傷処理の加算であるデブリードマン加算は1.5倍で算定します。

傷病の部位 及び 傷病名 左第2趾挫創

傷病の経過

デブリードメント後、縫合。現在加療中である。

診療内容	金額	摘要
摘		要
㊿ ＊創傷処理（達しないもの）3cm		
（530×1.5）×1（右第2趾）(30日)	795	×1
＊デブリードマン加算		
（100×1.5）×1	150	×1

誤った算定3

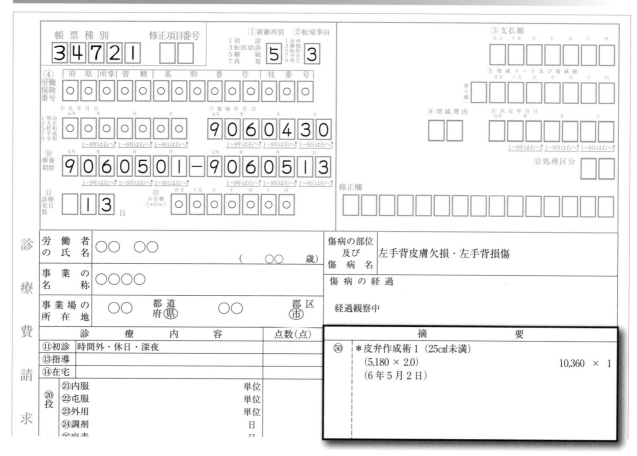

摘要欄:
⑤ ＊皮弁作成術1（25cm²未満）
　　（5,180 × 2.0）　　　　　10,360 × 1
　　（6年5月2日）

傷病の部位及び傷病名：左手背皮膚欠損・左手背損傷

傷病の経過：経過観察中

正しい算定3

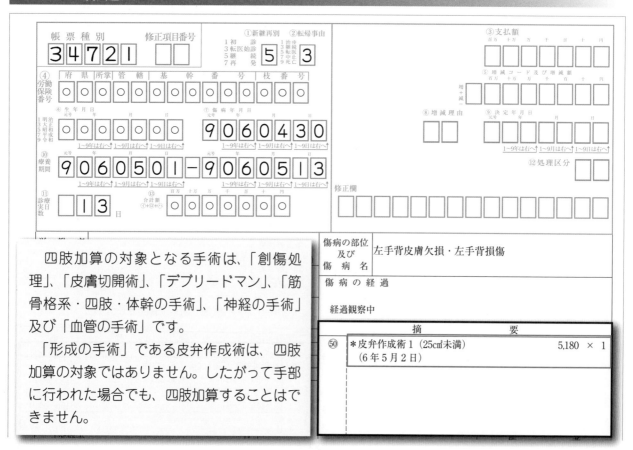

　　四肢加算の対象となる手術は、「創傷処理」、「皮膚切開術」、「デブリードマン」、「筋骨格系・四肢・体幹の手術」、「神経の手術」及び「血管の手術」です。
　　「形成の手術」である皮弁作成術は、四肢加算の対象ではありません。したがって手部に行われた場合でも、四肢加算することはできません。

摘要欄:
⑤ ＊皮弁作成術1（25cm²未満）　　5,180 × 1
　　（6年5月2日）

傷病の部位及び傷病名：左手背皮膚欠損・左手背損傷

傷病の経過：経過観察中

誤った算定 4

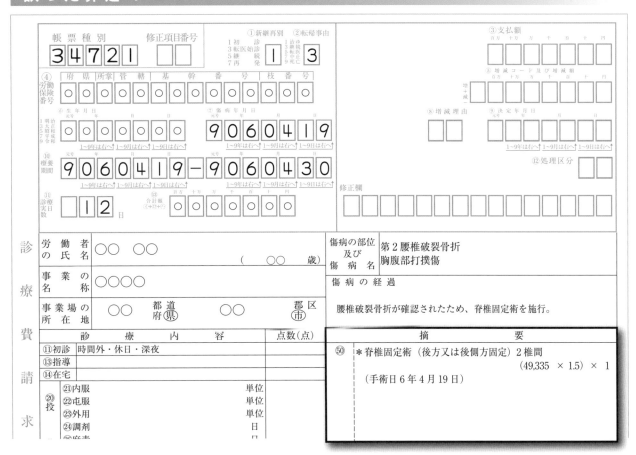

傷病の部位及び傷病名: 第2腰椎破裂骨折 胸腹部打撲傷

傷病の経過

腰椎破裂骨折が確認されたため、脊椎固定術を施行。

摘要
㊿ ＊脊椎固定術（後方又は後側方固定）2椎間
(49,335 × 1.5) × 1
（手術日 6 年 4 月 19 日）

手術料

4

正しい算定 4

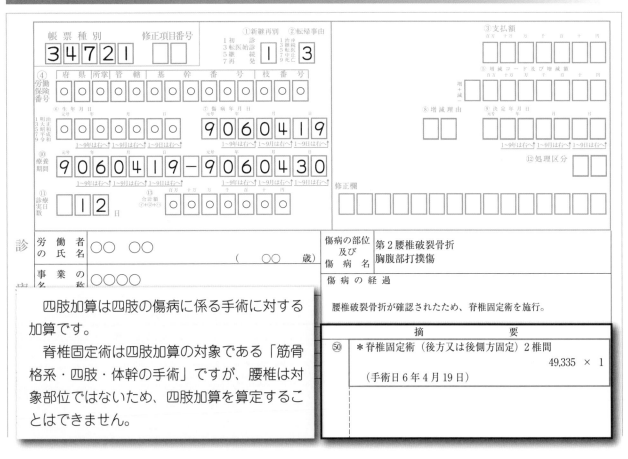

傷病の部位及び傷病名: 第2腰椎破裂骨折 胸腹部打撲傷

傷病の経過

腰椎破裂骨折が確認されたため、脊椎固定術を施行。

　四肢加算は四肢の傷病に係る手術に対する加算です。
　脊椎固定術は四肢加算の対象である「筋骨格系・四肢・体幹の手術」ですが、腰椎は対象部位ではないため、四肢加算を算定することはできません。

摘要
㊿ ＊脊椎固定術（後方又は後側方固定）2椎間
49,335 × 1
（手術日 6 年 4 月 19 日）

第4編　手術料

誤った算定5

帳票種別	修正項目番号		①新継再別	②転帰事由
3 4 7 2 1			1	3

①新継再別：1初診　3転医始診　5継続　7再発
②転帰事由：治癒　ゆ継続中止　継続中止　治継転中止

④労働保険番号　府県　所掌　管轄　基幹番号　枝番号
○○○○○○○○○○○○○○

⑥生年月日　元号　年　月　日
明治1大正3昭和5平成7令和9

⑦傷病年月日　9 0 6 0 4 2 6

⑩療養期間　9 0 6 0 4 2 6 － 9 0 6 0 4 3 0

⑪診療実日数　5 日

⑬合計額

③支払額
⑤増減コード及び増減額（増＋減－）
⑧増減理由　⑨決定年月日
⑫処理区分
修正欄

診療費請求

労働者の氏名	○○　○○　（　○○　歳）
事業の名称	○○○○
事業場の所在地	○○　都道府県　○○　郡区市

傷病の部位及び傷病名：股関節中心性脱臼

傷病の経過
4月26日20時（時間外）に緊急来院。
X－Pにて脱臼を確認。直達牽引を行った。

診療内容	点数（点）
⑪初診　時間外・休日・深夜	85
⑬指導	
⑭在宅	
⑳投　㉑内服	単位
㉒屯服	単位
㉓外用	単位
㉔調剤	日

摘要
⑤⓪ ＊鋼線等による直達牽引（初日）　　　5,068 × 1
　　（3,620 × 1.4）
　　（手術日 6年4月26日）

正しい算定5

帳票種別	修正項目番号		①新継再別	②転帰事由
3 4 7 2 1			1	3

④労働保険番号
○○○○○○○○○○○○○○

⑦傷病年月日　9 0 6 0 4 2 6

⑩療養期間　9 0 6 0 4 2 6 － 9 0 6 0 4 3 0

⑪療養実日数　5 日

③支払額
⑤増減コード及び増減額（増＋減－）
⑧増減理由　⑨決定年月日
⑫処理区分
修正欄

傷病の部位及び傷病名：股関節中心性脱臼

傷病の経過
4月26日20時（時間外）に緊急来院。
X－Pにて脱臼を確認。直達牽引を行った。

　　鋼線等による直達牽引（初日）は「筋骨格系・四肢・体幹の手術」です。また、股関節は四肢加算1.5倍の対象部位です。

　　なお、医科点数表手術料の通則の加算は、原則的に四肢加算の対象ではありませんが、「通則12」の加算（時間外等の加算）は四肢加算の対象となります。したがって、時間外加算後の点数に対して1.5倍で算定します。

＊時間外加算2を算定する医療機関の場合

摘要
⑤⓪ ＊鋼線等による直達牽引（初日）　時間外
　　（股関節）（3,620 × 1.4 × 1.5）　　7,602 × 1
　　（手術日 6年4月26日）

誤った算定6

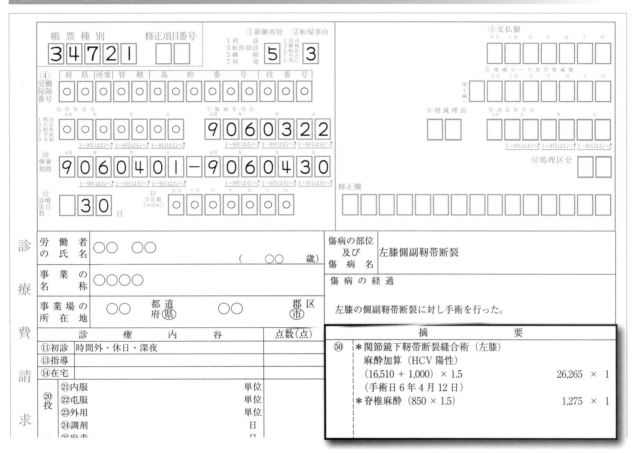

傷病の部位及び傷病名：左膝側副靭帯断裂

傷病の経過：左膝の側副靭帯断裂に対し手術を行った。

	摘　要	
㊿	＊関節鏡下靭帯断裂縫合術（左膝）	
	麻酔加算（HCV 陽性）	
	（16,510 ＋ 1,000）× 1.5	26,265 × 1
	（手術日6年4月12日）	
	＊脊椎麻酔（850 × 1.5）	1,275 × 1

手術料

4

正しい算定6

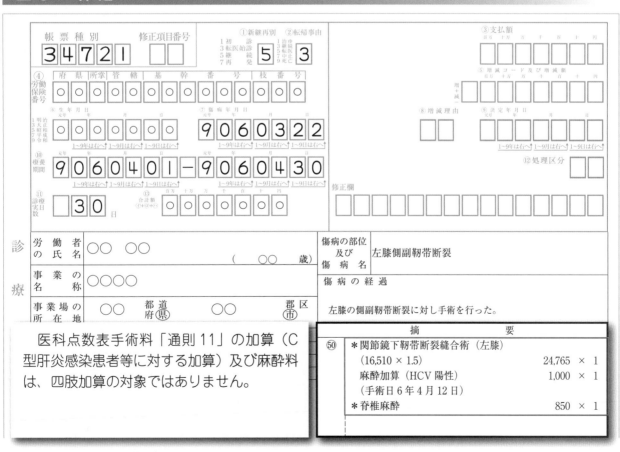

傷病の部位及び傷病名：左膝側副靭帯断裂

傷病の経過：左膝の側副靭帯断裂に対し手術を行った。

医科点数表手術料「通則11」の加算（C型肝炎感染患者等に対する加算）及び麻酔料は、四肢加算の対象ではありません。

	摘　要	
㊿	＊関節鏡下靭帯断裂縫合術（左膝）	
	（16,510 × 1.5）	24,765 × 1
	麻酔加算（HCV 陽性）	1,000 × 1
	（手術日6年4月12日）	
	＊脊椎麻酔	850 × 1

（2）手の指に係る手術の特例

ア　手の指の創傷処理（筋肉・臓器に達しないもの）

手の指の創傷処理（筋肉・臓器に達しないもの）については、健保点数にかかわらず、次に掲げる点数で算定します。

手の指の創傷処理（筋肉・臓器に達しないもの）

指の本数	点数	
指1本	1,060	（530 × 2.0 倍）
指2本	1,590	（1,060 + 530）
指3本	2,120	（1,590 + 530）
指4本	2,650	（2,120 + 530）
指5本	2,650	（530 × 5.0 倍）

注：当該点数にさらに四肢加算することはできません。

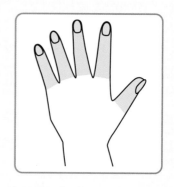

ポイント①

創傷処理の算定にあたり、手の指で筋肉に達するものと手の指以外については、上記によらず、健保点数を基礎として算定します（四肢の傷病の場合は四肢加算算定可）。

算定例 1

右手に次の手術を行った場合
　第2指　K000 創傷処理（筋肉・臓器に達しないもの）3cm
　第3指　K000 創傷処理（筋肉・臓器に達しないもの）4cm
　手の甲　K000 創傷処理（筋肉・臓器に達しないもの）6cm

第2指 第3指	創傷処理（筋肉・臓器に達しないもの）（指2本）	1,590 点
手の甲	創傷処理5（筋肉・臓器に達しないもの）　950 点 × 2.0 = 1,900 点	
合　計		3,490 点

◇　手の指に行われた創傷処理（筋肉・臓器に達しないもの）は、指の本数ごとに定められた労災独自の点数により算定します。

手の甲に行われた創傷処理（筋肉・臓器に達しないもの）については、健保点数の2.0 倍（四肢加算）で算定します。

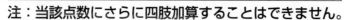
レセプトの記入例

	摘　　　　　　　　　要	
㊿	＊創傷処理（筋肉・臓器に達しないもの）（指2本）	
	（右手第2指・第3指）	1,590 × 1
	＊創傷処理（筋肉・臓器に達しないもの）6cm	
	（右手甲）（950 × 2.0）	1,900 × 1
	（手術日　○年○月○日）	

算定例2

① 左手指の挫創に次の手術を行った場合
　　第2指　K000 創傷処理（筋肉・臓器に達しないもの）3cm 及びデブリードマン
　　第3指　K000 創傷処理（筋肉・臓器に達しないもの）3cm 及びデブリードマン

指2本
1,590点　＋　100点　×　2.0　＝　1,790点

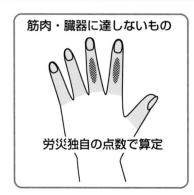

筋肉・臓器に達しないもの

労災独自の点数で算定

◇　手の指に行われた創傷処理のうち「筋肉・臓器に達しないもの」は、指の本数ごとに定められた労災独自の点数により算定します。
　　なお、デブリードマン加算は、健保点数の 2.0 倍（四肢加算）で算定します。

② 左手指の挫創に次の手術を行った場合
　　第2指　K000 創傷処理（筋肉・臓器に達するもの）3cm 及びデブリードマン
　　第3指　K000 創傷処理（筋肉・臓器に達するもの）3cm 及びデブリードマン

創傷処理2
（1,880点　＋　100点）×　2.0　＝　3,960点

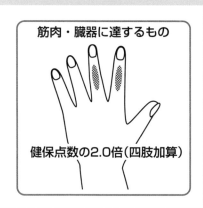

筋肉・臓器に達するもの

健保点数の2.0倍（四肢加算）

◇　手の指に行われた創傷処理のうち、「筋肉・臓器に達するもの」は、健保点数の 2.0 倍（四肢加算）で算定します。

③ 左足指の挫創に次の手術を行った場合
　　第2趾　K000 創傷処理（筋肉・臓器に達しないもの）3cm 及びデブリードマン
　　第3趾　K000 創傷処理（筋肉・臓器に達しないもの）3cm 及びデブリードマン

創傷処理5
（950点　＋100点）× 1.5　＝1,575点

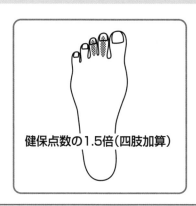

健保点数の1.5倍（四肢加算）

◇　足の指に行われた創傷処理は、健保点数の 1.5 倍（四肢加算）で算定します。

手術料

4

イ　手の指の骨折非観血的整復術

手の指の骨折非観血的整復術については、健保点数にかかわらず次に掲げる点数で算定します。

手の指の骨折非観血的整復術

指の本数	点数	
指1本	2,880	（1,440 × 2.0 倍）
指2本	4,320	（2,880 ＋ 1,440）
指3本	5,760	（4,320 ＋ 1,440）
指4本	7,200	（5,760 ＋ 1,440）
指5本	7,200	（1,440 × 5.0 倍）

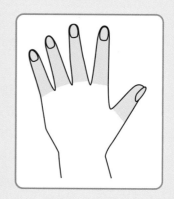

注：当該点数にさらに四肢加算することはできません。

算定例3

右手の第3指、第4指、第5指の骨折にK044骨折非観血的整復術を行った場合

骨折非観血的整復術（指3本）　　5,760点

◇　手の指に行われた骨折非観血的整復術は、指の本数ごとに定められた労災独自の点数により算定します。

──────── レセプトの記入例 ────────

	摘	要		
㊿	＊骨折非観血的整復術（指3本）			
	（右手第3指・第4指・第5指）		5,760	×　1
	（手術日○年○月○日）			

ポイント②

骨折非観血的整復術の算定にあたり、手の指以外については、上記によらず健保点数を基礎として算定します（四肢の傷病の場合は四肢加算算定可）。

算定例4

右足の第3趾、第4趾、第5趾の骨折にK044骨折非観血的整復術を行った場合

1,440点　×　1.5　＝　2,160点

◇　足の指に行われた骨折非観血的整復術は、健保点数の1.5倍（四肢加算）で算定します。

算定例5

右手に次の手術を同時に行った場合

第4指 ＼
第5指 ｜ K044 骨折非観血的整復術
第5中手骨 ／

第4指 ＼ 第5指 ｜	骨折非観血的整復術（指2本）		4,320 点
第5中手骨	骨折非観血的整復術3	1,440 点 × 2.0 ＝	2,880 点
合　計			7,200 点

◇　手の指に行われた骨折非観血的整復術は、指の本数ごとに定められた労災独自の点数により算定します。

　なお、第5中手骨の骨折非観血的整復術は、健保点数の2.0倍（四肢加算）で算定します。

ウ　手の指に係る同一手術野の取扱い

　創傷処理（筋肉・臓器に達しないもの）と骨折非観血的整復術の手の指に係る同一手術野の範囲は、労災保険では健康保険とは異なり、第1指から第5指まで（中手部、中手骨を含まない）を別の手術野とする手術として取り扱います。

　したがって、医科点数表手術料「通則14」（4）－アにおける第1指から第5指までを別の手術野とする手術、創傷処理（筋肉・臓器に達しないもの）及び骨折非観血的整復術を異なる手の指に対して併せて行った場合は、同一手術野とみなさず各々の所定点数を合算した点数で算定します。

※ 162～164ページに医科点数表手術料「通則14」を掲載していますので、ご参照ください。

創傷処理（筋肉・臓器に達しないもの）と骨折非観血的整復術の
手の指に係る同一手術野の範囲

第1指から第5指まで（中手部、中手骨を含まない）
を別の手術野とする手術として取り扱う。

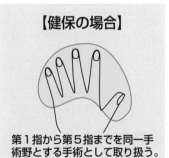

【健保の場合】

第1指から第5指までを同一手術野とする手術として取り扱う。

（参考）医科点数表手術料「通則14」

　　同一手術野又は同一病巣につき、2以上の手術を同時に行った場合の費用の算定は、主たる手術の所定点数のみにより算定する。ただし、神経移植術、骨移植術、植皮術、動脈（皮）弁術、筋（皮）弁術、遊離皮弁術（顕微鏡下血管柄付きのもの）、複合組織移植術、自家遊離複合組織移植術（顕微鏡下血管柄付きのもの）、粘膜移植術若しくは筋膜移植術と他の手術とを同時に行った場合、大腿骨頭回転骨切り術若しくは大腿骨近位部（転子間を含む。）骨切り術と骨盤骨切り術、臼蓋形成手術若しくは寛骨臼移動術とを同時に行った場合、喉頭気管分離術と血管結紮術で開胸若しくは開腹を伴うものとを同時に行った場合又は先天性気管狭窄症手術と第10部第1節第8款に掲げる手術を同時に行った場合は、それぞれの所定点数を合算して算定する。また、別に厚生労働大臣が定める場合は別に厚生労働大臣が定めるところにより算定する。

（同一手術野等の手術）
(1)　「通則14」の「同一手術野又は同一病巣」とは、原則として、同一皮切により行い得る範囲をいい、具体的には、次のような手術の組み合わせが行われる範囲をいう。この場合においては、「主たる手術」の所定点数のみを算定する。なお、「主たる手術」とは、所定点数及び注による加算点数を合算した点数の高い手術をいう。
　　ア　肺切除術の際に併施する簡単な肺剥皮術
　　イ　虫垂切除術と盲腸縫縮術
　　ウ　子宮附属器腫瘍摘出術と卵管結紮術

（中略）

(3)　同一手術野又は同一病巣であっても、「複数手術に係る費用の特例（平成30年厚生労働省告示第72号）」に規定するものについては、主たる手術の所定点数に、従たる手術（1つに限る。）の所定点数の100分の50に相当する額を加えた点数により算定する。なお、具体的な取扱いについては、別途通知する。

(4)　指に係る同一手術野の範囲
　　　指に係る同一手術野の範囲と算定方法については次の通りである。
　　ア　第1指から第5指までを別の手術野とする次に掲げる手術のうち、2つ以上の手術を同一指について行った場合には、「通則14」における「別に厚生労働大臣が定める場合」に該当する場合及び(ハ)に掲げる手術を除き、当該手術の中で主たる手術の所定点数のみを算定する。なお、(イ)及び(ロ)に掲げる手術については、複数指について行った場合には、それぞれの指について算定し、(ハ)に掲げる手術については、同一指内の複数の骨又は関節について行った場合には、各々の骨又は関節について算定する。

(イ)　第1指から第5指まで（中手部・中足部若しくは中手骨・中足骨を含む。）のそれぞれを同一手術野とする手術は、次に掲げる手術である。

K028 腱鞘切開術（関節鏡下によるものを含む。）

K034 腱切離・切除術（関節鏡下によるものを含む。）

K035 腱剥離術（関節鏡下によるものを含む。）

K037 腱縫合術

K038 腱延長術

K039 腱移植術（人工腱形成術を含む。）の「1」指（手、足）

K040 腱移行術の「1」指（手、足）

K040-2 指伸筋腱脱臼観血的整復術

K054 骨切り術の「3」中の指（手、足）（関節リウマチの患者に対し、関節温存を前提として中足骨短縮骨切り術を行った場合に限る。）

(ロ)　第1指から第5指まで（中手部・中足部若しくは中手骨・中足骨を含まない。）のそれぞれを同一手術野とする手術は、次に掲げる手術である。ただし、合指症手術にあっては各指間のそれぞれを同一手術野とする。

K089 爪甲除去術

K090 ひょう疽手術

K091 陥入爪手術

K099 指瘢痕拘縮手術

K100 多指症手術

K101 合指症手術

K102 巨指症手術

K103 屈指症手術、斜指症手術

　第1節手術料の項で「指（手、足）」と規定されている手術［K039 腱移植術（人工腱形成術を含む。）の「1」指（手、足）、K040 腱移行術の「1」指（手、足）、K045 骨折経皮的鋼線刺入固定術の「3」中の指（手、足）、K046 骨折観血的手術の「3」中の指（手、足）、K054 骨切り術の「3」中の指（手、足）（関節リウマチの患者に対し、関節温存を前提として中足骨短縮骨切り術を行った場合に限る。）、K063 関節脱臼観血的整復術の「3」中の指（手、足）、K073 関節内骨折観血的手術の「3」中の指（手、足）、K080 関節形成手術の「3」中の指（手、足）及び K082 人工関節置換術の「3」中の指（手、足）を除く。］

(ハ)　同一指内の骨及び関節（中手部・中足部若しくは中手骨・中足骨を含む。）のそれぞれを同一手術野とする手術は、次に掲げる手術である。

K045 骨折経皮的鋼線刺入固定術

K046 骨折観血的手術

K063 関節脱臼観血的整復術

K073 関節内骨折観血的手術

K078 観血的関節固定術

K080 関節形成手術

K082 人工関節置換術

K082-3 人工関節再置換術

イ　デブリードマンその他(イ)、(ロ)及び(ハ)に該当しない手術については、第1指から第5指までを同一手術野として取り扱い、当該手術のうち2以上の手術を複数指に行った場合には、「通則14」における「別に厚生労働大臣が定める場合」に該当する場合を除き、主たる手術の所定点数のみを算定する。

ウ　(イ)及び(ロ)に掲げる手術と、(ハ)に掲げる手術を同時に行った場合にあっては、「通則14」における「別に厚生労働大臣が定める場合」に該当する場合を除き、同一指に対して行われたものは主たる手術の点数を算定し、別々の指に対して行われたものはそれぞれ所定の点数を算定する。

エ　第1指から第5指までを別の手術野として取り扱う手術（同一指内の骨及び関節を別の手術野として取り扱う手術を含む。）と、第1指から第5指までを同一手術野として取り扱う手術を同時に行った場合にあっては、それぞれの手術が別々の指に対して行われたものであっても、「通則14」における「別に厚生労働大臣が定める場合」に該当する場合を除き、主たる手術の所定点数のみを算定する。

　　ただし、第1指から第5指までを別の手術野として取り扱う手術（同一指内の骨及び関節を別の手術野として取り扱う手術を含む。）を複数指に対し行った場合に、それぞれの点数を合算した点数が、同一手術野として取り扱う手術の点数よりも高くなる場合にあっては、いずれかにより算定する。

（以下、省略）

算定例6

左手指に次の手術を行った場合
第2指　K000 創傷処理（筋肉・臓器に達しないもの）3cm
第3指　K089 爪甲除去術

	【労災の場合】	【健保の場合】
創傷処理（筋肉・臓器に達しないもの）	（指1本）1,060点	――
爪甲除去術	770点 × 2.0	770点
合　計	2,600点	770点

◇　左手の第3指に行われた爪甲除去術は、第1指から第5指まで（中手部・中足部若しくは中手骨・中足骨を含まない）を別の手術野とする手術です。

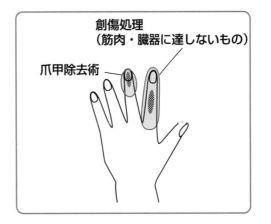

創傷処理
（筋肉・臓器に達しないもの）

爪甲除去術

　　左手の第2指に行われた創傷処理（筋肉・臓器に達しないもの）は、健保では第1指から第5指までを同一手術野とする手術ですが、労災では第1指から第5指まで（中手部、中手骨を含まない）を別の手術野とする手術として取り扱います。

　　したがって、医科点数表手術料「通則14」（4）－ア（162ページ参照）に準拠し、それぞれの指について算定することができます。

　　なお、爪甲除去術は、健保点数の2.0倍で算定しますが、創傷処理（筋肉・臓器に達しないもの）は、指の本数ごとに定められた労災独自の点数により算定します。

手術料

4

算 定 例 7

左手指に次の手術を行った場合
　　第1指　K044 骨折非観血的整復術
　　第2指　K000 創傷処理（筋肉・臓器に達しないもの）3cm

	【労災の場合】	【健保の場合】
骨折非観血的整復術	（指1本）2,880点	1,440点
創傷処理（筋肉・臓器に達しないもの）	（指1本）1,060点	――
合　計	3,940点	1,440点

◇　左手の第1指に行われた骨折非観血的整復術と第2指に行われた創傷処理（筋肉・臓器に達しないもの）は、いずれも健保では第1指から第5指までを同一手術野とする手術ですが、労災では第1指から第5指まで（中手部、中手骨を含まない）を別の手術野とする手術として取り扱います。

したがって、医科点数表手術料「通則14」(4)－ア（162ページ参照）に準拠し、それぞれの指について算定することができます。

なお、いずれも指の本数ごとに定められた労災独自の点数により算定します。

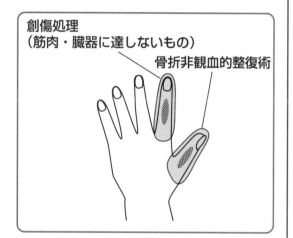

創傷処理
（筋肉・臓器に達しないもの）
骨折非観血的整復術

算定例 8

左足指に次の手術を行った場合
　第 1 趾　K044 骨折非観血的整復術
　第 2 趾　K000 創傷処理（筋肉・臓器に達しないもの）3cm

	【労災の場合】	【健保の場合】
骨折非観血的整復術 3	1,440 点 × 1.5	1,440 点
合　計	2,160 点	1,440 点

◇　足の指に行われた骨折非観血的整復術と創傷処理（筋肉・臓器に達しないもの）は、労災においても健保と同様に、第 1 指から第 5 指までを同一手術野とする手術です。

　したがって、医科点数表手術料「通則 14」(4)－イ（164 ページ参照）により、主たる手術の所定点数のみを算定します。

　なお、いずれも健保点数の 1.5 倍で算定します。

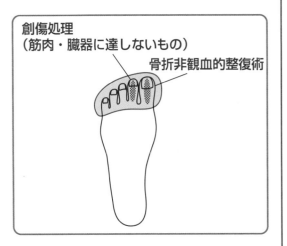

創傷処理
（筋肉・臓器に達しないもの）
骨折非観血的整復術

骨折非観血的整復術 3　　　　　　　　1,440 点 × 1.5 ＝ 2,160 点……①

創傷処理 4（筋肉・臓器に達しないもの）　530 点 × 1.5 ＝　795 点……②

①＞②より
　2,160 点を算定します。

手術料

4

例題　算定しましょう

左手に次の手術を同時に行った場合

例題 01

第3指
- K000 創傷処理（筋肉・臓器に達しないもの）6cm
- K044 骨折非観血的整復術

例題 02

第2指　　　K044 骨折非観血的整復術
第4指末節骨　K045 骨折経皮的鋼線刺入固定術
第5指　　　K000 創傷処理（筋肉・臓器に達しないもの）5㎝

例題 03

第4指　　　K037 腱縫合術
第4指基節骨　K046 骨折観血的手術
第5指　　　K044 骨折非観血的整復術
〔時間外：時間外加算2を算定する医療機関〕

例題 04

第2指　K044 骨折非観血的整復術
第4指
- K044 骨折非観血的整復術
- K000 創傷処理（筋肉・臓器に達しないもの）3cm
第5指　K000 創傷処理（筋肉・臓器に達しないもの）3cm

例題 05

第3指　K000 創傷処理（筋肉・臓器に達するもの）4cm
第4指　K000 創傷処理（筋肉・臓器に達しないもの）3cm

例題 06
- 第3指　K000 創傷処理（筋肉・臓器に達するもの）4cm
- 第4指　K000 創傷処理（筋肉・臓器に達するもの）3cm
- 第5指　K044 骨折非観血的整復術

例題 07
- 第1指　K044 骨折非観血的整復術
- 第2指　K000 創傷処理（筋肉・臓器に達するもの）5cm
- 第3指　K000 創傷処理（筋肉・臓器に達しないもの）2cm

例題 08
- 第2指　K015 皮弁作成術（25cm^{2}未満）
- 第3指　K086 断端形成術（軟部形成のみのもの）
- 第4指　K000 創傷処理（筋肉・臓器に達しないもの）4cm

例題 09
- 第2指　K000 創傷処理（筋肉・臓器に達しないもの）4 cm
- 第3指　〔K013 分層植皮術（25 cm^{2}未満）
　　　　　K002 デブリードマン（100 cm^{2}未満）
- 第5指基節骨　K045 骨折経皮的鋼線刺入固定術

例題 10
- 第2指　腱縫合術〔伸筋腱の断裂の単なる縫合〕
- 第3指　創傷処理（筋肉・臓器に達しないもの）4cm
- 第4指　創傷処理（筋肉・臓器に達しないもの）4cm
- 第5指　爪甲除去術

手術料

4

解答と解説

例題 **01** ▷ 第3指
- K000 創傷処理（筋肉・臓器に達しないもの）6cm
- K044 骨折非観血的整復術

解答と解説

創傷処理（筋肉・臓器に達しないもの）（指1本）	1,060点……①
骨折非観血的整復術（指1本）	2,880点……②

①＜②により
　2,880点を算定します。

　手の指に行われた創傷処理（筋肉・臓器に達しないもの）及び骨折非観血的整復術は、指の本数ごとに定められた労災独自の点数により算定します。

　また、同一手術野の範囲についても健保とは異なり、第1指から第5指まで（中手部・中手骨を含まない）を別の手術野とする手術として取り扱います。

　なお、いずれの手術も同一指に行われているため、医科点数表手術料「通則14」(4)－ア（162ページ参照）に準拠し、主たる手術の所定点数のみを算定します。

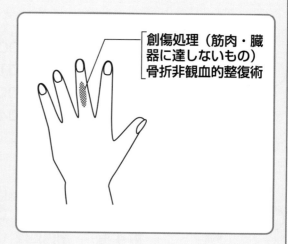

創傷処理（筋肉・臓器に達しないもの）
骨折非観血的整復術

 例題 02

第2指	K044 骨折非観血的整復術
第4指末節骨	K045 骨折経皮的鋼線刺入固定術
第5指	K000 創傷処理（筋肉・臓器に達しないもの）5㎝

解答と解説

第2指	骨折非観血的整復術（指1本）			2,880点
第4指	骨折経皮的鋼線刺入固定術3	2,190点 × 2.0 =	四肢加算	4,380点
第5指	創傷処理（筋肉・臓器に達しないもの）（指1本）			1,060点
合　計				8,320点

各手術の同一手術野の取扱いは、次のとおりです。

創傷処理（筋肉・臓器に達しないもの）／　骨折非観血的整復術

第1指から第5指まで（中手部、中手骨を含まない）を別の手術野とする手術
（161ページ「手の指に係る同一手術野の取扱い」参照）

骨折経皮的鋼線刺入固定術

同一指内の骨及び関節（中手部・中足部若しくは中手骨・中足骨を含む）を別の
手術野とする手術
（医科点数表手術料「通則14」（4）－ア（ハ））（163ページ参照）

したがって、医科点数表手術料「通則14」
（4）－ウ（164ページ参照）に準拠し、そ
れぞれの指について算定します。

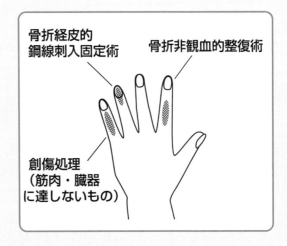

骨折経皮的
鋼線刺入固定術　　骨折非観血的整復術

創傷処理
（筋肉・臓器
に達しないもの）

手術料

4

例題 **03**

第4指	K037 腱縫合術
第4指基節骨	K046 骨折観血的手術
第5指	K044 骨折非観血的整復術

〔時間外：時間外加算2を算定する医療機関〕

解答と解説

			時間外加算2	四肢加算	
第4指 腱縫合術	［主たる手術］	13,580点	× 1.4	× 2.0	= 38,024点
	骨折観血的手術3［従たる手術］	11,370点 × 50/100	× 1.4	× 2.0	= 15,918点
第5指 骨折非観血的整復術（指1本）		2,880点	× 1.4		= 4,032点
合　計					57,974点

各手術の同一手術野の取扱いは、次のとおりです。

腱縫合術

　　第1指から第5指まで（中手部・中足部若しくは中手骨・中足骨を含む）を別の手術野とする手術

　　（医科点数表手術料「通則14」（4）－ア（イ））（163ページ参照）

骨折観血的手術

　　同一指内の骨及び関節（中手部・中足部若しくは中手骨・中足骨を含む）を別の手術野とする手術

　　（医科点数表手術料「通則14」（4）－ア（ハ））（163ページ参照）

骨折非観血的整復術

　　第1指から第5指まで(中手部、中手骨を含まない)を別の手術野とする手術

　　（161ページ「手の指に係る同一手術野の取扱い」参照）

したがって、医科点数表手術料「通則14」（4）－ウ（164ページ参照）に準拠し算定します。

なお、第4指に行われた腱縫合術と骨折観血的手術は、医科点数表手術料「通則14」における「別に厚生労働大臣が定める場合」（告示：複数手術に係る費用の特例）に該当するため、主たる手術の所定点数の他、従たる手術の所定点数の100分の50に相当する額を加えた点数を算定します。

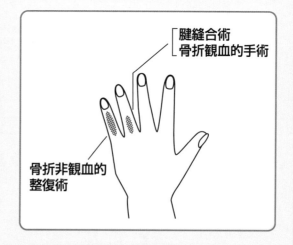

例題 **04**　第2指　　K044 骨折非観血的整復術

第4指　┌ K044 骨折非観血的整復術

　　　　└ K000 創傷処理（筋肉・臓器に達しないもの）3cm

第5指　　K000 創傷処理（筋肉・臓器に達しないもの）3cm

解答と解説

① **第4指に骨折非観血的整復術を算定する場合**

第2指 第4指	骨折非観血的整復術（指2本）	4,320 点
第5指	創傷処理（筋肉・臓器に達しないもの）（指1本）	1,060 点
合　計		5,380 点

② **第4指に創傷処理（筋肉・臓器に達しないもの）を算定する場合**

第2指	骨折非観血的整復術（指1本）	2,880 点
第4指 第5指	創傷処理（筋肉・臓器に達しないもの）（指2本）	1,590 点
合　計		4,470 点

①＞②により

5,380 点を算定します。

各手術の同一手術野の取扱いは、次のとおりです。

創傷処理（筋肉・臓器に達しないもの）／ 骨折非観血的整復術

　第1指から第5指まで（中手部、中手骨を含まない）を別の手術野とする手術

　（161ページ「手の指に係る同一手術野の取扱い」参照）

　したがって、医科点数表手術料「通則 14」（4）－ア（162ページ参照）に準拠し算定します。

　なお、第4指に行われた骨折非観血的整復術と創傷処理（筋肉・臓器に達しないもの）は、いずれか主たる手術の所定点数を算定します。

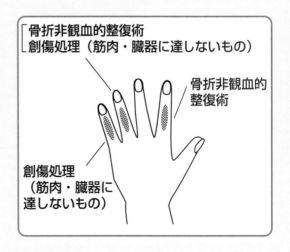

骨折非観血的整復術
創傷処理（筋肉・臓器に達しないもの）

骨折非観血的整復術

創傷処理（筋肉・臓器に達しないもの）

例題 **05**　第3指　K000 創傷処理（筋肉・臓器に達するもの）4cm
　　　　　　　　第4指　K000 創傷処理（筋肉・臓器に達しないもの）3cm

解答と解説

① **第1指から第5指までを別の手術野とする手術の点数**

第4指　創傷処理（筋肉・臓器に達しないもの）（指1本）　　1,060点

② **第1指から第5指までを同一手術野とする手術の点数**

創傷処理1　　　　　　　　　　　　　　1,400点 × 2.0 = 2,800点
　　　　　　　　　　　　　　　　　　　　　　　　　（四肢加算）

①＜②により
2,800点を算定します。

各手術の同一手術野の取扱いは、次のとおりです。

創傷処理（筋肉・臓器に達するもの）
　第1指から第5指までを同一手術野とする手術

創傷処理（筋肉・臓器に達しないもの）
　第1指から第5指まで(中手部、中手骨を含まない)を別の手術野とする手術
　（161ページ「手の指に係る同一手術野の取扱い」参照）

したがって、医科点数表手術料「通則14」（4）－エ（164ページ参照）に準拠し、主たる手術の所定点数を算定します。

K000 創傷処理（筋肉・臓器に達しないもの）　　K000 創傷処理4㎝（筋肉・臓器に達するもの）

第３指　　K000 創傷処理（筋肉・臓器に達するもの）4cm
第４指　　K000 創傷処理（筋肉・臓器に達するもの）3cm
第５指　　K044 骨折非観血的整復術

解答と解説

① **第１指から第５指までを別の手術野とする手術の点数**

第５指　骨折非観血的整復術（指１本）　　　　2,880 点

② **第１指から第５指までを同一手術野とする手術の点数**

創傷処理２　　　　　1,880 点　×　2.0　=　3,760 点
　　　　　　　　　　　　　　　　　四肢加算

①＜②により
3,760 点を算定します。

各手術の同一手術野の取扱いは、次のとおりです。

創傷処理（筋肉・臓器に達するもの）
　　第１指から第５指までを同一手術野とする手術

骨折非観血的整復術
　　第１指から第５指まで（中手部、中手骨を含まない）を別の手術野とする手術
　　（161 ページ「手の指に係る同一手術野の取扱い」参照）

　したがって、医科点数表手術料「通則14」
（4）－エ（164 ページ参照）に準拠し、主
たる手術の所定点数を算定します。
　なお、第３指、第４指に行われた創傷処理
（筋肉・臓器に達するもの）は、近接した創
傷であるため、長さを合算し１つの創傷とし
て取り扱います。

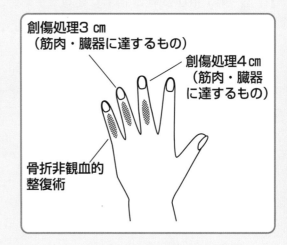

創傷処理3㎝
（筋肉・臓器に達するもの）

創傷処理4㎝
（筋肉・臓器
に達するもの）

骨折非観血的
整復術

手術料

4

 例題 07

第1指　　K044 骨折非観血的整復術
第2指　　K000 創傷処理（筋肉・臓器に達するもの）5cm
第3指　　K000 創傷処理（筋肉・臓器に達しないもの）2cm

解答と解説

① **第1指から第5指までを別の手術野とする手術を合算した点数**

第1指	骨折非観血的整復術（指1本）	2,880点
第3指	創傷処理（筋肉・臓器に達しないもの）（指1本）	1,060点
合　計		3,940点

② **第1指から第5指までを同一手術野とする手術の点数**

創傷処理2　　　　　　　　　　　1,880点 × 2.0 = 3,760点
　　　　　　　　　　　　　　　　　　　　　　　四肢加算

①＞②により
3,940点を算定します。

各手術の同一手術野の取扱いは、次のとおりです。

　創傷処理（筋肉・臓器に達しないもの）／　骨折非観血的整復術
　　第1指から第5指まで(中手部、中手骨を含まない)を別の手術野とする手術
　　（161ページ「手の指に係る同一手術野の取扱い」参照）

　創傷処理（筋肉・臓器に達するもの）
　　第1指から第5指までを同一手術野とする手術

　したがって、医科点数表手術料「通則14」（4）－エ（164ページ参照）に準拠し算定します。

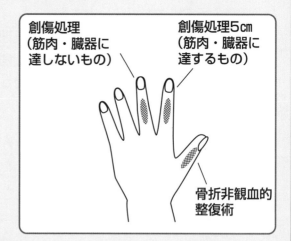

創傷処理
（筋肉・臓器に
達しないもの）

創傷処理5cm
（筋肉・臓器に
達するもの）

骨折非観血的
整復術

 例 題 08

第2指　K015 皮弁作成術（25cm² 未満）
第3指　K086 断端形成術（軟部形成のみのもの）
第4指　K000 創傷処理（筋肉・臓器に達しないもの）4cm

解答と解説

① 第1指から第5指までを別の手術野とする手術を合算した点数

		四肢加算	
第3指　断端形成術（軟部形成のみのもの）1	2,770点 × 2.0	= 5,540点
第4指　創傷処理（筋肉・臓器に達しないもの）（指1本）		1,060点
合　計		6,600点

② 第1指から第5指までを同一手術野とする手術の点数

皮弁作成術 1　　　　　　　［主たる手術］	5,180点
断端形成術（軟部形成のみのもの）1［従たる手術］	

　　　　　　　　　　　　　　　　　　　　　　四肢加算
　　　　　2,770点 × 50/100 × 2.0 ＝ 2,770点

合　計	7,950点

①＜②により
7,280点を算定します。

各手術の同一手術野の取扱いは、次のとおりです。

皮弁作成術
　第1指から第5指までを同一手術野とする手術

断端形成術（軟部形成のみのもの）
　第1指から第5指まで（中手部・中足部若しくは中手骨・中足骨を含まない）を別の手術野とする手術
　（医科点数表手術料「通則14」（4）－ア（ロ））（163ページ参照）

創傷処理（筋肉・臓器に達しないもの）
　第1指から第5指まで（中手部、中手骨を含まない）を別の手術野とする手術
　（161ページ「手の指に係る同一手術野の取扱い」参照）

　したがって、医科点数表手術料「通則14」（4）－エ（164ページ参照）に準拠し算定します。

　なお、皮弁作成術とその他の手術を同時に行った場合は、医科点数表手術料「通則14」における「別に厚生労働大臣が定める場合」（告示：複数手術に係る費用の特例）に該当するため、主たる手術の所定点数の他、従たる手術の所定点数の100分の50に相当する額を加えた点数を算定することができます。（主従の決定は四肢加算前の点数で行います）

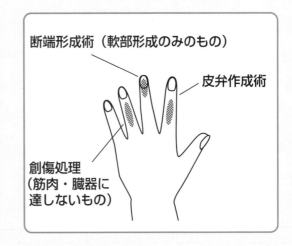

断端形成術（軟部形成のみのもの）

皮弁作成術

創傷処理
（筋肉・臓器に
達しないもの）

例題 09

第2指	K000 創傷処理（筋肉・臓器に達しないもの）4 cm
第3指	┌ K013 分層植皮術（25 cm² 未満）
	└ K002 デブリードマン（100 cm² 未満）
第5指基節骨	K045 骨折経皮的鋼線刺入固定術

解答と解説

① **第1指から第5指までを別の手術野とする手術を合算した点数**

第2指 創傷処理（筋肉・臓器に達しないもの）（指1本）			1,060 点
第5指 骨折経皮的鋼線刺入固定術 3　　2,190 点	×	2.0 =	4,380 点
合　計			5,440 点

（2,190点の上に「四肢加算」）

② **第1指から第5指までを同一手術野とする手術の点数**

デブリードマン　　　　　　　　　1,620 点 × 2.0 = 3,240 点
（1,620点の上に「四肢加算」）

①＞②により

分層植皮術1
5,440 点 ＋ 3,520 点 ＝ 8,960 点　を算定します。

各手術の同一手術野の取扱いは、次のとおりです。

創傷処理（筋肉・臓器に達しないもの）
　第1指から第5指まで（中手部、中手骨を含まない）を別の手術野とする手術
　（161 ページ「手の指に係る同一手術野の取扱い」参照）

デブリードマン
　第1指から第5指までを同一手術野とする手術

骨折経皮的鋼線刺入固定術
　同一指内の骨及び関節（中手部・中足部若しくは中手骨・中足骨を含む）を別の
　手術野とする手術
　（医科点数表手術料「通則 14」（4）－ア（ハ））（163 ページ参照）

　したがって、医科点数表手術料「通則
14」（4）－エ（164 ページ参照）に準拠
し算定します。
　なお、植皮術と他の手術を同時に行った
場合、医科点数表手術料「通則 14」によ
りそれぞれの所定点数を合算して算定しま
す。

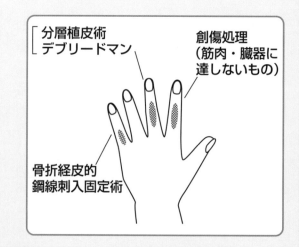

 例題 10

第2指　　腱縫合術〔伸筋腱の断裂の単なる縫合〕
第3指　　創傷処理（筋肉・臓器に達しないもの）4cm
第4指　　創傷処理（筋肉・臓器に達しないもの）4cm
第5指　　爪甲除去術

解答と解説

① 第1指から第5指までを別の手術野とする手術を合算した点数

第3指 ⎫
第4指 ⎭　創傷処理（筋肉・臓器に達しないもの）（指2本）　　　　1,590 点

第5指　爪甲除去術　　　　　　　770 点 × 2.0 = 1,540 点
　　　　　　　　　　　　　　　　　　　　　　　四肢加算

　　　　合　計　　　　　　　　　　　　　　　　　　　　3,130 点

② 第1指から第5指までを同一手術野とする手術の点数

創傷処理2　　　　　　　　　　1,880 点 × 2.0 = 3,760 点
　　　　　　　　　　　　　　　　　　　　四肢加算

①＜②により
3,760 点を算定します。

　第2指に行われた腱縫合術は、伸筋腱の断裂の単なる縫合であるため、K000 創傷処理（筋肉・臓器に達するもの）「2」に準じて算定します。

> 各手術の同一手術野の取扱いは、次のとおりです。
> 創傷処理（筋肉・臓器に達するもの）
> 　第1指から第5指までを同一手術野とする手術
>
> 創傷処理（筋肉・臓器に達しないもの）
> 　第1指から第5指まで（中手部、中手骨を含まない）を別の手術野とする手術
> 　（161 ページ「手の指に係る同一手術野の取扱い」参照）
>
> 爪甲除去術
> 　第1指から第5指まで（中手部・中足部若しくは中手骨・中足骨を含まない）を別の手術野とする手術
> 　（医科点数表手術料「通則 14」（4）－ア（ロ））（163 ページ参照）

　したがって、医科点数表手術料「通則 14」（4）－エ（164 ページ参照）に準拠し算定します。

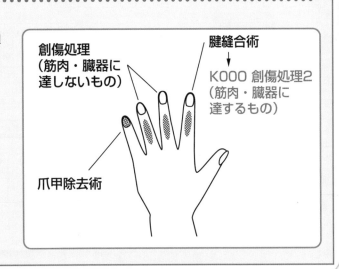

腱縫合術
↓
K000 創傷処理2
（筋肉・臓器に
達するもの）

創傷処理
（筋肉・臓器に
達しないもの）

爪甲除去術

手術料

4

第4編　手術料

点検しましょう

誤った算定 1

帳票種別	3 4 7 2 2	修正項目番号		①新継再別	②転帰事由

③支払額	百万 十万 万 千 百 十 円

①新継再別
1 初診
3 転医始診
5 継続
7 再発 → 1

②転帰事由
1 治ゆ
2 継転医中止
3 中止
9 死亡 → 3

④労働保険番号
府県　所掌　管轄　基幹番号　枝番号
○ ○ ○ ○ ○ ○ ○ ○ ○ ○ ○ ○ ○ ○

⑥生年月日
元号 年 月 日
○ ○ ○ ○ ○ ○ ○ ○

⑦傷病年月日
元号 年 月 日
9 0 6 0 4 2 5

⑩療養期間
9 0 6 0 4 2 5 - 9 0 6 0 4 3 0

⑪診療実数 ☐☐ 2 日
合計額(⑦+⑧) ○ ○ ○ ○ ○ ○

⑤増減コード及び増減額
⑧増減理由　⑨決定年月日
⑫処理区分
修正欄

診療費請求		
労働者の氏名	○○　○○　　　（　○○　歳）	傷病の部位及び傷病名　右手第3指挫創
事業の名称	○○○○	傷病の経過
事業場の所在地	○○　都道府県　○○　郡区市	右手第3指をテーブルの折り目に挟み受傷。外来にて創傷処理施行。

診療内容	点数(点)
⑪初診　時間外・休日・深夜	
⑫再診　外来管理加算　× 回	
時間外　× 回	
休日　× 回	
深夜　× 回	
⑬指導	
往診　回	

診療内容	金額	摘要
摘　要		
㊿	*創傷処理5（筋肉・臓器に達しないもの）（右手第3指） （長径6cm）（950×2.0）　　　1,900 × 1 （手術日6年4月25日）	

正しい算定 1

帳票種別	3 4 7 2 2	修正項目番号		①新継再別	②転帰事由

①新継再別
1 初診
3 転医始診
5 継続
7 再発 → 1

②転帰事由
1 治ゆ
2 継転医中止
3 中止
9 死亡 → 3

④労働保険番号
府県　所掌　管轄　基幹番号　枝番号
○ ○ ○ ○ ○ ○ ○ ○ ○ ○ ○ ○ ○ ○

⑥生年月日
○ ○ ○ ○ ○ ○ ○ ○

⑦傷病年月日
9 0 6 0 4 2 5

⑩療養期間
9 0 6 0 4 2 5 - 9 0 6 0 4 3 0

⑪診療実数 ☐☐ 2 日
合計額 ○ ○ ○ ○ ○ ○

③支払額
⑤増減コード及び増減額
⑧増減理由　⑨決定年月日
⑫処理区分
修正欄

診療費請求		
労働者の氏名	○○　○○　　　（　○○　歳）	傷病の部位及び傷病名　右手第3指挫創
事業の名称	○○○○	傷病の経過
事業場の所在地	○○　都道府県　○○　郡区市	右手第3指をテーブルの折り目に挟み受傷。外来にて創傷処理施行。

診療内容	点数(点)
⑪初診　時間外・休日・深夜	

診療内容	金額	摘要
摘　要		
㊿	*創傷処理（筋肉・臓器に達しないもの）（指1本） （右手第3指）　　　1,060 × 1 （手術日6年4月25日）	

> 手の指に行われた創傷処理のうち「筋肉・臓器に達しないもの」は、創傷の長さにかかわらず指の本数ごとに定められた労災独自の点数で算定します。

誤った算定 2

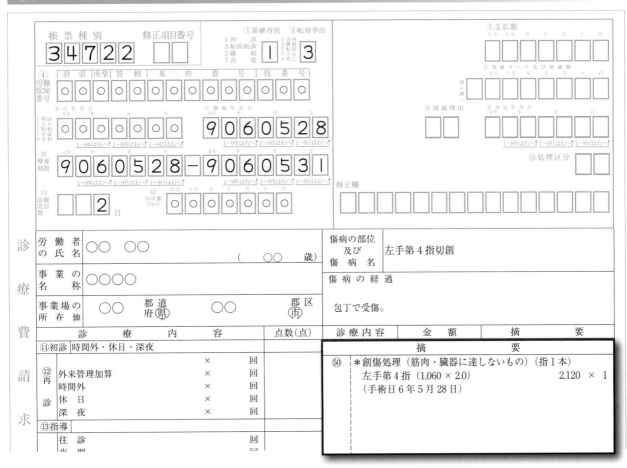

摘要欄：
⑤⓪ ＊創傷処理（筋肉・臓器に達しないもの）（指1本）
　　　左手第4指（1,060 × 2.0）　　　　　2,120 × 1
　　　（手術日 6 年 5 月 28 日）

傷病の部位及び傷病名：左手第4指切創
傷病の経過：包丁で受傷。

正しい算定 2

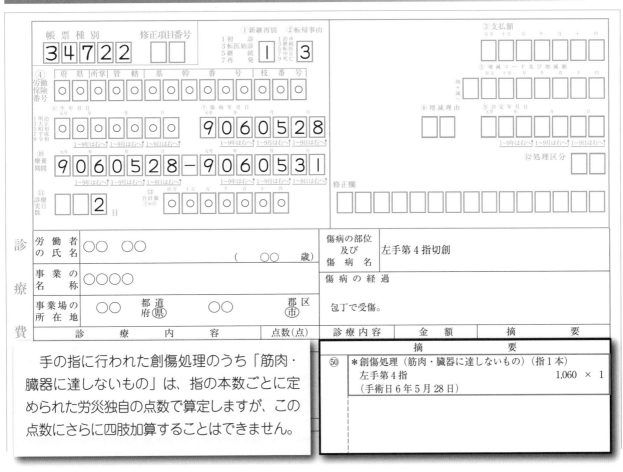

手の指に行われた創傷処理のうち「筋肉・臓器に達しないもの」は、指の本数ごとに定められた労災独自の点数で算定しますが、この点数にさらに四肢加算することはできません。

摘要欄：
⑤⓪ ＊創傷処理（筋肉・臓器に達しないもの）（指1本）
　　　左手第4指　　　　　　　　　　　　1,060 × 1
　　　（手術日 6 年 5 月 28 日）

傷病の部位及び傷病名：左手第4指切創
傷病の経過：包丁で受傷。

誤った算定3

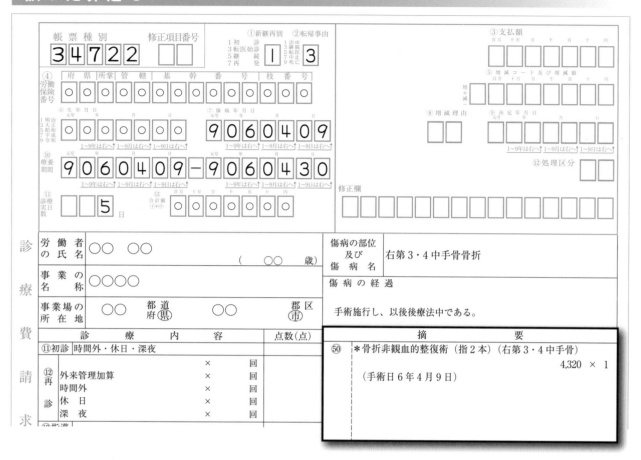

傷病の部位及び傷病名　右第3・4中手骨骨折

傷病の経過

手術施行し、以後後療法中である。

	摘　要
㊿	＊骨折非観血的整復術（指2本）（右第3・4中手骨）　　4,320 × 1
	（手術日6年4月9日）

正しい算定3

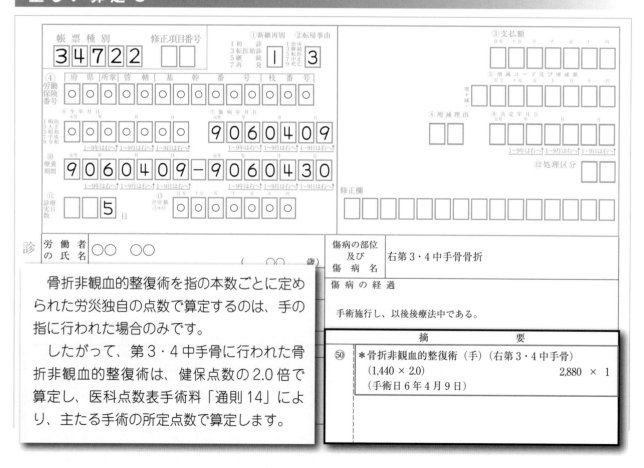

傷病の部位及び傷病名　右第3・4中手骨骨折

傷病の経過

手術施行し、以後後療法中である。

　骨折非観血的整復術を指の本数ごとに定められた労災独自の点数で算定するのは、手の指に行われた場合のみです。

　したがって、第3・4中手骨に行われた骨折非観血的整復術は、健保点数の2.0倍で算定し、医科点数表手術料「通則14」により、主たる手術の所定点数で算定します。

	摘　要
㊿	＊骨折非観血的整復術（手）（右第3・4中手骨）
	（1,440 × 2.0）　　2,880 × 1
	（手術日6年4月9日）

（3）手指の機能回復指導加算 ── 190点

手（手関節以下）及び手の指の初期治療における機能回復指導加算として、当該部位について、次に掲げる手術を行った場合は、1回に限り所定点数に190点を加算できます。

① 創傷処理
　　皮膚切開術
　　デブリードマン
② 筋骨格系・四肢・体幹の手術

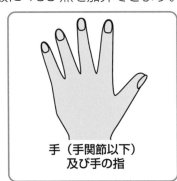

手（手関節以下）
及び手の指

算定例 1

① 左手の第3指にK000創傷処理（筋肉・臓器に達しないもの）4cmを行い、初期治療における機能回復指導を行った場合

創傷処理（筋肉・臓器に達しないもの）（指1本）	1,060点
機能回復指導加算	190点
合　計	1,250点

◇　創傷処理は、「手指の機能回復指導加算」の対象となる手術です。
　　初期治療における機能回復指導を行った場合は、1回に限り190点を算定できます。

・・・・・・・・・・ レセプトの記入例 ・・・・・・・・・・

	摘　　　　　　　　　要
㊿	＊創傷処理（筋肉・臓器に達しないもの）（指1本）　1,060 × 1 （左手第3指）（手術日○年○月○日） ＊機能回復指導加算　　　　　　　　　　　　　　190 × 1

② 左前腕にK000創傷処理（筋肉・臓器に達しないもの）4cmを行い、初期治療における機能回復指導を行った場合

創傷処理 4	530点 × 1.5 ＝ 795点
機能回復指導加算	算定不可
合　計	795点

◇　機能回復指導加算は、手（手関節以下）及び手の指の初期治療における加算です。
　　前腕部は、機能回復指導加算の対象ではありません。

手術料

4

算定例2

　右手第2指にK610動脈形成術、吻合術を行い、初期治療における機能回復指導を行った場合

動脈形成術、吻合術4	18,400点 × 2.0 ＝ 36,800点
機能回復指導加算	算定不可
合　計	36,800点

◇　動脈形成術、吻合術は、「血管の手術」です。「血管の手術」は、機能回復指導加算の対象ではありません。手部に対して行われた場合でも、機能回復指導加算を算定することはできません。

ポイント①

　時間外、深夜又は休日加算及び四肢加算はできません。

算定例3

　時間外に左手第2中手骨にK046骨折観血的手術を行い、初期治療における機能回復指導を行った場合〔時間外加算2を算定する医療機関〕

骨折観血的手術3	11,370点 × 1.4 × 2.0 ＝ 31,836点
機能回復指導加算	190点
合　計	32,026点

◇　機能回復指導加算に対して、時間外加算及び四肢加算は算定できません。

ポイント②

　右手、左手をそれぞれ手術した場合でも、算定は1回限りです。

算定例4

次の手術及び指導を行った場合
　　右手背　　　K000 創傷処理（筋肉・臓器に達しないもの）4cm
　　左手第1指　K000 創傷処理（筋肉・臓器に達しないもの）3cm
　　初期治療における機能回復指導

右手背	創傷処理4（筋肉・臓器に達しないもの）	530点 × 2.0 ＝ 1,060点
左手第1指	創傷処理　（筋肉・臓器に達しないもの）（指1本）	＝ 1,060点
機能回復指導加算		190点
合　計		2,310点

◇　右手、左手のそれぞれに手術が行われた場合であっても、機能回復指導加算は1回限りの算定です。

点検しましょう

誤った算定1

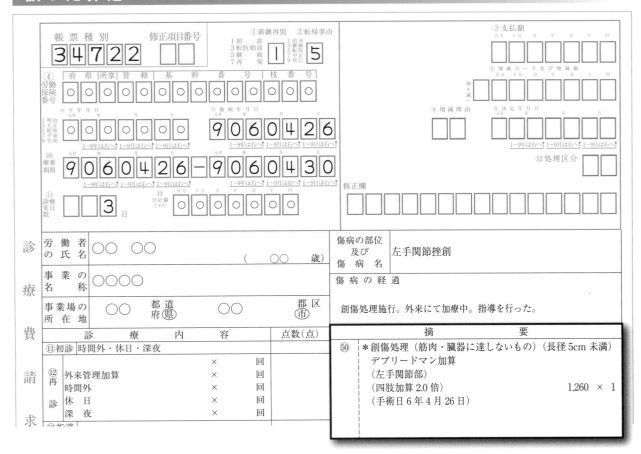

摘要欄：
⑤ ＊創傷処理（筋肉・臓器に達しないもの）（長径5cm未満）
デブリードマン加算
（左手関節部）
（四肢加算2.0倍） 1,260 × 1
（手術日6年4月26日）

傷病の部位及び傷病名：左手関節挫創

傷病の経過：創傷処理施行。外来にて加療中。指導を行った。

正しい算定1

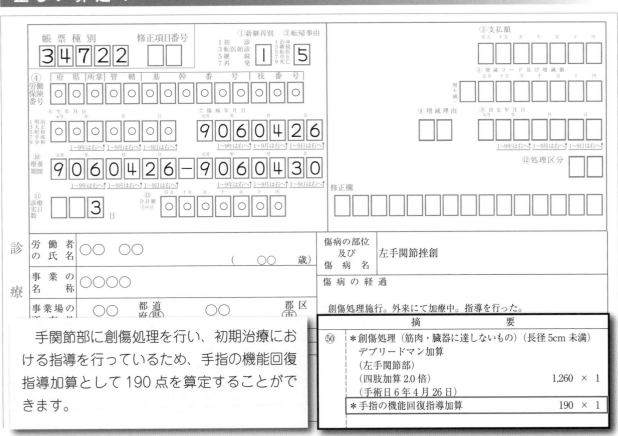

手関節部に創傷処理を行い、初期治療における指導を行っているため、手指の機能回復指導加算として190点を算定することができます。

摘要欄：
⑤ ＊創傷処理（筋肉・臓器に達しないもの）（長径5cm未満）
デブリードマン加算
（左手関節部）
（四肢加算2.0倍） 1,260 × 1
（手術日6年4月26日）
＊手指の機能回復指導加算 190 × 1

誤った算定 2

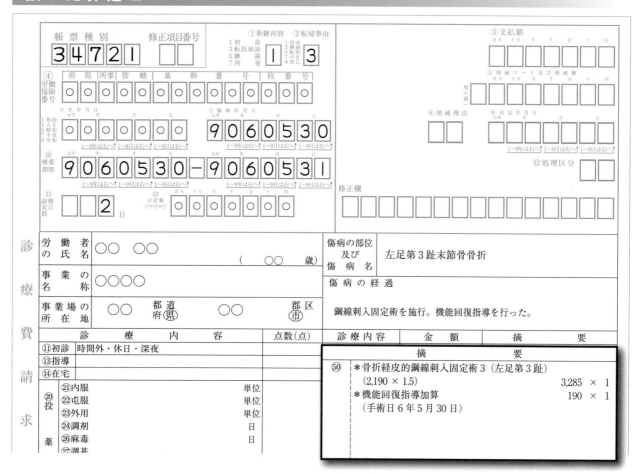

診療内容	金　額	摘　　要
⑤⑩	摘　　要	

⑤⑩ ＊骨折経皮的鋼線刺入固定術3（左足第3趾）
　　（2,190 × 1.5）　　　　　　　　　　　　3,285 × 1
　　＊機能回復指導加算　　　　　　　　　　　190 × 1
　　（手術日 6 年 5 月 30 日）

傷病の部位及び傷病名　左足第3趾末節骨骨折

傷病の経過

鋼線刺入固定術を施行。機能回復指導を行った。

正しい算定 2

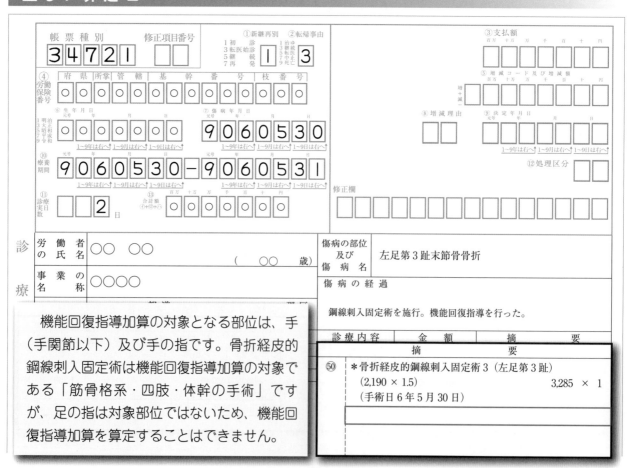

機能回復指導加算の対象となる部位は、手（手関節以下）及び手の指です。骨折経皮的鋼線刺入固定術は機能回復指導加算の対象である「筋骨格系・四肢・体幹の手術」ですが、足の指は対象部位ではないため、機能回復指導加算を算定することはできません。

傷病の部位及び傷病名　左足第3趾末節骨骨折

傷病の経過

鋼線刺入固定術を施行。機能回復指導を行った。

診療内容	金　額	摘　　要
⑤⑩	摘　　要	

⑤⑩ ＊骨折経皮的鋼線刺入固定術3（左足第3趾）
　　（2,190 × 1.5）　　　　　　　　　　　　3,285 × 1
　　（手術日 6 年 5 月 30 日）

誤った算定3

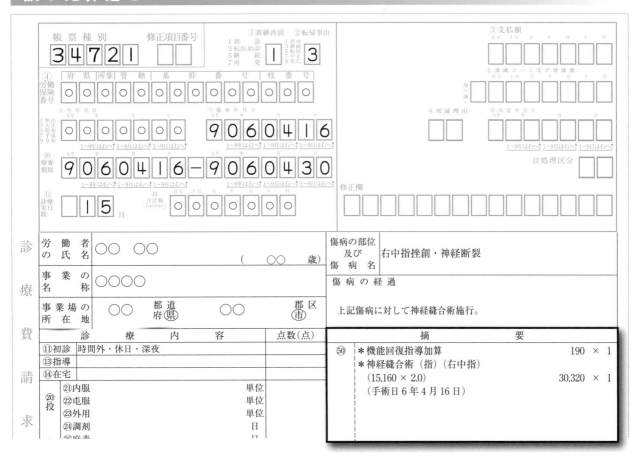

診 療 内 容		点数(点)
⑪初診	時間外・休日・深夜	
⑬指導		
⑭在宅		
⑳投	㉑内服	単位
	㉒屯服	単位
	㉓外用	単位
	㉔調剤	日

傷病の部位及び傷病名 右中指挫創・神経断裂

傷病の経過

上記傷病に対して神経縫合術施行。

摘 要	
㊿ ＊機能回復指導加算	190 × 1
＊神経縫合術（指）（右中指）	
（15,160 × 2.0）	30,320 × 1
（手術日 6 年 4 月 16 日）	

手術料

4

正しい算定3

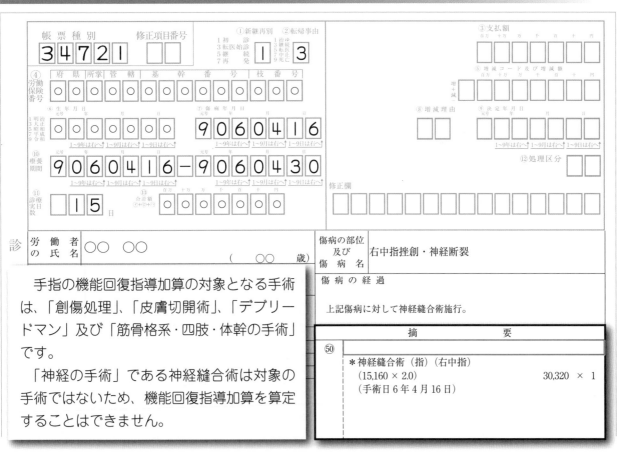

傷病の部位及び傷病名 右中指挫創・神経断裂

傷病の経過

上記傷病に対して神経縫合術施行。

　手指の機能回復指導加算の対象となる手術は、「創傷処理」、「皮膚切開術」、「デブリードマン」及び「筋骨格系・四肢・体幹の手術」です。

　「神経の手術」である神経縫合術は対象の手術ではないため、機能回復指導加算を算定することはできません。

摘 要	
㊿	
＊神経縫合術（指）（右中指）	
（15,160 × 2.0）	30,320 × 1
（手術日 6 年 4 月 16 日）	

（4）術中透視装置使用加算 ── 220点

ア 「大腿骨」、「下腿骨」、「上腕骨」、「前腕骨」、「手根骨」、「中手骨」、「手の種子骨」、「指骨」、「足根骨」、「膝蓋骨」、「足趾骨」、「中足骨」及び「鎖骨」のK046 骨折観血的手術、K045 骨折経皮的鋼線刺入固定術、K044 骨折非観血的整復術、K061 関節脱臼非観血的整復術又はK073 関節内骨折観血的手術において、術中透視装置を使用した場合に算定できます。

イ 「脊椎」のK142-4 経皮的椎体形成術又はK142 脊椎固定術、椎弓切除術、椎弓形成術において、術中透視装置を使用した場合に算定できます。

ウ 「骨盤」のK121 骨盤骨折非観血的整復術、K124 腸骨翼骨折観血的手術、K124-2 寛骨臼骨折観血的手術又はK125 骨盤骨折観血的手術（腸骨翼骨折観血的手術及び寛骨臼骨折観血的手術を除く）において、術中透視装置を使用した場合に算定できます。

なお、請求にあたっては、術中透視装置を使用したことを診療録に記載してください。

ポイント①

術中透視装置使用加算は、四肢加算の対象ではありません。

算定例1

右膝蓋骨に術中透視装置を使用してK045 骨折経皮的鋼線刺入固定術を行った場合

骨折経皮的鋼線刺入固定術3	2,190点 × 1.5 ＝ 3,285点
術中透視装置使用加算	220点
合　計	3,505点

◇ 膝蓋骨に術中透視装置を使用して骨折経皮的鋼線刺入固定術を行った場合、術中透視装置使用加算を算定できます。なお、術中透視装置使用加算に四肢加算することはできません。

━━━━━━━━━━━━━ レセプトの記入例 ━━━━━━━━━━━━━

	摘　　　　　　　　　要	
㊿	＊骨折経皮的鋼線刺入固定術3	3,285 × 1
	（右膝蓋骨）（2,190 × 1.5）	
	（手術日　〇年〇月〇日）	
	＊術中透視装置使用加算	220 × 1

ポイント②

① 手根骨、中手骨、手の種子骨及び指骨（以下「手」という）又は足根骨、足趾骨及び中足骨（以下「足」という）について複数の手術を同時に行い、術中透視装置を使用した場合は、併せて１回の算定となります。

② 右手、左手又は右足、左足にそれぞれ手術を行い、術中透視装置をそれぞれの手又は足に使用した場合は、それぞれ１回まで算定できます。

算定例２

次の手術を同時に行った場合

左第２指基節骨　K046 骨折観血的手術（術中透視装置使用）

左第４指末節骨　K046 骨折観血的手術（術中透視装置使用）

右第３指中手骨　K046 骨折観血的手術（術中透視装置使用）

左第２指 左第４指	骨折観血的手術３	11,370 点 × 2.0 × 2	= 45,480 点
右第３指	骨折観血的手術３	11,370 点 × 2.0	= 22,740 点
術中透視装置使用加算		220 点　　　×2	= 440 点
合　計			68,660 点

◇ 左右の手について、それぞれ術中透視装置を使用した K046 骨折観血的手術を行った場合には、左右それぞれ１回まで術中透視装置使用加算を算定することができます。

手術料

4

mini Q&A

Q1 術中透視装置使用加算に対し、時間外加算を算定することはできるのでしょうか。

A1 算定できません。

手術料の「通則12」に定められている時間外加算等を加算する所定点数とは、医科点数表手術料の第１節手術料の各区分に掲げられた点数及び各区分の「注」に規定する加算の合計のことをいうことから、時間外加算の対象とはなりません。

点検しましょう

誤った算定1

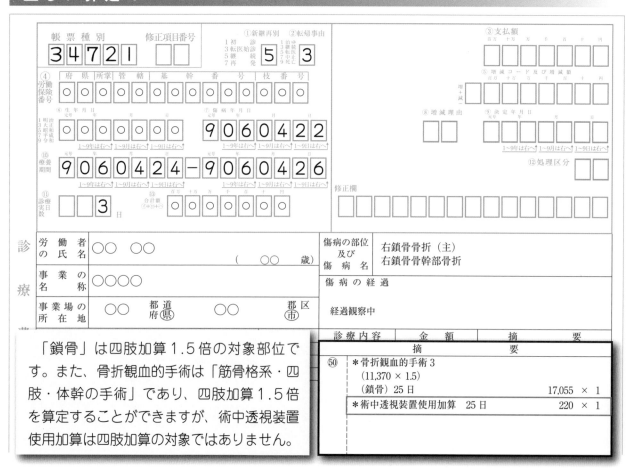

帳票種別 **34721**　修正項目番号

①新継再別　②転帰事由　**5**　**3**

傷病の部位及び傷病名：右鎖骨骨折（主）／右鎖骨骨幹部骨折

傷病の経過：経過観察中

診療内容	金額	摘要
⑤ ＊骨折観血的手術3（11,370×1.5）（鎖骨）25日	17,055 × 1	
＊術中透視装置使用加算　25日（220×1.5）	330 × 1	

正しい算定1

帳票種別 **34721**　修正項目番号

①新継再別　②転帰事由　**5**　**3**

傷病の部位及び傷病名：右鎖骨骨折（主）／右鎖骨骨幹部骨折

傷病の経過：経過観察中

「鎖骨」は四肢加算1.5倍の対象部位です。また、骨折観血的手術は「筋骨格系・四肢・体幹の手術」であり、四肢加算1.5倍を算定することができますが、術中透視装置使用加算は四肢加算の対象ではありません。

診療内容	金額	摘要
⑤ ＊骨折観血的手術3（11,370×1.5）（鎖骨）25日	17,055 × 1	
＊術中透視装置使用加算　25日	220 × 1	

第5編

第5編

その他の特例

第5編 その他の特例

1 処置及び手術に関する特例

（1）初診時ブラッシング料 ―― 91点

創面が異物の混入、付着等により汚染している創傷の治療の前処置として、生理食塩水、蒸留水、ブラシ等を用いて創面の汚染除去を行った場合に算定できます。

ただし、同一傷病につき1回（初診時）限りとなります。

算定例 1

初診時に腰部に創傷処置 110 cm² とブラッシングを行った場合

	【労災の場合】	【健保の場合】
創傷処置 2	60 点	60 点
初診時ブラッシング料	91 点	――
合　計	151 点	60 点

········· レセプトの記入例 ·········

摘	要
⑩　＊創傷処置 2（腰部）	60 × 1
＊初診時ブラッシング料	91 × 1

ポイント①

　四肢の特例取扱いはありませんので、たとえ四肢の創傷に対するブラッシングであっても91点の算定となります。

算定例2

初診時に次の処置を行った場合

右上腕部　J 000 創傷処置 20 cm²　ブラッシング

右 手 部　J 000 創傷処置 10 cm²　ブラッシング

右上腕部　創傷処置1	52 点 × 1.5 =	78 点
右 手 部　創傷処置1	52 点 × 2.0 =	104 点
初診時ブラッシング料		91 点
合　計		273 点

◇　初診時に創傷の治療の前処置として、創面の汚染除去を行った場合、同一傷病につき1回限り初診時ブラッシング料を算定できます。

　　なお、初診時ブラッシング料に対して、四肢加算はできません。

算定例3

初診時に左手第2指中節骨にK046骨折観血的手術とブラッシングを行った場合

骨折観血的手術3	11,370 点 × 2.0 =	22,740 点
初診時ブラッシング料		91 点
合　計		22,831 点

その他の特例
5

ポイント②

初診時ブラッシング料を含む処置、手術の所定点数の合計が 150 点以上の場合に限り、時間外、深夜又は休日加算が算定できます（**1 点未満四捨五入**）。

算定例 4

初診時に次の処置を行った場合
[時間外：時間外加算 2 を算定する医療機関]

① 左手背　J000 創傷処置 10cm²　ブラッシング

52 点 × 2.0 ＋ 91 点 ＝ 195 点 ＞ 150 点 → 時間外加算算定可

創傷処置 1	52 点 × 2.0 × 1.4 =	146 点
初診時ブラッシング料	91 点 × 1.4 =	127 点
合　計		273 点

◇　処置料（四肢加算を含む）と初診時ブラッシング料の合計が 150 点以上となる場合は、処置料及び初診時ブラッシング料それぞれに対し、時間外加算を算定することができます。

② 前額部　J000 創傷処置 10cm²　ブラッシング

52 点 ＋ 91 点 ＝ 143 点 ＜ 150 点 → 時間外加算算定不可

創傷処置 1	52 点
初診時ブラッシング料	91 点
合　計	143 点

ポイント③

健保のデブリードマン（創傷処理におけるデブリードマン加算を含む）とは重複算定はできません。

算定例5

初診時に次のように手術及び処置を行った場合
右大腿部（挫創）　K000 創傷処理（筋肉・臓器に達しないもの）7cm、デブリードマン
右 手 部　　　　　J000 創傷処置 30cm²、ブラッシング

創傷処理5（筋肉・臓器に達しないもの）（950点 ＋100点）× 1.5 ＝	1,575点
創傷処置1　　　　　　　　　　　　　　　52点 × 2.0 ＝	104点
初診時ブラッシング料	算定不可
合　計	1,679点

◇　初診時ブラッシング料とデブリードマン加算（100点）は重複して算定できません。
したがって、この場合点数の高いデブリードマン加算を算定します。

例題 算定しましょう

初診時に次の手術を行った場合

例題 01 〉

左大腿の同一部位に行った場合
- K046　骨折観血的手術
- K000　創傷処理（筋肉・臓器に達するもの）12cm
- デブリードマン

〔時間外：時間外加算2を算定する医療機関の場合〕

例題 02 〉

右前腕部 〔K046 骨折観血的手術
　　　　　ブラッシングによる汚染除去

右手掌部 K002 デブリードマン 30cm²

〔植皮術前提、機能回復指導あり〕

解答と解説

例題 **01** ▷ 左大腿の同一部位に行った場合
　　　K046　骨折観血的手術
　　　K000　創傷処理（筋肉・臓器に達するもの）12cm
　　　　　　デブリードマン
　　〔時間外：時間外加算2を算定する医療機関の場合〕

解答と解説

		時間外加算2	四肢加算	
骨折観血的手術1	21,630点 ×	1.4 ×	1.5 =	45,423点
初診時ブラッシング料	91点 ×	1.4	=	127点
合　計				45,550点……①

		時間外加算2	四肢加算	
創傷処理3口	（3,090点＋100点）×	1.4 ×	1.5 =	6,699点……②

①＞②により
　45,550点を算定します。

　いずれの手術も、左大腿の同一部位に対して行われたものであるため、医科点数表手術料「通則14」（162ページ参照）により、主たる手術である骨折観血的手術を算定します。
　なお、骨折観血的手術に創傷処理の加算であるデブリードマン加算は算定することができません。したがって、この場合初診時ブラッシング料を算定します。

例題 **02** ▷ 右前腕部　⌈K046 骨折観血的手術
　　　　　　　　　⌊ブラッシングによる汚染除去
　　　右手掌部　K002 デブリードマン 30cm²
　　　　　　　　〔植皮術前提、機能回復指導あり〕

解答と解説

			四肢加算	
右前腕部	骨折観血的手術2	18,370点 ×	1.5 =	27,555点
右手掌部	デブリードマン1	1,620点 ×	2.0 =	3,240点
機能回復指導加算				190点
合　計				30,985点

　初診時ブラッシング料とデブリードマンは、重複算定できません。
　したがって、右前腕に行った汚染除去について、初診時ブラッシング料を算定することはできません。

点検しましょう

誤った算定

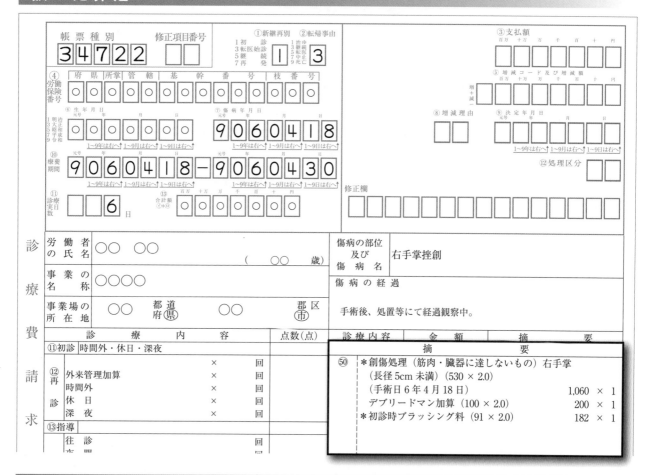

| 帳票種別 | 修正項目番号 | ①新継再別 | ②転帰事由 |
| 3 4 7 2 2 | | 1 初診 3 転医始診 5 継続 7 再発 | 治癒 中止 死 |

①新継再別 1　②転帰事由 3

④労働保険番号　府県 所掌 管轄 基幹 番号 枝番号

⑥生年月日　0 0 0 0 0 0 0

⑦傷病年月日　9 0 6 0 4 1 8

⑩療養期間　9 0 6 0 4 1 8 － 9 0 6 0 4 3 0

⑪診療実数　6 日　⑬合計額

③支払額
⑤増減コード及び増減額
⑧増減理由　⑨決定年月日
⑫処理区分
修正欄

労働者の氏名	○○　○○　（　○○　歳）
事業の名称	○○○○
事業場の所在地	○○ 都道府県 ○○ 郡区市

傷病の部位及び傷病名　右手掌挫創

傷病の経過　手術後、処置等にて経過観察中。

診療内容	点数(点)
⑪初診 時間外・休日・深夜	
⑫再診 外来管理加算	×　回
時間外	×　回
休　日	×　回
深　夜	×　回
⑬指導	
往　診	回

診療内容	金額	摘要
㊿	＊創傷処理（筋肉・臓器に達しないもの）右手掌（長径5cm未満）（530 × 2.0）（手術日6年4月18日）	1,060 × 1
	デブリードマン加算（100 × 2.0）	200 × 1
	＊初診時ブラッシング料（91 × 2.0）	182 × 1

正しい算定

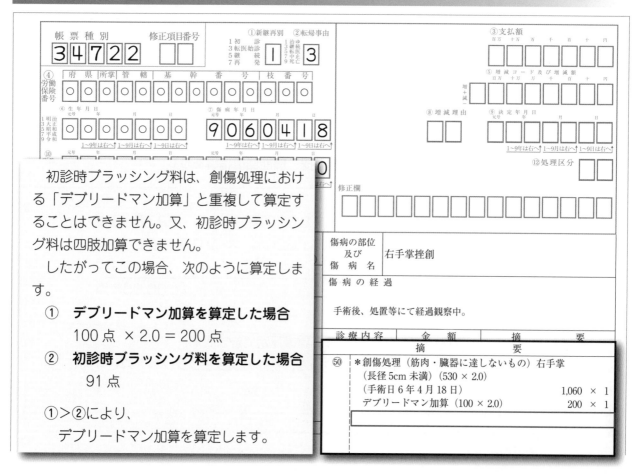

| 帳票種別 | 修正項目番号 | ①新継再別 | ②転帰事由 |
| 3 4 7 2 2 | | 1 初診 3 転医始診 5 継続 7 再発 | 治癒 中止 死 |

①新継再別 1　②転帰事由 3

④労働保険番号　府県 所掌 管轄 基幹 番号 枝番号

⑥生年月日　0 0 0 0 0 0 0

⑦傷病年月日　9 0 6 0 4 1 8

③支払額
⑤増減コード及び増減額
⑧増減理由　⑨決定年月日
⑫処理区分
修正欄

　　初診時ブラッシング料は、創傷処理における「デブリードマン加算」と重複して算定することはできません。又、初診時ブラッシング料は四肢加算できません。
　　したがってこの場合、次のように算定します。

　① **デブリードマン加算を算定した場合**
　　100点 × 2.0 ＝ 200点

　② **初診時ブラッシング料を算定した場合**
　　91点

①＞②により、
　デブリードマン加算を算定します。

傷病の部位及び傷病名　右手掌挫創

傷病の経過　手術後、処置等にて経過観察中。

診療内容	金額	摘要
㊿	＊創傷処理（筋肉・臓器に達しないもの）右手掌（長径5cm未満）（530 × 2.0）（手術日6年4月18日）	1,060 × 1
	デブリードマン加算（100 × 2.0）	200 × 1

（2）固定用伸縮性包帯

医師の診察に基づき、処置及び手術において、頭部・頸部・躯幹及び四肢に固定用伸縮性包帯の使用を必要と認めた場合に実費相当額（購入価格を 10 円で除して得た点数）を算定することができます。

ポイント

① 固定用伸縮性包帯は、患部の固定のために使用した場合に限り算定できます。
② 医師が必要と判断した場合には、固定用伸縮性包帯と頸椎固定用シーネ、鎖骨固定帯及び膝・足関節の創部固定帯（200 ページ参照）を併せて算定できます。
③ 処置及び手術にあたって通常使用される治療材料（包帯等）又は衛生材料（ガーゼ等）の費用（（4）皮膚瘻等に係る滅菌ガーゼ（201 ページ参照）の場合を除く）は算定できません。

算定例

右手関節部捻挫に固定用伸縮性包帯（購入価格 450 円）を使用して、患部の固定を行った場合

創傷処置1	52 点 × 2.0 ＝	104 点
固定用伸縮性包帯	購入価格 450 円 ÷ 10 円 ＝	45 点
合　計		149 点

◇ 処置において、患部の固定のために固定用伸縮性包帯を使用した場合、労災では実費相当額を算定することができます。したがって、購入価格 450 円を 10 円で除して得た点数 45 点を算定します。

レセプトの記入例

「⑭ 処置」欄の薬剤の項に点数、「摘要」欄に購入価格及び点数を記載します。

⑭処置		1 回	104	⑭	＊創傷処置1 （52×2.0）	104 × 1
	薬　剤		45		＊固定用伸縮性包帯 　（購入価格　450円）	45 × 1
⑤手術麻酔		回				
	薬　剤					

第5編 **その他の特例**

（3）頸椎固定用シーネ、鎖骨固定帯及び膝・足関節の創部固定帯

医師の診察に基づき、頸椎固定用シーネ（ポリネック等）、鎖骨固定帯（クラビクルバンド等）及び膝・足関節の創部固定帯の使用が必要と認める場合に実費相当額（購入価格を10円で除して得た点数）を算定することができます。

また、健保点数表の腰部、胸部又は頸部固定帯加算が算定できる場合については、当該実費相当額が170点を超える場合は、当該実費相当額が算定でき、当該実費相当額が170点未満の場合は170点を算定できますが、そのことを踏まえ、頸椎固定用シーネ、鎖骨固定帯及び膝・足関節の創部固定帯についても、同様の取扱いとします。

なお、請求にあたっては、医師の診察の結果、頸椎固定用シーネ、鎖骨固定帯及び膝・足関節の創部固定帯の使用が必要と判断した旨を診療録に記載してください。

算定例

腰部に腰部固定帯（購入価格3,500円）を使用して、患部の固定を行った場合

腰部固定帯固定		35 点
腰部固定帯	購入価格 3,500円 ÷ 10円 =	350 点
合　計		385 点

◇ 腰部固定帯加算が算定できる場合で、腰部固定帯の実費相当額が170点を超える場合は、実費相当額を算定することができます。したがって、3,500円を10円で除して得た点数350点を算定します。

ポイント

① 頸椎固定用シーネの費用と「J200　腰部、胸部又は頸部固定帯加算」は重複算定できません。

② 医師が必要と判断した場合には、頸椎固定用シーネ、鎖骨固定帯及び膝・足関節の創部固定帯と固定用伸縮性包帯を併せて算定できます。

（4）皮膚瘻等に係る滅菌ガーゼ

　通院療養中の傷病労働者に対して、皮膚瘻等に係る自宅療養用の滅菌ガーゼ（絆創膏を含む）を支給した場合に実費相当額（購入価格を 10 円で除して得た点数）を算定することができます。

　なお、算定できる対象者は次の①及び②の要件を満たす者となります。

①　せき髄損傷等による重度の障害者のうち、尿路変更による皮膚瘻を形成しているもの、尿路へカテーテルを留置しているもの、又は、これらに類する創部を有するもの（褥瘡については、ごく小さな範囲のものに限ります）。

②　自宅等で頻繁にガーゼの交換を必要とするため、診療担当医が投与の必要を認めたもの。

ポイント

　支給できるガーゼは、診療担当医から直接処方・投与を受けたものに限ります。

　したがって、診療担当医の指示によるものであっても、市販のガーゼを傷病労働者が自ら購入するものは対象となりません。

〔表記方法〕

　レセプトに記載する際は「⑳ 処置」の欄に記入します。

　表記方法は次のとおりです。

```
滅菌ガーゼ　○○ cm ×○○ cm ×○○枚　○○点　　（@　△△△ 円）
絆創膏名　　○○ cm ×○○ cm ×○○巻　○○点　　（@　△△△ 円）
　　　（尿路へカテーテル留置　　対象投与期間　○日間）
```

その他の特例 5

2　精神科専門療法に関する特例

（1）精神科職場復帰支援加算 —— 200点

　精神科を受診中の傷病労働者に、精神科ショート・ケア、精神科デイ・ケア、精神科ナイト・ケア、精神科デイ・ナイト・ケア、精神科作業療法、通院集団精神療法を実施した場合であって、当該プログラムに職場復帰支援のプログラム[※] が含まれている場合に、週に1回算定できます。

　なお、請求にあたっては、当該プログラムの実施日及び要点を診療費請求内訳書の摘要欄に記載するか、実施したプログラムの写しを診療費請求内訳書に添付してください。

（※）　職場復帰支援のプログラムとは、オフィス機器又は工具を使用した作業、擬似オフィスによる作業又は復職に向けてのミーティング、感想文等の作成等の集団で行われる職場復帰に有効な項目であって、医師、看護職員、作業療法士、ソーシャルワーカー等の医療チームによって行われるものをいいます。

---

mini Q&A

Q　精神科職場復帰支援加算は週に1回算定できるとありますが、「週」をどのように考えたらよいですか。

A　この場合の週に1回とは、日曜日から土曜日の暦週のことです。

3　その他の特例

（1）労災電子化加算 —— 5点（令和8年3月診療分まで）

　電子情報処理組織の使用による労災診療費請求又は光ディスク等を用いた労災診療費請求を行った場合、当該診療費請求内訳書1件につき5点を算定できます。

（※）　令和6年4月1日以降の診療に適用します。

第6編

労災診療費の請求手続き

1 請求手続き

　労災指定医療機関等が傷病労働者の診療を行った場合には、当該診療にかかった診療費を労災保険に請求します。その請求手続きは次のとおりです。

（1）帳票の種類

① 請求書

・労働者災害補償保険診療費請求書·························· 診機様式第１号

・検査に要した費用等請求書（指定医療機関用）　······ 診機様式第１号の２
「診断及び意見書提出の依頼について（診機様式第15号の１及び２）」に係る診断書料及び意見書料の請求を行う際に使用するもので、労働基準監督署より送付されます。

② 内訳書（レセプト）

［ 短 期 給 付 ］
・診療費請求内訳書（入院用）　··················· ······ 診機様式第２号
・診療費請求内訳書（入院外用）　··················· 診機様式第３号

［傷病（補償）年金］
・㊡診療費請求内訳書（入院用）　··················· 診機様式第４号
・㊡診療費請求内訳書（入院外用）　··················· 診機様式第５号

　なお、各種内訳書の摘要欄の枠に記入しきれない場合には、「診療費請求内訳書（続紙）」を使用します。

（2）記載要領

① 注意事項

・　請求書及びレセプトの記入は、黒のボールペンを使用してください。

・　ＯＣＲ読み取り部については、記入枠からはみ出したり小さすぎると、読み取りが正確に行えないため、標準字体で枠の中に大きめに、記入してください。

　　（参考）標準字体

　　0123456789 請求書の表面右上〕 に掲載されています。
　　　　　　　　レセプトの裏面

・　書き損じた場合は、修正ペン等は使用せず、次のように訂正してください。

　　＜例＞

　　　枠の上下を少し超えるように縦に線をひき、枠の右上隅に正しい数字を記入します。

　　注）請求書の「請求金額」欄は訂正することはできません。書き損じた場合は、新しい用紙を使用してください。

② 「診療費請求内訳書」（レセプト）の記入要領

記入例（診機様式第3号）　　　　　　　　　　　　Ⓑ～Ⓖ：ＯＣＲ読み取り部分

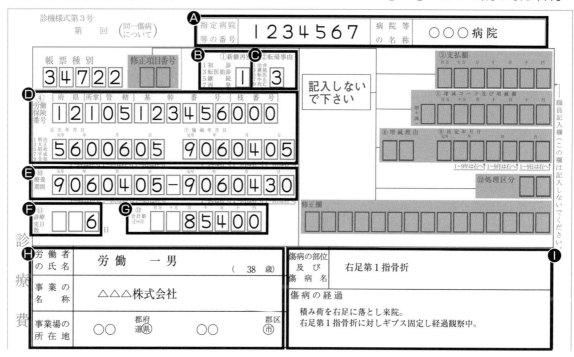

Ⓐ 「指定病院等の番号」及び「病院等の名称」

　労災指定医番号（7桁）及び病院等の名称を、すべてのレセプト（続紙を含む）に省略することなく記入します。

Ⓑ 「新継再別」

　次のいずれかのコード番号を記入します。

　　1（初診）………災害発生後第1回目の請求の場合

　　3（転医始診）…他の労災指定医療機関から転医後の第1回目の請求の場合

　　5（継続）………前月より引き続き診療継続している場合

　　7（再発）………治ゆ後 症状の増悪等により、再度治療を要する場合

　なお、傷病（補償）年金へ移行後第1回目の請求（診機様式第4号・5号）の場合は、「1（新規）」、傷病（補償）年金受給者の転医後第1回目の請求の場合は「5（継続）」を記入します。

Ⓒ 「転帰事由」

　療養期間末日時点の状態について、次のいずれかのコード番号を記入します。

　　1（治ゆ）　　3（継続）　　5（転医）　　7（中止）　　9（死亡）

Ⓓ 「労働保険番号」、「生年月日」、「傷病年月日」（傷病（補償）年金は「年金証書の番号」）

　『療養（補償）等給付たる療養の給付請求書（様式第5号又は第16号の3）』又は『療養（補償）等給付たる療養の給付を受ける指定病院等（変更）届（様式第6号又は第16号の4）』より転記します。　　　　　　　　　　　（次ページの【参考】　赤枠 □□□ 部分）

　　　注）　「労働保険番号」は、14桁全て（枝番号がない場合、下3桁は000）を記入します。（「年金証書の番号」は9桁全てを記入）

　　　　　　「傷病年月日」は、負傷又は発病した日を記入します。初診年月日ではありません。

❺　「療養期間」

診療費算定の基礎となった療養の期間を記入します。

　　注）「転帰事由」に「1（治ゆ）」を記入する場合、療養終了日は治ゆ年月日となります。

❻　「診療実日数」

実際に診療した日数を右詰めで記入します。

なお、文書料のみの請求の場合は、**9 9 9** と記入します。

❼　「合計額」

当該請求内訳書の総額を右詰めで記入します。￥マークは記入しないでください。

　　入院……内訳書小計　㋑＋㋺＋㋩

　　入院外…内訳書小計　㋑＋㋺

❽　「労働者の氏名」、「事業の名称」、「事業場の所在地」

『療養（補償）等給付たる療養の給付請求書（様式第 5 号又は第 16 号の 3)』又は『療養（補償）等給付たる療養の給付を受ける指定病院等（変更）届（様式第 6 号又は第 16 号の 4)』より転記します。　　　　　　　　　　（下記【参考】　緑枠 □□□□ 部分）

❾　「傷病の部位及び傷病名」、「傷病の経過」

今回の労災に係る傷病の部位及び傷病名、治療内容・経過・予定等を記入します。

＜その他＞

　　通勤災害の場合は、レセプトの左上空白に㊢と記載します。

【参考】（様式 8〜9 ページ参照）

『療養補償給付及び複数事業労働者療養給付たる療養の給付請求書』（様式第 5 号）

『療養補償給付及び複数事業労働者療養給付たる療養の給付を受ける指定病院等（変更）届』（様式第 6 号）

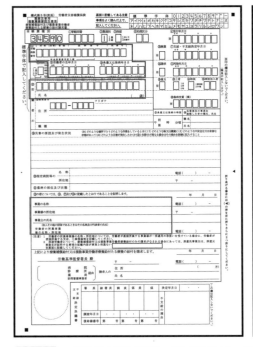

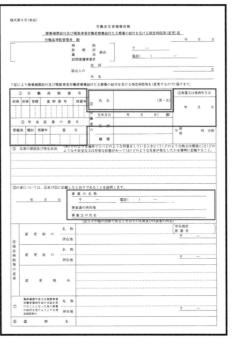

□□□□ …「労働保険番号」、「生年月日」、「傷病年月日」又は「年金証書の番号」の記載欄

□□□□ …「労働者の氏名」、「事業の名称」、「事業場の所在地」の記載欄

「療養補償給付及び複数事業労働者療養給付たる療養の給付請求書」（様式第 5 号）等については、厚生労働省ホームページから入手できます。

③「労働者災害補償保険診療費請求書」の記入要領

記入例（診機様式第1号）　　　　　　　　**Ⓐ〜Ⓓ：OCR読み取り部分**

診機様式第1号

労働者災害補償保険診療費請求書

※標準字体 0 1 2 3 4 5 6 7 8 9

帳票種別				
3	4	7	2	0

※修正項目番号

① 指定病院等の番号　Ⓐ 1 2 3 4 5 6 7

② ※受付年月日
1〜9年は右へ　1〜0月は右へ　1〜9月は右へ

記入しないで下さい

③ 請求金額
Ⓑ ￥ 1 2 3 4 5 6 7
金額の頭に￥マークを付けてください。

④ 内訳書添付枚数
Ⓒ 5 枚

Ⓓ ⑤ 請求年　9 0 6 年　　⑥ 請求月　0 4 月分
（明治・大正・昭和・平成・令和 3・5・7・9）
ただし、　1〜9年は右へ　1〜9月は右へ

※修正欄

Ⓔ 労働　一男　ほか　4　名に対する診療費の内訳は、別紙内訳書のとおり。

上記の金額を請求します。

Ⓕ 令和 6 年 5 月 8 日

Ⓖ 郵便番号　○○○－××××

請求人の（病院又は診療所）

住　所（所在地）　千葉県千葉市○○区○○町○－○

名　称　○○○病院

責任者氏名　労災　太郎

千葉　労働局長殿（　○○　署分）

電話番号○○○－×××－△△△△

受付印

※印の欄は記入しないでください。

作成したレセプトを初回請求分、継続請求分に仕分けしたうえで、それぞれの件数及び請求金額を算出し、「労働者災害補償保険診療費請求書」を作成します。
（編綴単位の詳細は「(3) 請求書・レセプトの編綴順序」210〜211 ページ参照）

Ⓐ 「指定病院等の番号」

労災指定医番号(※) を記入します。医療機関名に代わるものとなるため、間違いのないよう記入してください。
（※） 管轄する都道府県労働局長が、労災指定医療機関として指定することを決定した際に発出した 7 桁の番号

Ⓑ 「請求金額」

当該請求書に添付するレセプトの「合計額」を足し合わせた総合計金額を、右詰めで記入します。金額の頭には、必ず¥マークを記入してください。
書き損じた場合は訂正を行わず、新しい請求書用紙を使用してください。

Ⓒ 「内訳書添付枚数」

当該請求書に添付するレセプトの総枚数を右詰めで記入します。
注) 『療養（補償）等給付たる療養の給付請求書（様式第 5 号及び第 16 号の 3)』、『療養（補償）等給付たる療養の給付を受ける指定病院等（変更）届（様式第 6 号及び様式第 16 号の 4)』、『続紙』等は、枚数に含めません。

Ⓓ 「請求年」、「請求月」

当該請求書に添付しているレセプトの診療年月を記入します。
診療年月が混在する場合は、直近の診療年月を記入します。

Ⓔ 当該請求書に添付しているレセプトのうち、1 枚目の傷病労働者の氏名及びその他の傷病労働者の実数を記入します。

Ⓕ 当該請求書を提出（発送）する年月日を記入します。

Ⓖ 請求人（医療機関）の郵便番号・住所・名称・責任者氏名・電話番号を記入します。
記入はゴム印等でも構いませんが、「責任者氏名」欄の記名又は署名は、必ず行ってください（押印は不要です。）。

（3）請求書・レセプトの編綴順序

① 初回分（傷病（補償）年金へ移行後の初回を含む）

傷病労働者の所属する事業場を管轄する労働基準監督署ごとに請求書を作成します。
なお、レセプトには各様式を必ず添付してください。

◎ 請求書
　○ ［短 期 給 付］業務災害レセプト　＋　様式第５号
　○ ［短 期 給 付］通勤災害レセプト　＋　様式第 16 号の３
　○ ［傷病補償年金］業務災害レセプト　＋　様式第６号
　○ ［傷 病 年 金］通勤災害レセプト　＋　様式第 16 号の４

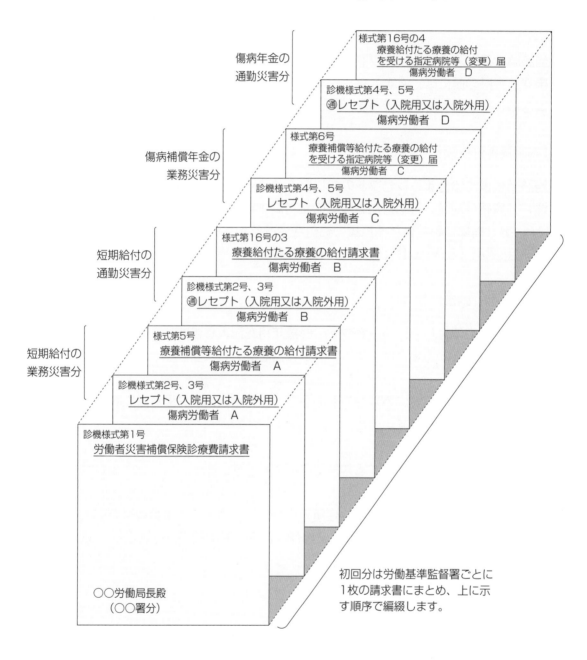

② **継続分**

初回分とは異なり、傷病労働者の事業場の所在地に関係なく一括して請求書を作成します。

◎ 請求書

○ ［短 期 給 付］業務災害レセプト

○ ［短 期 給 付］通勤災害レセプト

○ ［傷病補償年金］業務災害レセプト

○ ［傷 病 年 金］通勤災害レセプト

なお、転医始診のレセプトの場合は、様式第 6 号又は第 16 号の 4 を添付してください。

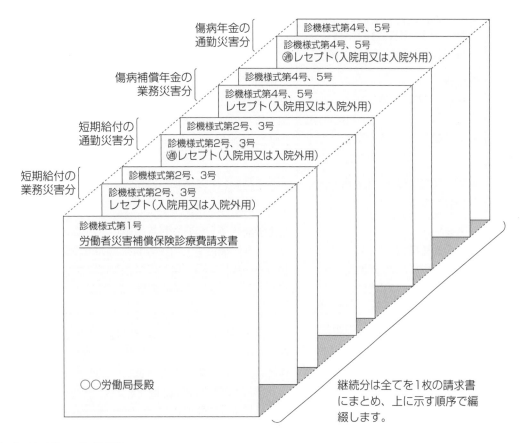

<注意事項（①、②共通）>

・ 請求書単位で束全体を紐・こより等で綴るか、クリップ留めをします。

※ のり・ホチキス等は使用しないでください。

・ 編綴順序は標準的な取扱いを示したものであり、各都道府県労働局によって若干相違する場合がありますので、各都道府県労働局労災補償課（分室・医療係等）（244 ページ参照）でご確認ください。

（4）診療費請求書等の提出先

編綴した請求書は、労災指定医療機関等の所在地を管轄する労働局労災補償課（分室・医療係等）に提出します。

2 その他

（1）証明書料・診断書料等一覧表

① 医療機関がレセプトにより請求するもの

ア　診療費とともにレセプト「⑳その他」欄で請求

証明書・診断書等の種類・様式	目　的　等	証明書料 診断書料
休業（補償）等給付支給請求書 　　様式第8号〔業務災害用〕 　　様式第16号の6〔通勤災害用〕	休業に関して診療担当者が証明するもの	2,000円
診断書 　　様式第10号（添付） 　　　　　　　　〔業務災害用〕 　　様式第16号の7（添付） 　　　　　　　　〔通勤災害用〕	障害（補償）等給付の支給を受けようとする者が、所轄労働基準監督署長に提出する「障害（補償）等給付支給請求書（様式第10号又は第16号の7）」に添付する「診断書」	4,000円
労災付添看護費用の額の証明書 　　様式第1号	看護に関して診療担当者が証明するもの	1,000円
診断書 　年金通知様式 　　第2号の1（じん肺用） 　　第3号　　（せき髄損傷用） 　　第4号　　（じん肺・せき髄 　　　　　　　損傷以外用）	療養開始後1年6か月を経過した日において治っていない場合に、当該労働者が所轄労働基準監督署長へ提出する「傷病の状態等に関する届（様式第16号の2）」に添付する「診断書」	4,000円
	休業（補償）等給付を受けようとする者が、毎年1月1日において、療養開始後1年6か月を経過しているときに、休業（補償）等給付支給請求書と共に所轄労働基準監督署長へ提出する「傷病の状態等に関する報告書（様式第16号の11）」に添付する「診断書」	
	傷病（補償）等年金の受給権者が、傷病の程度に変更があった場合に提出する「傷病の状態の変更に関する届（年金申請様式第4号）」に添付する「診断書」	
はり・きゅう診断書 　診鍼様式第1号	医師がはり・きゅうの施術を必要と認め交付する「診断書」（初療時、6か月経過後、その後3か月ごとに交付）	
	・はり・きゅう単独	3,000円
	・一般医療とはり・きゅう併用	3,000円
		（評価表添付の場合） 4,000円

証明書・診断書等の種類・様式	目 的 等	証明書料 診断書料
マッサージ診断書 　診鍼様式第2号	医師がマッサージの施術を必要と認め交付する「診断書」（初療時、6か月経過後、その後3か月ごとに交付）	3,000円
診断書 　介護（補償）等給付請求書用	傷病（補償）等年金受給権者が、介護（補償）等給付の支給を受けようとする場合に、所轄労働基準監督署長へ提出する「介護（補償）等給付支給請求書（様式第16号の2の2）」に添付する「診断書」	4,000円

＊　様式第10号及び様式第16号の7に添付する診断書にかかる費用は、令和2年4月分からレセプトで請求することになりました。

イ　労働基準監督署より送付される請求書（「検査に要した費用等請求書（診機様式第1号の2)」）及びレセプトで、診療費とは別に作成し請求

証明書・診断書等の種類・様式	目 的 等	証明書料 診断書料
診断書等	労働基準監督署長が療養（補償）等給付を受けている者（傷病（補償）等年金受給権者を含む）について、療養の継続の要否等を判断するため、診療担当医師に診断書等の提出を求めた場合における当該診断書等	5,000円

② 医療機関が労働者（受給者）に対し請求するもの

証明書・診断書等の種類・様式	目 的 等	証明書料 診断書料
診断書 　様式第11号 添付の診断書	障害（補償）等年金の受給権者が、障害の程度に変更があったとして所轄労働基準監督署長に提出する「障害（補償）等給付変更請求書（様式第11号）」に添付する「診断書」	4,000円
障害の状態に関する診断書 　年金通知様式第7号	障害の状態にあることにより遺族（補償）等年金等の受給権者（受給資格者）となる場合に、受給権者が所轄労働基準監督署長へ提出する次の各請求書に添付する「診断書」 ・「遺族（補償）等年金支給請求書」 　（様式第12号　　〔業務災害用〕） 　（様式第16号の8〔通勤災害用〕） ・「遺族（補償）等年金転給等請求書 　（様式第13号）」	4,000円
	障害の状態にあることにより遺族（補償）等年金の受給権者となっている者及び遺族年金の受給権者である妻が、定期的に所轄労働基準監督署長へ提出する「定期報告書（様式第18号（2））」に添付する「診断書」	
診断書 　介護（補償）等給付請求書用	障害（補償）等年金受給権者が介護（補償）等給付の支給を受けようとする場合に、所轄労働基準監督署長に提出する「介護（補償）等給付請求書（様式第16号の2の2）」に添付する「診断書」	4,000円

＊　労働者（受給者）は、一旦自費で費用を支払い、「療養（補償）等給付たる療養の費用請求書（様式第7号又は第16号の5）」に領収書を添付のうえ、所轄労働基準監督署長に請求を行います。

③ その他
医療機関が労働基準監督署長の指定する請求書により請求

証明書・診断書等の種類・様式	目 的 等	証明書料 診断書料
意見書の提出について 　様式4	労働基準監督署長が業務上外等の判断のために求めた専門医等の意見書	一般的な 医学的事項 7,000円 特に高度な 医学的事項 20,000円
	労働基準監督署長が労災保険法第47条の2の規定による受診命令に基づいて専門医等に作成依頼する意見書	

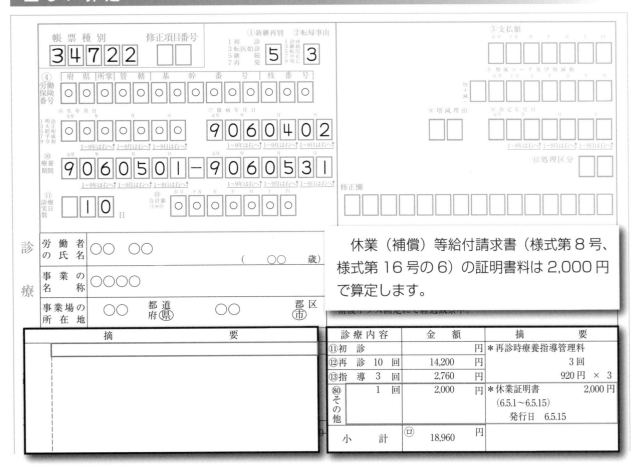

点検しましょう

誤った算定

帳票種別	修正項目番号	①新継再別	②転帰事由	③支払額

帳票種別 **3 4 7 2 2**　修正項目番号

①新継再別　1 初　診　3 転医始診　5 継　続　7 再　発　**5**
②転帰事由　2 治ゆ　3 中止　5 転医　9 死亡　**3**

④労働保険番号 ○ ○ ○ ○ ○ ○ ○ ○ ○ ○ ○ ○ ○ ○

⑥生年月日 ○ ○ ○ ○ ○ ○ ○

⑦傷病年月日 **9 0 6 0 4 0 2**

⑩療養期間 **9 0 6 0 5 0 1 - 9 0 6 0 5 3 1**

⑪診療実日数 **1 0** 日

⑬合計額(イ+ハ) ○ ○ ○ ○ ○ ○ ○ ○

⑧増減理由　⑨決定年月日　⑫処理区分

修正欄

診療

労働者の氏名　○○　○○　（　○○　歳）
事業の名称　○○○○
事業場の所在地　○○ 都道府県　○○ 郡区市

傷病の部位及び傷病名　右足第4指・第5指基節骨骨折、右足挫創

傷病の経過　術後ギプス固定にて経過観察中。

摘要		
⑬ ＊傷病手当金意見書交付料（5月15日）	100 × 1	

診療内容	金額	摘要
⑪初　診	円	＊再診時療養指導管理料
⑫再　診　10 回	14,200 円	3回
⑬指　導　3 回	2,760 円	920 円 × 3
⑧その他	円	
小　計	(ロ) 16,960 円	

正しい算定

帳票種別 **3 4 7 2 2**　修正項目番号

①新継再別　1 初　診　3 転医始診　5 継　続　7 再　発　**5**
②転帰事由　2 治ゆ　3 中止　5 転医　9 死亡　**3**

④労働保険番号 ○ ○ ○ ○ ○ ○ ○ ○ ○ ○ ○ ○ ○ ○

⑥生年月日 ○ ○ ○ ○ ○ ○ ○

⑦傷病年月日 **9 0 6 0 4 0 2**

⑩療養期間 **9 0 6 0 5 0 1 - 9 0 6 0 5 3 1**

⑪診療実日数 **1 0** 日

⑬合計額(イ+ハ) ○ ○ ○ ○ ○ ○ ○ ○

⑧増減理由　⑨決定年月日　⑫処理区分

修正欄

診療

労働者の氏名　○○　○○　（　○○　歳）
事業の名称　○○○○
事業場の所在地　○○ 都道府県　○○ 郡区市

休業（補償）等給付請求書（様式第8号、様式第16号の6）の証明書料は2,000円で算定します。

摘要		

診療内容	金額	摘要
⑪初　診	円	＊再診時療養指導管理料
⑫再　診　10 回	14,200 円	3回
⑬指　導　3 回	2,760 円	920 円 × 3
⑧その他　1 回	2,000 円	＊休業証明書　2,000 円
		（6.5.1～6.5.15）
		発行日　6.5.15
小　計	(ロ) 18,960 円	

（2）労災保険における治療用装具等の取扱い

　　傷病労働者に装用させた治療用装具等の費用について、労災指定医療機関等で作製されたものは、他の一般診療費と同様に療養の現物給付扱いとなりますが、外部の製作業者に依頼して作製したものは、傷病労働者に対する療養の費用払い扱いとなります。療養の費用の額は、それぞれ支給される治療用装具等により異なりますが、主なものは下表のとおりです。

項　　目	取　扱　い
装着式収尿器 （人工膀胱）	支給 尿路障害者に支給
人工肛門受便器 （ペロッテ）	支給（装着式収尿器の取扱いに準じる） 人工肛門造設者に支給
浣腸剤	支給 せき髄損傷等神経系の障害による便秘症のある患者で、自力による排便管理の訓練を行っている者に支給
ソフトコンタクトレンズ	支給 （注）　視力の屈折矯正のために使用するコンタクトレンズは除く。
補聴器	不支給 （傷病が治ゆした者には、社会復帰促進等事業から支給）
眼鏡	不支給 （業務災害により、視力が 0.6 以下に低下したものについては、社会復帰促進等事業から支給）
義眼	眼球摘出後眼窩保護用として支給
義歯	義歯を業務災害により破損した場合、これに要する修理は療養補償範囲に含める。
腰部又は、胸部固定帯 頸椎固定用シーネ 鎖骨固定帯 膝・足関節の創部固定帯 （コルセット、ポリネック、クラビクルバンド等）	療養上必要であるものは療養の給付として支給すべき治療材料に属するものとして療養費として支給する。
歩行補助器 松葉杖	医療機関がこれを本人に貸与すべきであるが、療養目的をもって自己が購入した場合は、療養費として支給して差し支えない。
義肢装着前の訓練用装具 （練習用仮義肢）	症状固定前の仮義手及び仮義足（義手に係る装飾用並びに義足に係る作業用は除く）については、診療担当に当たる医師の指示、指導のもとに使用する場合、1 回に限り、治療用装具として療養費を支給する。
伸縮性包帯	頭部・頸部・躯幹固定用の他、四肢固定用についても支給を認める。なお、バストバンド、トラコバンド等は躯幹固定用伸縮性包帯に含める。
保護帽子 （頭蓋骨欠損部分保護）	人工骨を挿入するまでの間、頭蓋骨欠損部分を保護するためのものとして支給
フローテーションパッド	支給 自力による体位変換が不可能若しくは困難な状態が長期間にわたると見込まれる傷病労働者に対し、1 人につき 1 枚支給
滅菌ガーゼ	支給 せき髄損傷等による重度の障害者のうち、尿路変更による皮膚瘻を形成しているもの又は尿路へカテーテルを留置しているもの若しくはこれらに類する創部を有するもの 自宅等で頻繁にガーゼを必要とするため、診療担当医が投与の必要を認めたもの（通院療養者に限る）

参考

四肢加算一覧表（処置料）

一般処置			四肢加算 1.5倍	四肢加算 2.0倍
創傷処置（単位：cm²）	1	100 未満	78	104
	2	100 以上 500 未満	90	120
	3	500 以上 3,000 未満	135	180
	4	3,000 以上 6,000 未満	240	320
	5	6,000 以上	413	550
下肢創傷処置	1	足部（踵を除く）の浅い潰瘍	203	
	2	足趾の深い潰瘍又は踵の浅い潰瘍	221	
	3	足部（踵を除く）の深い潰瘍又は踵の深い潰瘍	405	
熱傷処置（単位：cm²）	1	100 未満	203	270
	2	100 以上 500 未満	221	294
	3	500 以上 3,000 未満	506	674
	4	3,000 以上 6,000 未満	945	1,260
	5	6,000 以上	2,813	3,750
重度褥瘡処置（単位：cm²）	1	100 未満	135	180
	2	100 以上 500 未満	147	196
	3	500 以上 3,000 未満	225	300
	4	3,000 以上 6,000 未満	420	560
	5	6,000 以上	750	1,000
爪甲除去（麻酔を要しないもの）			105	140
穿刺排膿後薬液注入			68	90
ドレーン法	1	持続的吸引を行うもの	75	100
	2	その他のもの	38	50
絆創膏固定術			750	
鎖骨骨折固定術			750	

			四肢加算 1.5倍	四肢加算 2.0倍
皮膚科処置 皮膚科軟膏処置（単位：cm²）	1	100 以上 500 未満	83	110
	2	500 以上 3,000 未満	128	170
	3	3,000 以上 6,000 未満	233	310
	4	6,000 以上	405	540
皮膚科光線療法	1	赤外線又は紫外線療法	68	
	2	長波又は中波紫外線療法（概ね290nm以上315nm以下）	225	
	3	中波紫外線療法（308nm以上313nm以下に限定）	510	
整形外科的処置 消炎鎮痛等処置	1	手技による療法	53	
	2	器具による療法	53	
	3	湿布処置	53	70
関節穿刺（片側）			180	240
粘（滑）液嚢穿刺注入（片側）			150	200
ガングリオン穿刺術			120	160
ガングリオン圧砕法			120	160
鋼線等による直達牽引（2日目以降）			93	
介達牽引			53	
矯正固定			53	
変形機械矯正術			53	
低出力レーザー照射			53	

四肢加算一覧表（リハビリテーション料）

項目				労災独自の点数	四肢加算 1.5倍
心大血管疾患リハビリテーション料	a 理学療法士による場合 b 作業療法士による場合 c 医師による場合		（Ⅰ）	250	375
	d 看護師による場合 e 集団療法による場合		（Ⅱ）	125	188
脳血管疾患等リハビリテーション料	a 理学療法士による場合 b 作業療法士による場合		（Ⅰ）	250	375
	c 言語聴覚士による場合 d 医師による場合		（Ⅱ）	200	300
	a 理学療法士による場合 b 作業療法士による場合 c 言語聴覚士による場合 d 医師による場合 e aからdまで以外の場合		（Ⅲ）	100	150
廃用症候群リハビリテーション料	a 理学療法士による場合 b 作業療法士による場合 c 言語聴覚士による場合 d 医師による場合		（Ⅰ）	250	375
			（Ⅱ）	200	300
	a 理学療法士による場合 b 作業療法士による場合 c 言語聴覚士による場合 d 医師による場合 e aからdまで以外の場合		（Ⅲ）	100	150
運動器リハビリテーション料	a 理学療法士による場合 b 作業療法士による場合		（Ⅰ）	190	285
	c 医師による場合		（Ⅱ）	180	270
	a 理学療法士による場合 b 作業療法士による場合 c 医師による場合 d aからcまで以外の場合		（Ⅲ）	85	128
呼吸器リハビリテーション料	a 理学療法士による場合 b 作業療法士による場合		（Ⅰ）	180	270
	c 言語聴覚士による場合 d 医師による場合		（Ⅱ）	85	128

四肢加算一覧表（手術料）

			四肢加算 1.5倍	四肢加算 2.0倍	手指の機能回復指導加算算定の可否
創傷処理 (K000) ※1	1 筋肉、臓器に達するもの（長径5cm未満）		2,100	2,800	◎
	2 筋肉、臓器に達するもの（長径5cm以上10cm未満）		2,820	3,760	
	3 筋肉、臓器に達するもの（長径10cm以上）	イ 頭頸部（長径20cm以上のものに限る）			
		ロ その他	4,635	6,180	
	4 筋肉、臓器に達しないもの（長径5cm未満）		795	1,060	
	5 筋肉、臓器に達しないもの（長径5cm以上10cm未満）		1,425	1,900	
	6 筋肉、臓器に達しないもの（長径10cm以上）		2,220	2,960	
皮膚切開術 (K001)	1 長径10cm未満		960	1,280	◎
	2 長径10cm以上20cm未満		1,665	2,220	
	3 長径20cm以上		3,405	4,540	
デブリードマン (K002)	1 100cm²未満		2,430	3,240	◎
	2 100cm²以上3,000cm²未満		7,230	9,640	
	3 3,000cm²以上		16,845	22,460	
筋骨格系・四肢・体幹の手術（K023～K144）※2			健保点数 × 1.5	健保点数 × 2.0	◎
神経系・頭蓋の手術のうち、神経の手術（K182～K182-3、K188、K193～K198）			健保点数 × 1.5	健保点数 × 2.0	×
心・脈管の手術のうち、血管の手術（K606～K623-2）			健保点数 × 1.5	健保点数 × 2.0	×

※1 ※2　手の指の創傷処理（筋肉・臓器に達しないもの）及び手の指の骨折非観血的整復術については、上記一覧表によらず、労災独自の点数（下記参照）で算定します。

※1　手の指の創傷処理（筋肉・臓器に達しないもの）

指1本	1,060点
指2本	1,590点
指3本	2,120点
指4本	2,650点
指5本	2,650点

※2　手の指の骨折非観血的整復術

指1本	2,880点
指2本	4,320点
指3本	5,760点
指4本	7,200点
指5本	7,200点

四肢加算不可

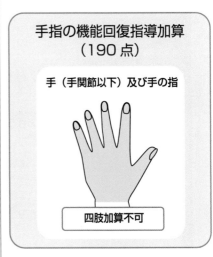

手指の機能回復指導加算（190点）

手（手関節以下）及び手の指

四肢加算不可

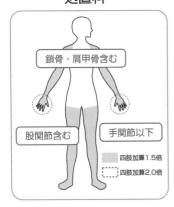

処置料

鎖骨・肩甲骨含む
股関節含む
手関節以下
四肢加算1.5倍
四肢加算2.0倍

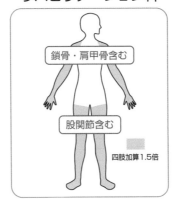

リハビリテーション料

鎖骨・肩甲骨含む
股関節含む
四肢加算1.5倍

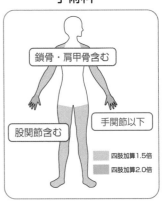

手術料

鎖骨・肩甲骨含む
股関節含む
手関節以下
四肢加算1.5倍
四肢加算2.0倍

処置及びリハビリテーションの併施一覧表

湿布処置等及び介達牽引・手技・器具等については、それぞれ異なる部位（局所）に行った場合に限り算定できます。

なお、「湿布処置等」とは、消炎鎮痛等処置のうち「湿布処置」、肛門処置をいいます。

また、「介達牽引・手技・器具等」とは、介達牽引、矯正固定、変形機械矯正術、消炎鎮痛等処置のうち「マッサージ等の手技による療法」及び「器具等による療法」、腰部又は胸部固定帯固定、低出力レーザー照射をいいます。

湿布処置等と介達牽引・手技・器具等の併施

湿布処置等
四肢加算の倍率ごとに算定合算

＋

介達牽引・手技・器具等
合計2部位（局所）まで

又は

介達牽引・手技・器具等
合計3部位（局所）まで

リハビリテーションと介達牽引・手技・器具等の併施

リハビリテーション

＋

介達牽引・手技・器具等
いずれか1部位（局所）

又は

介達牽引・手技・器具等
合計3部位（局所）まで

リハビリテーションと湿布処置等の併施

リハビリテーション ＋ 湿布処置等 いずれか1部位

リハビリテーション、湿布処置等と介達牽引・手技・器具等の併施

リハビリテーション ＋ 湿布処置等 いずれか1部位 ＋ 介達牽引・手技・器具等 いずれか1部位（局所）

又は

湿布処置等
四肢加算の倍率ごとに算定合算

＋

介達牽引・手技・器具等
合計2部位（局所）まで

介達牽引・手技・器具等
合計3部位（局所）まで

労災診療費算定基準（令和6年6月1日以降の診療に適用）

1　労働者災害補償保険法（以下「法」という。）の規定による療養の給付に要する診療費の算定は、診療報酬の算定方法（平成20年3月5日厚生労働省告示第59号（最終改正：令和6年3月5日））の別表第一医科診療報酬点数表及び第二歯科診療報酬点数表（以下「健保点数表」という。）の診療報酬点数（以下「健保点数」という。）に労災診療単価を乗じて行うものとする。

　　ただし、初診料、再診料、処置、手術、リハビリテーション料の一部及び入院基本料等の額又は点数は、次に定めるところによるものとする。

（1）　初診料　　3,850円

　　ア　労災保険の初診料は、支給事由となる災害の発生につき算定できるものとする。したがって、既に傷病の診療を継続（当日を含む。以下同じ。）している期間中に、当該診療を継続している医療機関において、当該診療に係る事由以外の業務上の事由又は通勤による負傷又は疾病により、初診を行った場合は、初診料を算定できるものとする。

　　イ　健保点数表（医科に限る。）の初診料の注5のただし書に該当する場合（上記アに規定する場合を除く。）については、1,930円を算定できる。

　　ウ　紹介状なしで受診した場合の定額負担料（健康保険における選定療養費）を傷病労働者から徴収した場合は、1,850円とする。

（2）　削除

（3）　初診時ブラッシング料　　91点

　　創面が異物の混入、附着等により汚染している創傷の治療に際し、生理食塩水、蒸留水等を使用して創面のブラッシングを行った場合に算定できる。

　　ただし、この算定は同一傷病につき1回限り（初診時）とする。

（4）　再診料　　1,420円

　　ア　一般病床の病床数200床未満の医療機関及び一般病床の病床数200床以上の医療機関の歯科、歯科口腔外科において再診を行った場合に算定できるものとする。

　　イ　健保点数表（医科に限る。）の再診料の注3に該当する場合については、710円を算定できる。

　　ウ　歯科、歯科口腔外科の再診について、他の病院（病床数200床未満に限る）又は診

療所に対して、文書による紹介を行う旨の申出を行ったにもかかわらず、当該医療機関を受診した場合の定額負担料（健康保険における選定療養費）を傷病労働者から徴収した場合は、1,020円とする。

（5）　再診時療養指導管理料　　920円

外来患者に対する再診の際に、療養上の食事、日常生活動作、機能回復訓練及びメンタルヘルスに関する指導を行った場合にその都度算定できる。

（6）　入院基本料

入院の日から起算して2週間以内の期間　健保点数の1.30倍

上記以降の期間　　　　　　　　　　　健保点数の1.01倍

入院基本料の点数を、入院の日から起算して2週間以内の期間については、健保点数（入院患者の入院期間に応じ、加算する点数は含まない。）の1.30倍、それ以降の期間については、一律、健保点数の1.01倍（いずれも1点未満の端数は四捨五入する。）とする。

（7）　四肢（鎖骨、肩甲骨及び股関節を含む。）の傷病に係る処置等の加算

四肢（鎖骨、肩甲骨及び股関節を含む。）の傷病に係る次の処置等の点数は、健保点数の1.5倍として算定できる（1点未満の端数は1点に切り上げる。）。

なお、手（手関節以下）、手の指に係る次のア、イの処置及びエの手術については、健保点数の2倍として算定できる。

また、次のエの手の指に係る創傷処理（筋肉に達しないもの。）については、指1本の場合は健保点数表における創傷処理の筋肉、臓器に達しないもの（長径5センチメートル未満）の点数（以下この項において「基本点数」という。）の2倍とし、指2本の場合は指1本の場合の点数に基本点数を加算した点数、指3本の場合は指2本の場合の点数に基本点数を加算した点数、指4本の場合は指3本の場合の点数に基本点数を加算した点数、指5本の場合は基本点数を5倍した点数とする。

ア　創傷処置、下肢創傷処置、爪甲除去（麻酔を要しないもの）、穿刺排膿後薬液注入、熱傷処置、重度褥瘡処置、ドレーン法及び皮膚科軟膏処置

イ　関節穿刺、粘（滑）液嚢穿刺注入、ガングリオン穿刺術、ガングリオン圧砕法及び消炎鎮痛等処置のうち「湿布処置」

ウ　絆創膏固定術、鎖骨又は肋骨骨折固定術、皮膚科光線療法、鋼線等による直達牽引（2日目以降）、介達牽引、矯正固定、変形機械矯正術、消炎鎮痛等処置のうち「マッサージ等の手技による療法」及び「器具等による療法」、低出力レーザー照射

エ　皮膚切開術、創傷処理、デブリードマン、筋骨格系・四肢・体幹手術及び神経・血管の手術

オ　リハビリテーション

（8）　手指の創傷に係る機能回復指導加算　　190点

　　　手（手関節以下）及び手の指の初期治療における機能回復指導加算として、当該部位について、健保点数表における「皮膚切開術」、「創傷処理」、「デブリードマン」及び「筋骨格系・四肢・体幹」の手術を行った場合に1回に限り所定点数にさらに190点を加算できる。

（9）　削除

（10）　削除

（11）　入院室料加算

　　　入院室料加算は、次の①及び②の要件に該当する場合に③に定める金額を算定できるものとする。

　　　ただし、健保点数表において特定入院料として定められている点数（救命救急入院料、特定集中治療室管理料等）の算定の対象となっている傷病労働者については、入院室料加算は算定できないものであること及び②のエの要件に該当する場合は、初回入院日から7日を限度とする。

　①　保険外併用療養費における特別の療養環境の提供に関する基準を満たした病室で、傷病労働者の容体が常時監視できるような設備又は構造上の配慮がなされている個室、2人部屋、3人部屋及び4人部屋に収容した場合。

　②　傷病労働者が次の各号のいずれかに該当するものであること。

　　ア　症状が重篤であって、絶対安静を必要とし、医師又は看護師が常時監視し、随時適切な措置を講ずる必要があると認められるもの。

　　イ　症状は必ずしも重篤ではないが、手術のため比較的長期にわたり医師又は看護師が常時監視を要し、随時適切な措置を講ずる必要があると認められるもの。

　　ウ　医師が、医学上他の患者から隔離しなければ適切な診療ができないと認めたもの。

　　エ　傷病労働者が赴いた病院又は診療所の普通室が満床で、かつ、緊急に入院療養を必要とするもの。

　③　医療機関が当該病室に係る料金として表示している金額を算定することができる。

　　　ただし、当該表示金額が次に示す額を超える場合には次に示す額とする。

　　　1日につき　個　室　甲地　11,000円、乙地　　9,900円
　　　　　　　　　2人部屋　甲地　5,500円、乙地　　4,950円
　　　　　　　　　3人部屋　甲地　5,500円、乙地　　4,950円
　　　　　　　　　4人部屋　甲地　4,400円、乙地　　3,960円

（12）　削除

参考

(13) 削除

(14) ① 消炎鎮痛等処置（「湿布処置」を除く。）、腰部又は胸部固定帯固定、低出力レーザー照射、介達牽引、矯正固定及び変形機械矯正術（以下「消炎鎮痛等処置等」という。）に係る点数は、負傷にあっては受傷部位ごとに、疾病にあっては1局所（上肢の左右、下肢の左右及び頭より尾頭までの躯幹をそれぞれ1局所とする。）ごとに、1日につきそれぞれ健保点数を算定できる。

　　ただし、3部位以上又は3局所以上にわたり当該処置を施した場合は、1日につき3部位又は3局所を限度とする。

　　なお、消炎鎮痛等処置等と疾患別リハビリテーションを同時に行った場合は、疾患別リハビリテーションの点数と、消炎鎮痛等処置等の1部位（局所）に係る点数をそれぞれ算定できる。

　　② 削除

(15) 病衣貸与料　　1日につき10点
　　入院患者に対し、医療機関が病衣を貸与した場合に算定できる。

(16) 削除

(17) 削除

(18) 療養の給付請求書取扱料　　2,000円
　　労災保険指定医療機関等において、「療養（補償）等給付たる療養の給付請求書（告示様式第5号又は第16号の3）」を取り扱った場合（再発を除く。）に算定できる。

(19) 固定用伸縮性包帯
　　固定用伸縮性包帯を特定保険医療材料とする。
　　算定額は、実際に医療機関が購入した価格を10円で除し、労災診療単価を乗じた額とする。

(20) 救急医療管理加算
　　初診の傷病労働者について救急医療を行った場合に、次の金額を算定できる。
　　入　院　　6,900円
　　入院外　　1,250円
　　ただし、この算定は同一傷病につき1回限り（初診時）とする。

なお、入院については初診に引き続き入院している場合は7日間を限度に算定できるものとする。

　また、健保点数表における「救急医療管理加算」と重複算定することはできない。

(21)　削除

(22)　リハビリテーション
　　ア　疾患別リハビリテーションについては、健保点数表のリハビリテーションの通則1にかかわらず、次の点数で算定することができるものとする。
　　（ア）心大血管疾患リハビリテーション料（Ⅰ）（1単位）
　　　　a　理学療法士による場合　　　　250点
　　　　b　作業療法士による場合　　　　250点
　　　　c　医師による場合　　　　　　　250点
　　　　d　看護師による場合　　　　　　250点
　　　　e　集団療法による場合　　　　　250点
　　（イ）心大血管疾患リハビリテーション料（Ⅱ）（1単位）
　　　　a　理学療法士による場合　　　　125点
　　　　b　作業療法士による場合　　　　125点
　　　　c　医師による場合　　　　　　　125点
　　　　d　看護師による場合　　　　　　125点
　　　　e　集団療法による場合　　　　　125点
　　（ウ）脳血管疾患等リハビリテーション料（Ⅰ）（1単位）
　　　　a　理学療法士による場合　　　　250点
　　　　b　作業療法士による場合　　　　250点
　　　　c　言語聴覚士による場合　　　　250点
　　　　d　医師による場合　　　　　　　250点
　　（エ）脳血管疾患等リハビリテーション料（Ⅱ）（1単位）
　　　　a　理学療法士による場合　　　　200点
　　　　b　作業療法士による場合　　　　200点
　　　　c　言語聴覚士による場合　　　　200点
　　　　d　医師による場合　　　　　　　200点
　　（オ）脳血管疾患等リハビリテーション料（Ⅲ）（1単位）
　　　　a　理学療法士による場合　　　　100点
　　　　b　作業療法士による場合　　　　100点
　　　　c　言語聴覚士による場合　　　　100点
　　　　d　医師による場合　　　　　　　100点
　　　　e　aからdまで以外の場合　　　　100点

参考

（カ）廃用症候群リハビリテーション料（Ⅰ）（1単位）

    a　理学療法士による場合　　　　250点

    b　作業療法士による場合　　　　250点

    c　言語聴覚士による場合　　　　250点

    d　医師による場合　　　　　　　250点

（キ）廃用症候群リハビリテーション料（Ⅱ）（1単位）

    a　理学療法士による場合　　　　200点

    b　作業療法士による場合　　　　200点

    c　言語聴覚士による場合　　　　200点

    d　医師による場合　　　　　　　200点

（ク）廃用症候群リハビリテーション料（Ⅲ）（1単位）

    a　理学療法士による場合　　　　100点

    b　作業療法士による場合　　　　100点

    c　言語聴覚士による場合　　　　100点

    d　医師による場合　　　　　　　100点

    e　aからdまで以外の場合　　　100点

（ケ）運動器リハビリテーション料（Ⅰ）（1単位）

    a　理学療法士による場合　　　　190点

    b　作業療法士による場合　　　　190点

    c　医師による場合　　　　　　　190点

（コ）運動器リハビリテーション料（Ⅱ）（1単位）

    a　理学療法士による場合　　　　180点

    b　作業療法士による場合　　　　180点

    c　医師による場合　　　　　　　180点

（サ）運動器リハビリテーション料（Ⅲ）（1単位）

    a　理学療法士による場合　　　　85点

    b　作業療法士による場合　　　　85点

    c　医師による場合　　　　　　　85点

    d　aからcまで以外の場合　　　85点

（シ）呼吸器リハビリテーション料（Ⅰ）（1単位）

    a　理学療法士による場合　　　　180点

    b　作業療法士による場合　　　　180点

    c　言語聴覚士による場合　　　　180点

    d　医師による場合　　　　　　　180点

（ス）呼吸器リハビリテーション料（Ⅱ）（1単位）
　　　　　a　理学療法士による場合　　　　85点
　　　　　b　作業療法士による場合　　　　85点
　　　　　c　言語聴覚士による場合　　　　85点
　　　　　d　医師による場合　　　　　　　85点
イ　疾患別リハビリテーションについては、リハビリテーションの必要性及び効果が認められるものについては、疾患別リハビリテーション料の各規定の注1のただし書にかかわらず、健保点数表に定める標準的算定日数を超えて算定できることとし、健保点数表の疾患別リハビリテーション料の各規定の注5、注6及び注7（注6及び注7は脳血管疾患等リハビリテーション料、廃用症候群リハビリテーション料及び運動器リハビリテーション料に限る。）については、適用しないものとする。
ウ　入院中の傷病労働者に対し、訓練室以外の病棟等において早期歩行、ＡＤＬの自立等を目的とした疾患別リハビリテーション料（Ⅰ）（運動器リハビリテーション料（Ⅱ）を含む。）を算定すべきリハビリテーションを行った場合又は医療機関外において、疾患別リハビリテーション料（Ⅰ）（運動器リハビリテーション（Ⅱ）を含まない。）を算定すべき訓練に関するリハビリテーションを行った場合は、ＡＤＬ加算として1単位につき30点を所定点数に加算して算定できるものとする。
エ　健保点数表の疾患別リハビリテーション料の各規定における早期リハビリテーション加算、初期加算及び急性期リハビリテーション加算については、健保点数表に準じるものとする。

(23)　削除

(24)　職業復帰訪問指導料
　　　精神疾患を主たる傷病とする場合　　1日につき770点
　　　その他の疾患の場合　　　　　　　　1日につき580点
ア　傷病労働者（入院期間が1月を超えると見込まれる者又は入院治療を伴わず通院療養を2か月以上継続している者であって、就労が可能と医師が認める者。）が職業復帰を予定している事業場に対し、医師等（医師又は医師の指示を受けた看護職員（看護師及び准看護師。以下同じ。）、理学療法士、作業療法士及び公認心理師をいう。以下同じ。）又は医師の指示を受けたソーシャルワーカー（社会福祉士及び精神保健福祉士をいう。以下同じ。）が当該傷病労働者の同意を得て職場を訪問し、当該職場の事業主に対して、職業復帰のために必要な指導（以下「訪問指導」という。）を行い、診療録に当該指導内容の要点を記載した場合に、入院中及び通院中に合わせて3回（入院期間が6月を超えると見込まれる傷病労働者にあっては、入院中及び通院中に合わせて6回）に限り算定できるものとする。

イ　医師等のうち異なる職種の者2人以上が共同して又は医師等がソーシャルワーカーと一緒に訪問指導を行った場合は、380点を所定点数に加算して算定できるものとする。

ウ　精神疾患を主たる傷病とする場合にあっては、医師等に精神保健福祉士を含むものとする。

エ　訪問指導を実施した日と同一日又は訪問指導を行った後1月以内に、医師又は医師の指示を受けた看護職員、理学療法士若しくは作業療法士が上記アの傷病労働者のうち入院中の者に対し、本人の同意を得て、職業復帰を予定している事業場において特殊な器具、設備を用いた作業を行う職種への復職のための作業訓練又は事業場を目的地とする通勤のための移動手段の獲得訓練を行い、診療録に訪問指導の日、訓練を行った日、訓練実施時間及び訓練内容の要点を記載した場合は、訪問指導1回につき2回を限度に職業復帰訪問訓練加算として1日につき400点を所定点数に加算できるものとする。

(25)　精神科職場復帰支援加算　　200点

精神科を受診中の者に、精神科ショート・ケア、精神科デイ・ケア、精神科ナイト・ケア、精神科デイ・ナイト・ケア、精神科作業療法、通院集団精神療法を実施した場合であって、当該患者のプログラムに職場復帰支援のプログラムが含まれている場合に、週に1回算定できるものとする。

(26)　石綿疾患療養管理料　　225点

石綿関連疾患（肺がん、中皮腫、良性石綿胸水、びまん性胸膜肥厚に限る。）について、診療計画に基づく受診、検査の指示又は服薬、運動、栄養、疼痛等の療養上の管理を行った場合に月2回に限り算定できるものとする。

(27)　石綿疾患労災請求指導料　　450点

石綿関連疾患（肺がん、中皮腫、良性石綿胸水、びまん性胸膜肥厚に限る。）の診断を行った上で、傷病労働者に対する石綿ばく露に関する職歴の問診を実施し、業務による石綿ばく露が疑われる場合に労災請求の勧奨を行い、現に療養補償給付及び複数事業労働者療養給付たる療養の給付請求書（告示様式第5号）又は療養補償給付及び複数事業労働者療養給付たる療養の費用請求書（告示様式第7号（1））が提出された場合に、1回に限り算定できるものとする。

(28)　リハビリテーション情報提供加算　　200点

健保点数表の診療情報提供料が算定される場合であって、医師又は医師の指揮管理のもと理学療法士若しくは作業療法士が作成した職場復帰に向けた労災リハビリテーション実施計画書（転院までの実施結果を付記したもの又は添付したものに限る。別紙様式5）を、傷病労働者の同意を得て添付した場合に算定できるものとする。

(29) 術中透視装置使用加算　　220点

　　ア　「大腿骨」、「下腿骨」、「上腕骨」、「前腕骨」、「手根骨」、「中手骨」、「手の種子骨」、
　　　　「指骨」、「足根骨」、「膝蓋骨」、「足趾骨」、「中足骨」及び「鎖骨」の骨折観血的手術、
　　　　骨折経皮的鋼線刺入固定術、骨折非観血的整復術、関節脱臼非観血的整復術又は関節
　　　　内骨折観血的手術において、術中透視装置を使用した場合に算定できるものとする。

　　イ　「脊椎」の経皮的椎体形成術又は脊椎固定術、椎弓切除術、椎弓形成術において、
　　　　術中透視装置を使用した場合にも算定できるものとする。

　　ウ　「骨盤」の骨盤骨折非観血的整復術、腸骨翼骨折観血的手術、寛骨臼骨折観血的手
　　　　術又は骨盤骨折観血的手術（腸骨翼骨折観血的手術及び寛骨臼骨折観血的手術を除
　　　　く。）において、術中透視装置を使用した場合にも算定できるものとする。

(30) 頸椎固定用シーネ、鎖骨固定帯及び膝・足関節の創部固定帯

　　　医師の診察に基づき、頸椎固定用シーネ、鎖骨固定帯及び膝・足関節の創部固定帯の
　　使用が必要と認める場合に、実際に医療機関が購入した価格を10円で除し、労災診療
　　単価を乗じた額を算定できるものとする。

(31) 労災電子化加算　　5点

　　　電子情報処理組織の使用による労災診療費請求又は光ディスク等を用いた労災診療費
　　請求を行った場合、当該診療費請求内訳書1件につき5点を算定できるものとする。

(32) 職場復帰支援・療養指導料

　　　　　①精神疾患を主たる傷病とする場合　　初　回　900点
　　　　　　　　　　　　　　　　　　　　　　　　2回目　560点
　　　　　　　　　　　　　　　　　　　　　　　　3回目　450点
　　　　　　　　　　　　　　　　　　　　　　　　4回目　330点

　　　　　②その他の疾患の場合　　　　　　　　初　回　680点
　　　　　　　　　　　　　　　　　　　　　　　　2回目　420点
　　　　　　　　　　　　　　　　　　　　　　　　3回目　330点
　　　　　　　　　　　　　　　　　　　　　　　　4回目　250点

　　ア　傷病労働者（入院治療後通院療養を継続しながら就労が可能と医師が認める者又は
　　　　入院治療を伴わず通院療養を2か月以上継続している者で就労が可能と医師が認める
　　　　者。下記イからエについて同じ。）に対し、当該労働者の主治医又はその指示を受け
　　　　た看護職員、理学療法士、作業療法士、公認心理師若しくはソーシャルワーカーが、
　　　　就労に当たっての療養上必要な指導事項及び就労上必要な指導事項を記載した「指導
　　　　管理箋（別紙様式1～4）」を当該労働者に交付し、職場復帰のために必要な説明及
　　　　び指導を行った場合に月1回に限り算定できるものとする。

　イ　傷病労働者の主治医が、当該労働者の同意を得て、所属事業場の産業医（主治医が当該労働者の所属事業場の産業医を兼ねている場合を除く。）に対して文書をもって情報提供した場合についても算定できる。

　ウ　傷病労働者の主治医又はその指示を受けた看護職員、理学療法士、作業療法士、公認心理師若しくはソーシャルワーカーが、当該労働者の同意を得て、当該医療機関等に赴いた当該労働者の所属事業場の事業主と面談の上、職場復帰のために必要な説明及び指導を行い、診療録に当該指導内容の要点を記載した場合についても算定できる。

　エ　上記ア～ウの算定は、同一傷病労働者につき、それぞれ4回を限度（慢性的な疾病を主病とする者で現に就労しているものについては、医師が必要と認める期間）とする。

　オ　傷病労働者の主治医又はその指示を受けた看護職員、理学療法士、作業療法士若しくはソーシャルワーカーが、傷病労働者の勤務する事業場の事業主等又は産業医から、文書又は口頭で、療養と就労の両方を継続するために治療上望ましい配慮等について、助言を得て、医師が治療計画の再評価を実施し、必要に応じ治療計画の変更を行うとともに、傷病労働者に対し、治療計画変更の必要性の有無や具体的な変更内容等について説明を行った場合に、1回につき600点を加算できるものとする。

(33)　社会復帰支援指導料　　130点

　　3か月以上の療養を行っている傷病労働者に対して、治ゆが見込まれる時期及び治ゆ後における日常生活（就労を含む。）上の注意事項等について、医師が指導を行い、診療費請求内訳書の摘要欄に、指導年月日及び治ゆが見込まれる時期を記載した場合に、同一傷病労働者につき、1回に限り算定できるものとする。

　　当該指導は、別紙様式6の指導項目に基づいて行うこととし、算定にあたっては、別紙様式6に必要事項を記載して診療録に添付することとする。

(34)　コンピューター断層診断の特例　　225点

　　他の医療機関でコンピューター断層撮影を実施した画像について、再診時に診断した場合に、月1回算定できるものとする。

2　前記1の労災診療単価は、12円とする。ただし、以下に係るものについては、11円50銭とする。

（1）　国及び法人税法（昭和40年3月31日法律第34号）第2条第5号に規定する公共法人

（2）　法人税法第2条第6号に規定する公益法人等であって、法人税法施行令（昭和40年3月31日政令第97号）第5条第29号に掲げる医療保健業を行うもの

3 指定薬局に係る療養の給付に要する費用の算定は、前記1の厚生労働省告示別表第三調剤報酬点数表に基づき行うものとする。

4 入院時の食事に係る療養の給付に要する費用については、平成18年3月6日厚生労働省告示第99号（最終改正：令和6年3月5日）別表食事療養及び生活療養の費用額算定表の第一食事療養に定める金額の1.2倍により算定するものとする。

　なお、10円未満の端数については四捨五入すること。

5 指定訪問看護事業者に係る療養の給付に要する費用については、平成20年3月5日厚生労働省告示第67号（最終改正：令和6年3月5日）別表訪問看護療養費に係る指定訪問看護の費用の額の算定方法により算定するものとする。

6 法の規定による療養の費用を支給する場合の支給限度額の算定は、以上の取扱いに準じて行うものとする。

7 健保点数に労災診療単価を乗じて算定している項目については、改正後の健保点数により算定するものとする。

　なお、薬価基準による算定についても、改正後の薬価基準によるので留意すること。

8 入院室料加算の地域区分の甲地とは、一般職の職員の給与に関する法律（昭和25年法律第95号）第11条の3に基づく人事院規則9－49（地域手当）により支給区分が1級地から5級地とされる地域及び当該地域に準じる地域（令和6年3月5日付け保医発0305第5号「基本診療料の施設基準等及びその届出に関する手続きの取扱いについて」の別添3第8の別紙1の人事院規則で定める地域に準じる地域のうち3級地から5級地）をいい、入院室料加算の地域区分の乙地とは、甲地以外の地域をいう。

9 削除

都道府県労働局（労災補償課）・労働基準監督署所在地、管轄地域等一覧

令和6年4月1日現在

管轄コード	局 署 名	郵便番号	所 在 地	電 話 番 号	管 轄 地 域
01	北 海 道 労 働 局	〒060-8566	札幌市北区北8条西2-1-1 札幌第1合同庁舎	㈹011-709-2311	
01	札 幌 中 央	〒060-8587	札幌市北区北8条西2-1-1 札幌第1合同庁舎7階	011-737-1193	札幌市のうち中央区・北区・南区・西区・手稲区、石狩市（浜益区を除く）
18	札 幌 東	〒004-8518	札幌市厚別区厚別中央2条1-2-5	011-894-2817	札幌市のうち白石区・東区・厚別区・豊平区・清田区、江別市、恵庭市、北広島市、新篠津村、当別町
02	函 館	〒040-0032	函館市新川町25-18 函館地方合同庁舎1階	0138-87-7607	函館市、北斗市、福島町、松前町、木古内町、知内町、七飯町、鹿部町、森町、長万部町、今金町、厚沢部町、江差町、上ノ国町、乙部町、せたな町、奥尻町、八雲町
	函館 江差 駐在事務所	〒043-0041	檜山郡江差町字姥神町167 江差地方合同庁舎	0139-52-1028	
03	小 樽	〒047-0007	小樽市港町5-2 小樽地方合同庁舎3階	0134-33-7651	小樽市、積丹町、古平町、赤井川村、仁木町、余市町
04	岩 見 沢	〒068-0005	岩見沢市5条東15-7-7 岩見沢地方合同庁舎	0126-28-2422	岩見沢市、夕張市、美唄市、三笠市、月形町、浦臼町、南幌町、栗山町、長沼町、由仁町
05	旭 川	〒078-8505	旭川市宮前1条3-3-15 旭川合同庁舎西館6階	0166-99-4706	旭川市、富良野市、鷹栖町、東神楽町、当麻町、比布町、愛別町、上川町、東川町、美瑛町、上富良野町、中富良野町、南富良野町、占冠村、雨竜郡（幌加内町）
06	帯 広	〒080-0016	帯広市西6条南7-3 帯広地方合同庁舎1階	0155-97-1245	帯広市、音更町、上士幌町、鹿追町、士幌町、更別村、中札内村、芽室町、大樹町、広尾町、池田町、豊頃町、本別町、幕別町、浦幌町、足寄町、陸別町、新得町、清水町
07	滝 川	〒073-8502	滝川市緑町2-5-30	0125-24-7361	滝川市、芦別市、赤平市、砂川市、歌志内市、深川市、雨竜町、秩父別町、沼田町、北竜町、妹背牛町、奈井江町、上砂川町、新十津川町、石狩市のうち浜益区
08	北 見	〒090-8540	北見市青葉町6-8 北見地方合同庁舎	0157-88-3985	北見市、網走市、大空町、津別町、美幌町、置戸町、訓子府町、佐呂間町、清里町、小清水町、斜里町、湧別町、遠軽町
09	室 蘭	〒051-0023	室蘭市入江町1-13 室蘭地方合同庁舎	0143-48-4452	室蘭市、登別市、伊達市、壮瞥町、洞爺湖町、豊浦町
17	苫 小 牧	〒053-8540	苫小牧市港町1-6-15 苫小牧港湾合同庁舎	0144-88-8901	苫小牧市、千歳市、白老町、厚真町、安平町、むかわ町
10	釧 路	〒085-8510	釧路市柏木町2-12	0154-45-7837	釧路市、根室市、釧路町、厚岸町、浜中町、標茶町、弟子屈町、鶴居村、白糠町、別海町、標津町、中標津町、羅臼町
11	名 寄	〒096-0014	名寄市西4条南9-16	01654-2-3186	名寄市、紋別市、士別市、美深町、音威子府村、中川町、雄武町、興部町、滝上町、西興部村、剣淵町、和寒町、下川町
13	留 萌	〒077-0048	留萌市大町2 留萌地方合同庁舎	0164-42-0463	留萌市、増毛町、小平町、初山別村、苫前町、羽幌町
14	稚 内	〒097-0001	稚内市末広5-6-1 稚内地方合同庁舎3階	0162-73-0777	稚内市、猿払村、枝幸町、中頓別町、浜頓別町、礼文町、利尻町、利尻富士町、遠別町、天塩町、豊富町、幌延町
15	浦 河	〒057-0034	浦河郡浦河町堺町西1-3-31	0146-22-2113	日高町、平取町、新冠町、浦河町、様似町、えりも町、新ひだか町
12	小 樽 倶知安支署	〒044-0011	虻田郡倶知安町南1条東3-1 倶知安地方合同庁舎4階	0136-22-0206	黒松内町、寿都町、蘭越町、岩内町、共和町、神恵内村、泊村、島牧村、喜茂別町、京極町、倶知安町、ニセコ町、真狩村、留寿都村
02	青森労働局	〒030-8558	青森市新町2-4-25 青森合同庁舎2階	017-734-4115	
01	青 森	〒030-0861	青森市長島1-3-5 青森第2合同庁舎8階	017-715-5452	青森市（浪岡を除く）、東津軽郡
02	弘 前	〒036-8172	弘前市大字南富田町5-1	0172-33-6411	青森市のうち浪岡、弘前市、黒石市、平川市、中津軽郡、南津軽郡
03	八 戸	〒039-1166	八戸市根城9-13-9 八戸合同庁舎1階	0178-46-3311	八戸市、三戸郡
04	五所川原	〒037-0004	五所川原市大字唐笠柳字藤巻507-5 五所川原合同庁舎3階	0173-35-2309	五所川原市、つがる市、北津軽郡、西津軽郡

管轄コード	局署名	郵便番号	所在地	電話番号	管轄地域
05	十 和 田	〒 034-0082	十和田市西二番町 14-12 十和田奥入瀬合同庁舎 3 階	0176-23-2780	十和田市、三沢市、上北郡のうちおいらせ町・七戸町・東北町・野辺地町・六戸町
06	む つ	〒 035-0072	むつ市金谷 2-6-15 下北合同庁舎 4 階	0175-22-3136	むつ市、下北郡、上北郡のうち横浜町・六ヶ所村
03	岩手労働局	〒 020-8522	盛岡市盛岡駅西通 1-9-15 盛岡第 2 合同庁舎 5 階	019-604-3009	
01	盛 岡	〒 020-8523	盛岡市盛岡駅西通 1-9-15 盛岡第 2 合同庁舎 6 階	019-907-9213	盛岡市、八幡平市、滝沢市、葛巻町、岩手町、雫石町、矢巾町、紫波町
02	宮 古	〒 027-0073	宮古市緑ヶ丘 5-29	0193-62-6455	宮古市、田野畑村、岩泉町、山田町
04	釜 石	〒 026-0041	釜石市上中島町 4-3-50 NTT 東日本上中島ビル 1 階	0193-23-0651	釜石市、遠野市（宮守町を除く）、大槌町
03	花 巻	〒 025-0076	花巻市城内 9-27 花巻合同庁舎 2 階	0198-20-2302	花巻市、北上市、遠野市のうち宮守町、奥州市のうち水沢・江刺・胆沢、西和賀町、金ケ崎町
05	一 関	〒 021-0864	一関市旭町 5-11	0191-23-4125	一関市、平泉町、奥州市のうち衣川・前沢
07	大 船 渡	〒 022-0002	大船渡市大船渡町字台 13-14	0192-26-5231	大船渡市、陸前高田市、住田町
06	二 戸	〒 028-6103	二戸市石切所字荷渡 6-1 二戸合同庁舎 2 階	0195-23-4131	久慈市、二戸市、洋野町、軽米町、一戸町、九戸村、野田村、普代村
04	宮城労働局	〒 983-8585	仙台市宮城野区鉄砲町 1 仙台第 4 合同庁舎	022-299-8843	
01	仙 台	〒 983-8507	仙台市宮城野区鉄砲町 1 仙台第 4 合同庁舎	022-299-9074	仙台市、塩釜市、名取市、岩沼市、多賀城市、富谷市、亘理町、山元町、松島町、七ヶ浜町、利府町
02	石 巻	〒 986-0832	石巻市泉町 4-1-18　石巻合同庁舎	0225-85-3484	石巻市、気仙沼市、東松島市、女川町、南三陸町
	石巻　気仙沼臨時窓口	〒 988-0077	気仙沼市古町 3-3-8 気仙沼駅前プラザ 2 階	0226-25-6921	
03	古 川	〒 989-6161	大崎市古川駅南 2-9-47	0229-22-2112	大崎市、大和町、大郷町、大衡村、加美町、色麻町、涌谷町、美里町
04	大 河 原	〒 989-1246	柴田郡大河原町字新東 24-25	0224-53-2154	白石市、角田市、蔵王町、七ヶ宿町、川崎町、村田町、大河原町、柴田町、丸森町
06	瀬 峰	〒 989-4521	栗原市瀬峰下田 50-8	0228-38-3131	登米市、栗原市
05	秋田労働局	〒 010-0951	秋田市山王 7-1-3 秋田合同庁舎 3 階	018-883-4275	
01	秋 田	〒 010-0951	秋田市山王 7-1-4 秋田第 2 合同庁舎 2 階	018-801-0823	秋田市、男鹿市、潟上市、南秋田郡
02	能 代	〒 016-0895	能代市末広町 4-20 能代合同庁舎 3 階	0185-52-6151	能代市、山本郡
03	大 館	〒 017-0897	大館市字三ノ丸 6-2	0186-42-4033	大館市、鹿角市、北秋田市、北秋田郡、鹿角郡
04	横 手	〒 013-0033	横手市旭川 1-2-23	0182-32-3111	横手市、湯沢市、雄勝郡
05	大 曲	〒 014-0063	大仙市大曲日の出町 1-3-4 大曲法務合同庁舎 1 階	0187-63-5151	大仙市、仙北市、仙北郡
06	本 荘	〒 015-0874	由利本荘市給人町 17 本荘合同庁舎 2 階	0184-22-4124	由利本荘市、にかほ市
06	山形労働局	〒 990-8567	山形市香澄町 3-2-1 山交ビル 3 階	023-624-8227	
01	山 形	〒 990-0041	山形市緑町 1-5-48 山形地方合同庁舎 4 階	023-608-5257	山形市、天童市、上山市、寒河江市、山辺町、中山町、大江町、河北町、朝日町、西川町
02	米 沢	〒 992-0012	米沢市金池 3-1-39 米沢地方合同庁舎 3 階	0238-23-7120	米沢市、長井市、南陽市、川西町、高畠町、小国町、飯豊町、白鷹町
03	庄 内	〒 997-0047	鶴岡市大塚町 17-27 鶴岡合同庁舎 4 階	0235-41-2675	鶴岡市、酒田市、庄内町、三川町、遊佐町
05	新 庄	〒 996-0011	新庄市東谷地田町 6-4 新庄合同庁舎 3 階	0233-22-0227	新庄市、舟形町、真室川町、金山町、最上町、鮭川村、大蔵村、戸沢村
06	村 山	〒 995-0021	村山市楯岡楯 2-28 村山合同庁舎 2 階	0237-55-2815	村山市、東根市、尾花沢市、大石田町
07	福島労働局	〒 960-8513	福島市花園町 5-46 福島第 2 地方合同庁舎 3 階	024-536-4605	
01	福 島	〒 960-8021	福島市霞町 1-46 福島合同庁舎 1 階	024-536-4613	福島市、二本松市、伊達市、伊達郡、相馬郡飯舘村
02	郡 山	〒 963-8071	郡山市富久山町久保田愛宕 78-1 2 階	024-922-1378	郡山市、田村市、本宮市、安達郡、田村郡

管轄コード	局署名	郵便番号	所在地	電話番号	管轄地域
03	い わ き	〒970-8703	いわき市平字堂根町4-11 いわき地方合同庁舎4階	0246-23-2258	いわき市
04	会 津	〒965-0803	会津若松市城前2-10	0242-88-3458	会津若松市、大沼郡、南会津郡、耶麻郡（磐梯町、猪苗代町）、河沼郡
06	白 河	〒961-0074	白河市郭内1-136 白河小峰城合同庁舎5階	0248-24-1391	白河市、西白河郡、東白川郡
05	須 賀 川	〒962-0834	須賀川市旭町204-1	0248-75-3519	須賀川市、岩瀬郡、石川郡
07	会 津 喜多方支署	〒966-0896	喜多方市諏訪91	0241-22-4211	喜多方市、耶麻郡（西会津町、北塩原村）
08	相 馬	〒976-0042	相馬市中村字桜ヶ丘68	0244-36-4175	相馬市、南相馬市、相馬郡新地町
09	富 岡	〒979-1112	双葉郡富岡町中央2-104	0240-22-3003	双葉郡
08	茨城労働局	〒310-8511	水戸市宮町1-8-31 茨城労働総合庁舎5階	029-224-6217	
01	水 戸	〒310-0015	水戸市宮町1-8-31 茨城労働総合庁舎3階	029-277-7917	水戸市、常陸太田市、ひたちなか市、常陸大宮市、那珂市、笠間市、茨城町、大洗町、城里町、大子町、東海村
02	日 立	〒317-0073	日立市幸町2-9-4	0294-88-3981	日立市、高萩市、北茨城市
03	土 浦	〒300-0805	土浦市宍塚1838 土浦労働総合庁舎4階	029-882-7022	土浦市、石岡市、つくば市、かすみがうら市、小美玉市、阿見町
04	筑 西	〒308-0825	筑西市下中山581-2	0296-22-4564	筑西市、結城市、下妻市、桜川市、八千代町
05	古 河	〒306-0011	古河市東3-7-32	0280-32-3232	古河市、境町、五霞町
07	常 総	〒303-0022	常総市水海道淵頭町3114-4	0297-22-0264	常総市、守谷市、坂東市、つくばみらい市
08	龍 ヶ 崎	〒301-0005	龍ヶ崎市川原代町四区6336-1	0297-62-3331	龍ヶ崎市、取手市、牛久市、稲敷市、利根町、河内町、美浦村
09	鹿 嶋	〒314-0031	鹿嶋市宮中1995-1 労働総合庁舎3階	0299-83-8461	鹿嶋市、潮来市、神栖市、行方市、鉾田市
09	栃木労働局	〒320-0845	宇都宮市明保野町1-4 宇都宮第2地方合同庁舎3階	028-634-9118	
01	宇 都 宮	〒320-0845	宇都宮市明保野町1-4 宇都宮第2地方合同庁舎別館	028-346-3169	宇都宮市、さくら市、那須烏山市、高根沢町、那珂川町
02	足 利	〒326-0807	足利市大正町864	0284-41-1188	足利市
03	栃 木	〒328-0042	栃木市沼和田町20-24	0282-88-5499	栃木市、小山市、下野市、壬生町、野木町、佐野市
05	鹿 沼	〒322-0063	鹿沼市戸張町2365-5	0289-64-3215	鹿沼市
06	大 田 原	〒324-0041	大田原市本町2-2828-19	0287-22-2279	大田原市、矢板市、那須塩原市、那須町
07	日 光	〒321-1261	日光市今市305-1	0288-22-0273	日光市、塩谷町
08	真 岡	〒321-4305	真岡市荒町5203	0285-82-4443	真岡市、益子町、茂木町、市貝町、芳賀町、上三川町
10	群馬労働局	〒371-8567	前橋市大手町2-3-1 前橋地方合同庁舎8階	027-896-4738	
01	高 崎	〒370-0045	高崎市東町134-12 高崎地方合同庁舎3階	027-367-2314	高崎市（藤岡労働基準監督署の管轄区域を除く）、富岡市、安中市、甘楽郡（甘楽町、下仁田町、南牧村）
02	前 橋	〒371-0026	前橋市大手町2-3-1 前橋地方合同庁舎7階	027-896-4537	前橋市、渋川市、北群馬郡（榛東村、吉岡町）、伊勢崎市、佐波郡（玉村町）
	前橋 伊勢崎分庁舎	〒372-0024	伊勢崎市下植木町517	0270-25-3363	
04	桐 生	〒376-0045	桐生市末広町13-5	0277-44-3523	桐生市、みどり市
05	太 田	〒373-0817	太田市飯塚町104-1	0276-58-9730	太田市、館林市、邑楽郡（板倉町、邑楽町、大泉町、千代田町、明和町）
06	沼 田	〒378-0031	沼田市薄根町4468-4	0278-23-0323	沼田市、利根郡（片品村、川場村、昭和村、みなかみ町）
07	藤 岡	〒375-0014	藤岡市下栗須124-10	0274-22-1418	藤岡市、高崎市のうち新町・吉井町、多野郡（上野村、神流町）
08	中 之 条	〒377-0424	吾妻郡中之条町大字中之条町664-1	0279-75-3034	吾妻郡（東吾妻町、草津町、高山村、嬬恋村、中之条町、長野原町）

管轄コード	局署名	郵便番号	所在地	電話番号	管轄地域
11	埼玉労働局	〒330-6016	さいたま市中央区新都心 11-2 ランド・アクシス・タワー15 階	048-600-6207	
01	さいたま	〒330-6014	さいたま市中央区新都心 11-2 ランド・アクシス・タワー14 階	048-600-4802	さいたま市（岩槻区を除く）、鴻巣市（旧川里町 赤城、赤城台、新井、上会下、北根、屈巣、境、関新田、広田を除く）、上尾市、朝霞市、志木市、和光市、新座市、桶川市、北本市、北足立郡伊奈町
02	川口	〒332-0015	川口市川口 2-10-2	048-252-3804	川口市、蕨市、戸田市
04	熊谷	〒360-0856	熊谷市別府 5-95	048-511-7002	熊谷市、本庄市、深谷市、大里郡寄居町、児玉郡（美里町、神川町、上里町）
05	川越	〒350-1118	川越市豊田本 1-19-8 川越合同庁舎 2 階	049-242-0893	川越市、東松山市、富士見市、坂戸市、鶴ヶ島市、ふじみ野市、比企郡（滑川町、嵐山町、小川町、ときがわ町、川島町、吉見町、鳩山町）、入間郡（毛呂山町、越生町）、秩父郡東秩父村
06	春日部	〒344-8506	春日部市南 3-10-13	048-735-5228	春日部市、さいたま市のうち岩槻区、草加市、八潮市、三郷市、久喜市、越谷市、蓮田市、幸手市、吉川市、白岡市、南埼玉郡宮代町、北葛飾郡（杉戸町、松伏町）
07	所沢	〒359-0042	所沢市並木 6-1-3 所沢合同庁舎 3 階	04-2995-2586	所沢市、飯能市、狭山市、入間市、日高市、入間郡三芳町
08	行田	〒361-8504	行田市桜町 2-6-14	048-556-4195	行田市、加須市、羽生市、鴻巣市のうち旧川里町 赤城・赤城台・新井・上会下・北根・屈巣・境・関新田・広田
09	秩父	〒368-0024	秩父市上宮地町 23-24	0494-22-3725	秩父市、秩父郡（横瀬町、皆野町、長瀞町、小鹿野町）
12	千葉労働局	〒260-8612	千葉市中央区中央 4-11-1 千葉第 2 地方合同庁舎 3 階	043-221-4313	
01	千葉	〒260-8506	千葉市中央区中央 4-11-1 千葉第 2 地方合同庁舎 3 階	043-308-0673	千葉市、市原市、四街道市
02	船橋	〒273-0022	船橋市海神町 2-3-13	047-431-0183	船橋市、市川市、習志野市、八千代市、鎌ヶ谷市、浦安市、白井市
03	柏	〒277-0021	柏市中央町 3-2 柏トーセイビル 3 階	04-7163-0248	柏市、松戸市、野田市、流山市、我孫子市
04	銚子	〒288-0041	銚子市中央町 8-16 銚子労働総合庁舎 4 階	0479-22-8100	銚子市、匝瑳市、旭市、香取郡（東庄町）
06	木更津	〒292-0831	木更津市富士見 2-4-14 木更津地方合同庁舎	0438-80-2831	木更津市、君津市、富津市、袖ヶ浦市、館山市、鴨川市、南房総市、安房郡（鋸南町）
07	茂原	〒297-0018	茂原市萩原町 3-20-3	0475-22-4551	茂原市、勝浦市、いすみ市、長生郡（一宮町、睦沢町、白子町、長柄町、長南町、長生村）、夷隅郡（大多喜町、御宿町）
08	成田	〒286-0134	成田市東和田 553-4	0476-22-5666	成田市、香取市、印西市、富里市、印旛郡（栄町）、香取郡（神崎町、多古町）
09	東金	〒283-0005	東金市田間 65	0475-52-4358	東金市、佐倉市、八街市、山武市、大網白里市、山武郡（九十九里町、芝山町、横芝光町）、印旛郡（酒々井町）
13	東京労働局	〒102-8306	千代田区九段南 1-2-1 九段第 3 合同庁舎 13 階	03-3512-1617	
01	中央	〒112-8573	文京区後楽 1-9-20 飯田橋合同庁舎 7 階	03-5803-7383	千代田区、中央区、文京区、大島町、八丈町、利島村、新島村、神津島村、三宅村、御蔵島村、青ヶ島村
03	上野	〒110-0008	台東区池之端 1-2-22 上野合同庁舎 7 階	03-6872-1316	台東区
04	三田	〒108-0014	港区芝 5-35-2 安全衛生総合会館 3 階	03-3452-5472	港区
05	品川	〒141-0021	品川区上大崎 3-13-26	03-3443-5744	品川区、目黒区
06	大田	〒144-8606	大田区蒲田 5-40-3 TT 蒲田駅前ビル 9 階	03-3732-0173	大田区
07	渋谷	〒150-0041	渋谷区神南 1-3-5 渋谷神南合同庁舎 6 階	03-3780-6507	渋谷区、世田谷区
08	新宿	〒169-0073	新宿区百人町 4-4-1 新宿労働総合庁舎 5 階	03-3361-4402	新宿区、中野区、杉並区
09	池袋	〒171-8502	豊島区池袋 4-30-20 豊島地方合同庁舎 1 階	03-3971-1259	豊島区、板橋区、練馬区

参考

管轄コード	局 署 名	郵便番号	所 在 地	電 話 番 号	管 轄 地 域
10	王 子	〒115-0045	北区赤羽 2-8-5	03-6679-0226	北区
11	足 立	〒120-0026	足立区千住旭町 4-21 足立地方合同庁舎 4 階	03-3882-1189	足立区、荒川区
12	向 島	〒131-0032	墨田区東向島 4-33-13	03-5630-1033	墨田区、葛飾区
13	亀 戸	〒136-8513	江東区亀戸 2-19-1 カメリアプラザ 8 階	03-3637-8132	江東区
14	江 戸 川	〒134-0091	江戸川区船堀 2-4-11	03-6681-8232	江戸川区
15	八 王 子	〒192-0046	八王子市明神町 4-21-2 八王子地方合同庁舎 3 階	042-680-8923	八王子市、日野市、稲城市、多摩市
16	立 川	〒190-8516	立川市緑町 4-2 立川地方合同庁舎 3 階	042-523-4474	立川市、昭島市、府中市、小金井市、小平市、東村山市、国分寺市、武蔵村山市、国立市、東大和市
17	青 梅	〒198-0042	青梅市東青梅 2-6-2	0428-28-0392	青梅市、福生市、あきる野市、羽村市、西多摩郡
18	三 鷹	〒180-8518	武蔵野市御殿山 1-1-3 クリスタルパークビル 3 階	0422-67-3422	武蔵野市、三鷹市、調布市、西東京市、狛江市、清瀬市、東久留米市
19	八 王 子町 田 支 署	〒194-0022	町田市森野 2-28-14 町田地方合同庁舎 2 階	042-718-8592	町田市
20	小 笠 原総 合 事 務 所	〒100-2101	東京都小笠原村父島字東町 152	04998-2-2245	小笠原村
14	神 奈 川労 働 局	〒231-8434	横浜市中区北仲通 5-57 横浜第 2 合同庁舎 8 階	045-211-7355	
01	横 浜 南	〒231-0003	横浜市中区北仲通 5-57 横浜第 2 合同庁舎 9 階	045-211-7376	横浜市のうち中区・南区・磯子区・港南区・金沢区
02	鶴 見	〒230-0051	横浜市鶴見区鶴見中央 2-6-18	045-279-5487	横浜市鶴見区（扇島［川崎南管轄］を除く）
03	川 崎 南	〒210-0012	川崎市川崎区宮前町 8-2	044-244-1272	川崎市のうち川崎区・幸区、横浜市鶴見区扇島
04	川 崎 北	〒213-0001	川崎市高津区溝口 1-21-9	044-382-3192	川崎市のうち中原区・宮前区・高津区・多摩区・麻生区
05	横 須 賀	〒238-0005	横須賀市新港町 1-8 横須賀地方合同庁舎 5 階	046-823-0858	横須賀市、三浦市、逗子市、葉山町
06	横 浜 北	〒222-0033	横浜市港北区新横浜 2-4-1 日本生命新横浜ビル 3・4 階	045-474-1253	横浜市のうち西区・神奈川区・港北区・緑区・青葉区・都筑区
07	平 塚	〒254-0041	平塚市浅間町 10-22 平塚地方合同庁舎 3 階	0463-43-8616	平塚市、伊勢原市、秦野市、大磯町、二宮町
08	藤 沢	〒251-0054	藤沢市朝日町 5-12 藤沢労働総合庁舎 3 階	0466-97-6749	藤沢市、茅ヶ崎市、鎌倉市、寒川町
09	小 田 原	〒250-0011	小田原市栄町 1-1-15 ミナカ小田原 9 階	0465-22-7152	小田原市、南足柄市、足柄上郡、足柄下郡
10	厚 木	〒243-0018	厚木市中町 3-2-6　厚木 T ビル 5 階	046-401-1642	厚木市、海老名市、大和市、座間市、綾瀬市、愛甲郡
11	相 模 原	〒252-0236	相模原市中央区富士見 6-10-10 相模原地方合同庁舎 4 階	042-861-8632	相模原市
12	横 浜 西	〒240-8612	横浜市保土ヶ谷区岩井町 1-7 保土ヶ谷駅ビル 4 階	045-287-0275	横浜市のうち保土ヶ谷区・戸塚区・栄区・泉区・旭区・瀬谷区
15	新潟労働局	〒950-8625	新潟市中央区美咲町 1-2-1 新潟美咲合同庁舎 2 号館 3 階	025-288-3506	
01	新 潟	〒950-8624	新潟市中央区美咲町 1-2-1 新潟美咲合同庁舎 2 号館 2 階	025-288-3574	新潟市（秋葉区、南区を除く）
02	長 岡	〒940-0082	長岡市千歳 1-3-88 長岡地方合同庁舎 7 階	0258-87-3313	長岡市（小出労働基準監督署の管轄区域を除く）、柏崎市、三島郡、刈羽郡
03	上 越	〒943-0803	上越市春日野 1-5-22 上越地方合同庁舎 3 階	025-542-2903	上越市、糸魚川市、妙高市
04	三 条	〒955-0055	三条市塚野目 2-5-11	0256-32-1150	三条市、加茂市、燕市、見附市、西蒲原郡、南蒲原郡
06	新 発 田	〒957-8506	新発田市日渡 96 新発田地方合同庁舎 3 階	0254-27-6680	新発田市、村上市、阿賀野市、胎内市、北蒲原郡、岩船郡
07	新 津	〒956-0864	新潟市秋葉区新津本町 4-18-8 新津労働総合庁舎 3 階	0250-22-4161	新潟市のうち秋葉区・南区、五泉市、東蒲原郡
08	小 出	〒946-0004	魚沼市大塚新田 87-3	025-792-0241	長岡市のうち川口相川・川口荒谷・川口牛ヶ島・東川口・川口木沢・川口田麦山・川口峠・川口中山・西川口・川口武道窪・川口和南津、小千谷市、魚沼市、南魚沼市、南魚沼郡

管轄コード	局署名	郵便番号	所在地	電話番号	管轄地域
09	十 日 町	〒948-0073	十日町市稲荷町 2-9-3	025-752-2079	十日町市、中魚沼郡
11	佐 渡	〒952-0016	佐渡市原黒 333-38	0259-23-4500	佐渡市
16	富山労働局	〒930-8509	富山市神通本町 1-5-5 富山労働総合庁舎 3 階	076-432-2739	
01	富 山	〒930-0008	富山市神通本町 1-5-5 富山労働総合庁舎 2 階	076-432-9143	富山市
02	高 岡	〒933-0046	高岡市中川本町 10-21 高岡法務合同庁舎 2 階	0766-89-1332	高岡市、氷見市、射水市
03	魚 津	〒937-0801	魚津市新金屋 1-12-31 魚津合同庁舎 4 階	0765-22-0579	魚津市、黒部市、滑川市、中新川郡、下新川郡
04	砺 波	〒939-1367	砺波市広上町 5-3	0763-32-3323	砺波市、小矢部市、南砺市
17	石川労働局	〒920-0024	金沢市西念 3-4-1 金沢駅西合同庁舎 5 階	076-265-4426	
01	金 沢	〒921-8013	金沢市新神田 4-3-10 金沢新神田合同庁舎 3 階	076-292-7938	金沢市、白山市、かほく市、野々市市、河北郡
02	小 松	〒923-0868	小松市日の出町 1-120 小松日の出合同庁舎 7 階	0761-22-4317	小松市、加賀市、能美市、能美郡
03	七 尾	〒926-0852	七尾市小島町西部 2 七尾地方合同庁舎 2 階	0767-52-3294	七尾市、羽咋市、鹿島郡、羽咋郡
05	穴 水	〒927-0027	鳳珠郡穴水町川島キ 84 穴水地方合同庁舎 2 階	0768-52-1140	輪島市、珠洲市、鳳珠郡
18	福井労働局	〒910-8559	福井市春山 1-1-54 福井春山合同庁舎 9 階	0776-22-2656	
01	福 井	〒910-0842	福井市開発 1-121-5	0776-54-7857	福井市、あわら市、坂井市、吉田郡
03	武 生	〒915-0814	越前市中央 1-6-4	0778-23-1440	越前市、鯖江市、南条郡、今立郡、丹生郡
02	敦 賀	〒914-0055	敦賀市鉄輪町 1-7-3 敦賀駅前合同庁舎 2 階	0770-22-0745	敦賀市、小浜市、三方郡、大飯郡、三方上中郡
04	大 野	〒912-0052	大野市弥生町 1-31	0779-66-3838	大野市、勝山市
19	山梨労働局	〒400-8577	甲府市丸の内 1-1-11 2 階	055-225-2856	
01	甲 府	〒400-8579	甲府市下飯田 2-5-51	055-224-5619	甲府市、韮崎市、南アルプス市、北杜市、甲斐市、笛吹市、中央市、中巨摩郡、山梨市、甲州市
02	都 留	〒402-0005	都留市四日市場 23-2	0554-43-2195	都留市、大月市、富士吉田市、上野原市、南都留郡、北都留郡
03	鰍 沢	〒400-0601	南巨摩郡富士川町鰍沢 1760-1 富士川地方合同庁舎 5 階	0556-22-3181	南巨摩郡、西八代郡
20	長野労働局	〒380-8572	長野市中御所 1-22-1 3 階	026-223-0556	
02	長 野	〒380-8573	長野市中御所 1-22-1 長野労働総合庁舎 1 階	026-474-9939	長野市（中野労働基準監督署の管轄区域を除く）、千曲市、上水内郡、埴科郡
01	松 本	〒390-0852	松本市大字島立 1696	0263-44-1253	松本市（大町労働基準監督署の管轄区域を除く）、塩尻市、安曇野市のうち明科東川手・明科中川手・明科光・明科七貴・明科南陸郷、東筑摩郡、木曽郡
03	岡 谷	〒394-0027	岡谷市中央町 1-8-4	0266-22-3454	岡谷市、諏訪市、茅野市、諏訪郡
04	上 田	〒386-0025	上田市天神 2-4-70	0268-22-0338	上田市、東御市、小県郡
05	飯 田	〒395-0051	飯田市高羽町 6-1-5 飯田高羽合同庁舎	0265-22-2635	飯田市、下伊那郡
06	中 野	〒383-0022	中野市中央 1-2-21	0269-22-2105	中野市、須坂市、飯山市、長野市のうち若穂綿内・若穂川田・若穂牛島・若穂保科、上高井郡、下高井郡、下水内郡
07	小 諸	〒384-0017	小諸市三和 1-6-22	0267-22-1760	小諸市、佐久市、南佐久郡、北佐久郡
08	伊 那	〒396-0015	伊那市中央 5033-2	0265-72-6181	伊那市、駒ヶ根市、上伊那郡
10	大 町	〒398-0002	大町市大町 2943-5 大町地方合同庁舎 4 階	0261-22-2001	松本市のうち梓川上野・梓川梓・梓川倭、大町市、安曇野市（松本労働基準監督署の管轄区域を除く）、北安曇郡
21	岐阜労働局	〒500-8723	岐阜市金竜町 5-13 岐阜合同庁舎 3 階	058-245-8105	
01	岐 阜	〒500-8157	岐阜市五坪 1-9-1 岐阜労働総合庁舎 3 階	058-247-2370	岐阜市、羽島市、各務原市、山県市、瑞穂市、本巣市、羽島郡、本巣郡
02	大 垣	〒503-0893	大垣市藤江町 1-1-1	0584-80-5082	大垣市、安八郡、不破郡、海津市、養老郡、揖斐郡
03	高 山	〒506-0009	高山市花岡町 3-6-6	0577-32-1180	高山市、飛騨市、下呂市、大野郡

参考

管轄コード	局署名	郵便番号	所 在 地	電 話 番 号	管 轄 地 域
04	多 治 見	〒 507-0037	多治見市音羽町 5-39-1 多治見労働総合庁舎 3 階	0572-22-6381	多治見市、瑞浪市、土岐市、可児市、可児郡
05	関	〒 501-3803	関市西本郷通 3-1-15	0575-22-3251	関市、美濃市、美濃加茂市、加茂郡
06	恵 那	〒 509-7203	恵那市長島町正家 1-3-12 恵那合同庁舎 2 階	0573-26-2175	恵那市、中津川市
07	岐 阜 八 幡	〒 501-4235	郡上市八幡町有坂 1209-2 郡上八幡地方合同庁舎 3 階	0575-65-2101	郡上市
22	静岡労働局	〒 420-8639	静岡市葵区追手町 9-50 静岡地方合同庁舎 3 階	054-254-6369	
01	浜 松	〒 430-8639	浜松市中区中央 1-12-4 浜松合同庁舎 8 階	053-456-8150	浜松市、湖西市
02	静 岡	〒 420-0858	静岡市葵区伝馬町 24-2 相川伝馬町ビル 2・3 階	054-252-8108	静岡市
03	沼 津	〒 410-0831	沼津市市場町 9-1 沼津合同庁舎 4 階	055-933-5830	沼津市、御殿場市、裾野市、駿東郡（清水町、長泉町、小山町）
05	三 島	〒 411-0033	三島市文教町 1-3-112 三島労働総合庁舎 3 階	055-916-7343	三島市、熱海市、伊豆市、伊豆の国市、伊東市、田方郡（函南町）、下田市、賀茂郡
	三島　下田 駐在事務所	〒 415-0036	下田市西本郷 2-5-33 下田地方合同庁舎 1 階	0558-22-0649	下田市、賀茂郡（河津町、西伊豆町、東伊豆町、松崎町、南伊豆町）
06	富 士	〒 417-0041	富士市御幸町 13-28	0545-51-2255	富士市、富士宮市
07	磐 田	〒 438-8585	磐田市見付 3599-6 磐田地方合同庁舎 4 階	0538-82-3087	磐田市、袋井市、掛川市、菊川市、御前崎市、周智郡（森町）
08	島 田	〒 427-8508	島田市本通 1-4677-4 島田労働総合庁舎 3 階	0547-41-4913	島田市、藤枝市、牧之原市、焼津市、榛原郡（吉田町、川根本町）
23	愛知労働局 （広小路庁舎）	〒 460-0008	名古屋市中区栄 2-3-1 名古屋広小路ビルヂング 11 階	052-855-2147	
01	名 古 屋 北	〒 461-8575	名古屋市東区白壁 1-15-1 名古屋合同庁舎第 3 号館 8 階	052-961-8655	名古屋市のうち東区・北区・中区・守山区、春日井市、小牧市
03	名 古 屋 東	〒 468-8551	名古屋市天白区中平 5-2101	052-800-0794	名古屋市のうち千種区・昭和区・瑞穂区・熱田区・緑区・名東区・天白区、豊明市、日進市、愛知郡東郷町
02	名 古 屋 南	〒 455-8525	名古屋市港区港明 1-10-4	052-651-9209	名古屋市のうち中川区・港区・南区
04	豊 橋	〒 440-8506	豊橋市大国町 111 豊橋地方合同庁舎 6 階	0532-54-1194	豊橋市、豊川市、蒲郡市、新城市、田原市、北設楽郡（設楽町、東栄町、豊根村）
14	名 古 屋 西	〒 453-0813	名古屋市中村区二ッ橋町 3-37	052-481-9534	名古屋市のうち中村区・西区、清須市、北名古屋市、西春日井郡豊山町
06	岡 崎	〒 444-0813	岡崎市羽根町字北乾地 50-1 岡崎合同庁舎 5 階	0564-52-3163	岡崎市、額田郡幸田町
07	一 宮	〒 491-0903	一宮市八幡 4-8-7 一宮労働総合庁舎 2 階	0586-80-8092	一宮市、稲沢市
08	半 田	〒 475-8560	半田市宮路町 200-4 半田地方合同庁舎 3 階	0569-55-7392	半田市、常滑市、東海市、知多市、大府市、知多郡（阿久比町、東浦町、南知多町、美浜町、武豊町）
11	刈 谷	〒 448-0858	刈谷市若松町 1-46-1 刈谷合同庁舎 3 階	0566-80-9844	刈谷市、碧南市、安城市、知立市、高浜市
15	豊 田	〒 471-0867	豊田市常盤町 3-25-2	0565-30-7112	豊田市、みよし市
10	瀬 戸	〒 489-0881	瀬戸市熊野町 100	0561-82-2103	瀬戸市、尾張旭市、長久手市
09	津 島	〒 496-0042	津島市寺前町 3-87-4	0567-26-4155	津島市、愛西市、弥富市、あま市、海部郡（大治町、蟹江町、飛島村）
13	江 南	〒 483-8162	江南市尾崎町河原 101	0587-54-2443	江南市、犬山市、岩倉市、丹羽郡（大口町、扶桑町）
12	岡　　崎 西尾支署	〒 445-0072	西尾市徳次町下十五夜 13	0563-57-7161	西尾市
24	三重労働局	〒 514-8524	津市島崎町 327-2 津第 2 地方合同庁舎	059-226-2109	
01	四 日 市	〒 510-0064	四日市市新正 2-5-23	059-351-1661	四日市市、桑名市、いなべ市、桑名郡、員弁郡、三重郡
02	松 阪	〒 515-0011	松阪市高町 493-6 松阪合同庁舎 3 階	0598-51-0015	松阪市、多気郡

管轄コード	局署名	郵便番号	所在地	電話番号	管轄地域
03	津	〒514-0002	津市島崎町 327-2 津第 2 地方合同庁舎 1 階	059-227-1286	津市、鈴鹿市、亀山市
04	伊 勢	〒516-0008	伊勢市船江 1-12-16	0596-28-2164	伊勢市、鳥羽市、志摩市、度会郡
06	伊 賀	〒518-0836	伊賀市緑ヶ丘本町 1507-3 伊賀上野地方合同庁舎 1・3 階	0595-21-0803	伊賀市、名張市
07	熊 野	〒519-4324	熊野市井戸町 672-3	0597-85-2277	熊野市、尾鷲市、北牟婁郡、南牟婁郡
25	滋賀労働局	〒520-0806	大津市打出浜 14-15 滋賀労働総合庁舎 6 階	077-522-6630	
01	大 津	〒520-0806	大津市打出浜 14-15 滋賀労働総合庁舎 3 階	077-522-6644	大津市、草津市、守山市、栗東市、野洲市、高島市
02	彦 根	〒522-0054	彦根市西今町 58-3 彦根地方合同庁舎 3 階	0749-22-0654	彦根市、長浜市、米原市、愛知郡、犬上郡
04	東 近 江	〒527-8554	東近江市八日市緑町 8-14	0748-41-3367	近江八幡市、東近江市、甲賀市、湖南市、蒲生郡
26	京都労働局	〒604-0846	京都市中京区両替町通御池上ル 金吹町 451	075-241-3217	
01	京 都 上	〒604-8467	京都市中京区西ノ京大炊御門町 19-19	075-462-5125	京都市のうち上京区・中京区・左京区・北区・右京区・西京区
02	京 都 下	〒600-8009	京都市下京区四条通室町東入函谷鉾町 101 アーバンネット四条烏丸ビル 5 階	075-254-3198	京都市のうち下京区・南区・東山区・山科区、長岡京市、向日市、乙訓郡
03	京 都 南	〒612-0100	京都市伏見区奉行前町 6	075-601-8324	京都市のうち伏見区、宇治市、城陽市、八幡市、京田辺市、木津川市、久世郡、綴喜郡、相楽郡
04	福 知 山	〒620-0035	福知山市内記 1-10-29 福知山地方合同庁舎 4 階	0773-22-2181	福知山市、綾部市
05	舞 鶴	〒624-0946	舞鶴市字下福井 901 舞鶴港湾合同庁舎 6 階	0773-75-0680	舞鶴市
06	丹 後	〒627-0012	京丹後市峰山町杉谷 147-14	0772-62-1214	京丹後市、宮津市、与謝郡
07	園 部	〒622-0003	南丹市園部町新町 118-13	0771-62-0567	亀岡市、南丹市、船井郡
27	大阪労働局 （第 1 庁舎）	〒540-8527	大阪市中央区大手前 4-1-67 大阪合同庁舎第 2 号館 9 階	06-6949-6507	
01	大 阪 中 央	〒540-0003	大阪市中央区森ノ宮中央 1-15-10	06-7669-8728	大阪市のうち中央区・東成区・城東区・天王寺区・浪速区・生野区・鶴見区
02	大 阪 南	〒557-8502	大阪市西成区玉出中 2-13-27	06-7688-5582	大阪市のうち住之江区・住吉区・西成区・阿倍野区・東住吉区・平野区
04	天 満	〒530-6007	大阪市北区天満橋 1-8-30 OAP タワー 7 階	06-7713-2005	大阪市のうち北区・都島区・旭区
05	大 阪 西	〒550-0014	大阪市西区北堀江 1-2-19 アステリオ北堀江ビル 9 階	06-7713-2023	大阪市のうち西区・港区・大正区
06	西 野 田	〒554-0012	大阪市此花区西九条 5-3-63	06-7669-8788	大阪市のうち此花区・西淀川区・福島区
07	淀 川	〒532-8507	大阪市淀川区西三国 4-1-12	06-7668-0270	大阪市のうち東淀川区・淀川区、池田市、豊中市、箕面市、豊能郡
08	東 大 阪	〒577-0809	東大阪市永和 2-1-1 東大阪商工会議所 3 階	06-7713-2027	東大阪市、八尾市
09	岸 和 田	〒596-0073	岸和田市岸城町 23-16	072-498-1014	岸和田市、貝塚市、泉佐野市、泉南市、泉南郡、阪南市
10	堺	〒590-0078	堺市堺区南瓦町 2-29 堺地方合同庁舎 3 階	072-340-3835	堺市
11	羽 曳 野	〒583-0857	羽曳野市誉田 3-15-17	072-942-1309	富田林市、河内長野市、松原市、柏原市、羽曳野市、藤井寺市、大阪狭山市、南河内郡
12	北 大 阪	〒573-8512	枚方市東田宮 1-6-8	072-391-5827	守口市、枚方市、寝屋川市、大東市、門真市、四條畷市、交野市
13	泉 大 津	〒595-0025	泉大津市旭町 22-45 テクスピア大阪 6 階	0725-27-1212	泉大津市、和泉市、高石市、泉北郡
14	茨 木	〒567-8530	茨木市上中条 2-5-7	072-604-5310	茨木市、高槻市、吹田市、摂津市、三島郡島本町
28	兵庫労働局	〒650-0044	神戸市中央区東川崎町 1-1-3 神戸クリスタルタワー 16 階	078-367-9155	
01	神 戸 東	〒650-0024	神戸市中央区海岸通 29 神戸地方合同庁舎 3 階	078-332-5353	神戸市のうち灘区・中央区
02	神 戸 西	〒652-0802	神戸市兵庫区水木通 10-1-5	078-576-1831	神戸市のうち兵庫区・長田区・須磨区・垂水区・北区・西区

管轄コード	局 署 名	郵便番号	所 在 地	電 話 番 号	管 轄 地 域
03	尼 崎	〒 660-0892	尼崎市東難波町 4-18-36 尼崎地方合同庁舎 1 階	06-6481-1541	尼崎市
04	姫 路	〒 670-0947	姫路市北条 1-83	079-224-1481	姫路市、宍粟市、たつの市、神崎郡、揖保郡
05	伊 丹	〒 664-0881	伊丹市昆陽 1-1-6 伊丹労働総合庁舎	072-710-7082	伊丹市、川西市、三田市、丹波篠山市、川辺郡
06	西 宮	〒 662-0942	西宮市浜町 7-35 西宮地方合同庁舎	0798-24-8603	西宮市、芦屋市、宝塚市、神戸市のうち東灘区
07	加 古 川	〒 675-0017	加古川市野口町良野 1737	079-422-5001	明石市、加古川市、三木市、高砂市、小野市、加古郡
08	西 脇	〒 677-0015	西脇市西脇 885-30 西脇地方合同庁舎	0795-22-3366	西脇市、加西市、丹波市、加東市、多可郡
09	但 馬	〒 668-0031	豊岡市大手町 9-15	0796-22-5145	豊岡市、養父市、朝来市、美方郡
10	相 生	〒 678-0031	相生市旭 1-3-18 相生地方合同庁舎	0791-22-1020	相生市、赤穂市、佐用郡、赤穂郡
11	淡 路	〒 656-0014	洲本市桑間 280-2	0799-22-2591	洲本市、淡路市、南あわじ市
29	奈良労働局	〒 630-8113	奈良市法蓮町 163-1 新大宮愛正寺ビル 3 階	0742-32-1910	
01	奈 良	〒 630-8301	奈良市高畑町 552 奈良第 2 地方合同庁舎	0742-85-6445	奈良市、大和郡山市、天理市、生駒市、生駒郡、山辺郡
02	葛 城	〒 635-0095	大和高田市大中 393	0745-40-4492	大和高田市、橿原市、御所市、香芝市、葛城市、高市郡、北葛城郡
03	桜 井	〒 633-0062	桜井市粟殿 1012	0744-42-6901	桜井市、宇陀市、磯城郡、宇陀郡、吉野郡のうち東吉野村
04	大 淀	〒 638-0821	吉野郡大淀町下渕 364-1	0747-52-0261	五條市、吉野郡（東吉野村を除く）
30	和 歌 山 労 働 局	〒 640-8581	和歌山市黒田 2-3-3 和歌山労働総合庁舎 2 階	073-488-1153	
01	和 歌 山	〒 640-8582	和歌山市黒田 2-3-3 和歌山労働総合庁舎 1 階	073-407-2202	和歌山市、岩出市、海南市、海草郡
02	御 坊	〒 644-0011	御坊市湯川町財部 1132	0738-22-3571	御坊市、有田市、有田郡、日高郡（みなべ町を除く）
03	橋 本	〒 648-0072	橋本市東家 6-9-2	0736-32-1190	橋本市、紀の川市、伊都郡
04	田 辺	〒 646-8511	田辺市明洋 2-24-1	0739-22-4694	田辺市、西牟婁郡、日高郡のうちみなべ町
05	新 宮	〒 647-0033	新宮市清水元 1-2-9	0735-22-5295	新宮市、東牟婁郡
31	鳥取労働局	〒 680-8522	鳥取市富安 2-89-9	0857-29-1706	
01	鳥 取	〒 680-0845	鳥取市富安 2-89-4 鳥取第 1 地方合同庁舎 4 階	0857-24-3095	鳥取市、岩美郡、八頭郡
02	米 子	〒 683-0067	米子市東町 124-16 米子地方合同庁舎 5 階	0859-59-0023	米子市、境港市、西伯郡、日野郡
03	倉 吉	〒 682-0816	倉吉市駄経寺町 2-15 倉吉地方合同庁舎 3 階	0858-22-6274	倉吉市、東伯郡
32	島根労働局	〒 690-0841	松江市向島町 134-10 松江地方合同庁舎 5 階	0852-31-1159	
01	松 江	〒 690-0841	松江市向島町 134-10 松江地方合同庁舎 2 階	0852-31-1254	松江市、安来市、雲南市のうち大東町・加茂町・木次町、仁多郡、隠岐郡
	松江 隠岐の島駐在事務所	〒 685-0016	隠岐郡隠岐の島町城北町 55 隠岐の島地方合同庁舎	08512-2-0195	
02	出 雲	〒 693-0028	出雲市塩冶善行町 13-3 出雲地方合同庁舎 4 階	0853-21-1240	出雲市、大田市、雲南市のうち三刀屋町・吉田町・掛合町、飯石郡
03	浜 田	〒 697-0026	浜田市田町 116-9	0855-22-1840	浜田市、江津市、邑智郡
04	益 田	〒 698-0027	益田市あけぼの東町 4-6 益田地方合同庁舎 3 階	0856-22-2351	益田市、鹿足郡
33	岡山労働局	〒 700-8611	岡山市北区下石井 1-4-1 岡山第 2 合同庁舎 1 階	086-225-2019	
01	岡 山	〒 700-0913	岡山市北区大供 2-11-20	086-225-0593	岡山市、玉野市、瀬戸内市、吉備中央町のうち旧加茂川町地域
02	倉 敷	〒 710-0047	倉敷市大島 407-1	086-422-8179	倉敷市、総社市、早島町
04	津 山	〒 708-0022	津山市山下 9-6	0868-22-7157	津山市、真庭市、美作市、久米南町、美咲町、勝央町、奈義町、鏡野町、西粟倉村、新庄村
05	笠 岡	〒 714-0081	笠岡市笠岡 5891	0865-62-4196	笠岡市、井原市、浅口市、里庄町、矢掛町

管轄コード	局署名	郵便番号	所在地	電話番号	管轄地域
06	和 気	〒709-0442	和気郡和気町福富313	0869-93-1358	備前市、赤磐市、和気町
07	新 見	〒718-0011	新見市新見811-1	0867-72-1136	新見市、高梁市、吉備中央町のうち旧賀陽町地域
34	広島労働局 (上八丁堀庁舎)	〒730-8538	広島市中区上八丁堀6-30 広島合同庁舎第2号館5階	082-221-9245	
01	広島中央	〒730-8528	広島市中区上八丁堀6-30 広島合同庁舎2号館1階	082-221-2461	広島市のうち中区・西区・東区・南区・安芸区、東広島市（呉労働基準監督署、三原労働基準監督署の管轄区域を除く）、安芸郡
02	呉	〒737-0051	呉市中央3-9-15 呉地方合同庁舎5階	0823-88-2941	呉市、江田島市、東広島市のうち黒瀬町・黒瀬学園台・黒瀬春日野・黒瀬切田が丘・黒瀬桜が丘・黒瀬松ヶ丘・黒瀬楢原北・黒瀬楢原東・黒瀬楢原西
03	福 山	〒720-8503	福山市旭町1-7	084-923-0214	福山市、府中市、神石郡（神石高原町）
04	三 原	〒723-0016	三原市宮沖2-13-20	0848-63-3939	三原市、竹原市、豊田郡、東広島市のうち安芸津町・河内町・福富町・豊栄町
05	尾 道	〒722-0002	尾道市古浜町27-13	0848-22-4158	尾道市、世羅郡
06	三 次	〒728-0013	三次市十日市東1-9-9	0824-62-2104	三次市、庄原市、安芸高田市
07	広 島 北	〒731-0223	広島市安佐北区可部南3-3-28	082-812-2115	広島市のうち安佐南区・安佐北区、山県郡
09	廿 日 市	〒738-0024	廿日市市新宮1-15-40	0829-32-1155	廿日市市、大竹市、広島市のうち佐伯区
35	山口労働局	〒753-8510	山口市中河原町6-16 山口地方合同庁舎2号館	083-995-0374	
01	下 関	〒750-8522	下関市東大和町2-5-15	083-237-2167	下関市
02	宇 部	〒755-0044	宇部市新町10-33 宇部地方合同庁舎4階	0836-48-0090	宇部市、山陽小野田市、美祢市（秋芳町、美東町を除く）
03	徳 山	〒745-0844	周南市速玉町3-41	0834-21-1788	周南市（下松労働基準監督署の管轄区域を除く）
04	下 松	〒744-0078	下松市西市2-10-25	0833-41-1780	下松市、光市、柳井市（大畠、神代、遠崎を除く）、周南市の旧熊毛町地域（大河内、奥関屋、勝間原、小松原、御所尾原、幸ヶ丘、新清光台、自由ヶ丘、清尾、鶴見台、中村、原、樋口、緑が丘、八代、安田、夢ケ丘、呼坂、清光台町、高水原、呼坂本町、熊毛中央町、勝間ケ丘、藤ケ台）、熊毛郡
05	岩 国	〒740-0027	岩国市中津町2-15-10	0827-24-1133	岩国市、柳井市大畠、柳井市神代、柳井市遠崎、大島郡、玖珂郡
08	山 口	〒753-0088	山口市中河原町6-16 山口地方合同庁舎1号館	083-600-0362	山口市、防府市、美祢市のうち秋芳町・美東町
09	萩	〒758-0074	萩市大字平安古町599-3 萩地方合同庁舎	0838-22-0750	萩市、長門市、阿武郡
36	徳島労働局	〒770-0851	徳島市徳島町城内6-6 徳島地方合同庁舎1階	088-652-9144	
01	徳 島	〒770-8533	徳島市万代町3-5 徳島第2地方合同庁舎	088-638-2684	徳島市、小松島市、吉野川市、名東郡、名西郡、勝浦郡
02	鳴 門	〒772-0003	鳴門市撫養町南浜字馬目木119-6	088-686-5164	鳴門市、阿波市、板野郡
03	三 好	〒778-0002	三好市池田町マチ2429-12	0883-72-1105	美馬市、三好市、美馬郡、三好郡
04	阿 南	〒774-0011	阿南市領家町本荘ケ内120-6	0884-22-0890	阿南市、那賀郡、海部郡
37	香川労働局	〒760-0019	高松市サンポート3-33 高松サンポート合同庁舎北館3階	087-811-8921	
01	高 松	〒760-0019	高松市サンポート3-33 高松サンポート合同庁舎北館2階	087-811-8948	高松市（国分寺町を除く）、香川郡、木田郡、小豆郡
	高松 小豆島 駐在事務所	〒761-4104	小豆郡土庄町甲6195-11	0879-62-0097	小豆郡
02	丸 亀	〒763-0034	丸亀市大手町3-1-2	0877-22-6244	丸亀市（飯山町、綾歌町を除く）、善通寺市、仲多度郡
03	坂 出	〒762-0003	坂出市久米町1-15-55	0877-46-3196	坂出市、綾歌郡、高松市のうち国分寺町、丸亀市のうち飯山町・綾歌町
04	観 音 寺	〒768-0060	観音寺市観音寺町甲3167-1	0875-25-2138	観音寺市、三豊市
05	東 か が わ	〒769-2601	東かがわ市三本松591-1 大内地方合同庁舎	0879-25-3137	さぬき市、東かがわ市
38	愛媛労働局	〒790-8538	松山市若草町4-3 松山若草合同庁舎5階	089-935-5206	
01	松 山	〒791-8523	松山市六軒家町3-27 松山労働総合庁舎4階	089-918-2461	松山市、伊予市、東温市、伊予郡、上浮穴郡

管轄コード	局 署 名	郵便番号	所 在 地	電 話 番 号	管 轄 地 域
02	新 居 浜	〒792-0025	新居浜市一宮町 1-5-3	0897-38-2791	新居浜市、西条市、四国中央市、今治市のうち宮窪町四阪島
03	今 治	〒794-0042	今治市旭町 1-3-1	0898-32-4560	今治市（新居浜労働基準監督署の管轄区域を除く）、越智郡
04	八 幡 浜	〒796-0031	八幡浜市江戸岡 1-1-10	0894-22-1750	八幡浜市、大洲市、西予市、西宇和郡、喜多郡
05	宇 和 島	〒798-0036	宇和島市天神町 4-40 宇和島地方合同庁舎 3 階	0895-22-4655	宇和島市、北宇和郡、南宇和郡
39	高知労働局	〒781-9548	高知市南金田 1-39 高知労働総合庁舎 3 階	088-885-6025	
01	高 知	〒781-9526	高知市南金田 1-39 高知労働総合庁舎 1 階	088-800-1381	高知市、南国市、香美市、長岡郡、土佐郡、吾川郡（仁淀川町を除く）
02	須 崎	〒785-8511	須崎市緑町 7-11	0889-42-1866	土佐市、須崎市、吾川郡のうち仁淀川町、高岡郡
03	四 万 十	〒787-0012	四万十市右山五月町 3-12 中村地方合同庁舎 3 階	0880-35-3148	宿毛市、土佐清水市、四万十市、幡多郡
04	安 芸	〒784-0001	安芸市矢ノ丸 2-1-6 安芸地方合同庁舎 1 階	0887-35-2128	室戸市、安芸市、香南市、安芸郡
40	福岡労働局	〒812-0013	福岡市博多区博多駅東 2-11-1 福岡合同庁舎新館 4 階	092-411-4799	
01	福岡中央	〒810-8605	福岡市中央区長浜 2-1-1	092-761-5604	福岡市（東区を除く）、春日市、大野城市、筑紫野市、太宰府市、糸島市、那珂川市
13	福 岡 東	〒813-0016	福岡市東区香椎浜 1-3-26	092-687-5346	福岡市のうち東区、宗像市、古賀市、福津市、糟屋郡
06	北 九 州 西	〒806-8540	北九州市八幡西区岸の浦 1-5-10	093-285-3791	北九州市のうち八幡東区・八幡西区・戸畑区・若松区、中間市、遠賀郡
07	北 九 州 東	〒803-0814	北九州市小倉北区大手町 13-26	093-288-5612	北九州市のうち小倉北区・小倉南区
08	北九州東 門司支署	〒800-0004	北九州市門司区北川町 1-18	093-381-5361	北九州市のうち門司区
11	行 橋	〒824-0005	行橋市中央 1-12-35	0930-23-0454	行橋市、豊前市、京都郡、築上郡
03	久 留 米	〒830-0037	久留米市諏訪野町 2401	0942-90-0235	久留米市、大川市、朝倉市、小郡市、うきは市、三井郡、三潴郡、朝倉郡
02	大 牟 田	〒836-8502	大牟田市小浜町 24-13	0944-53-3987	大牟田市、柳川市、みやま市
12	八 女	〒834-0047	八女市稲富 132	0943-23-2121	八女市、筑後市、八女郡
04	飯 塚	〒820-0018	飯塚市芳雄町 13-6 飯塚合同庁舎	0948-22-3200	飯塚市、嘉麻市、嘉穂郡
10	直 方	〒822-0017	直方市殿町 9-17	0949-22-0544	直方市、宮若市、鞍手郡
09	田 川	〒825-0013	田川市中央町 4-12	0947-42-0380	田川市、田川郡
41	佐賀労働局	〒840-0801	佐賀市駅前中央 3-3-20 佐賀第 2 合同庁舎 4 階	0952-32-7193	
01	佐 賀	〒840-0801	佐賀市駅前中央 3-3-20 佐賀第 2 合同庁舎 3 階	0952-32-7141	佐賀市、鳥栖市、多久市、小城市、神埼市、神埼郡、三養基郡
02	唐 津	〒847-0861	唐津市二タ子 3-214-6 唐津港湾合同庁舎 1 階	0955-73-2179	唐津市、東松浦郡
03	武 雄	〒843-0023	武雄市武雄町昭和 758	0954-22-2165	武雄市、鹿島市、嬉野市、杵島郡、藤津郡
04	伊 万 里	〒848-0027	伊万里市立花町大尾 1891-64	0955-23-4155	伊万里市、西松浦郡
42	長崎労働局	〒850-0033	長崎市万才町 7-1 TBM 長崎ビル 6 階	095-801-0034	
01	長 崎	〒852-8542	長崎市岩川町 16-16 長崎合同庁舎 2 階	095-846-6386	長崎市、五島市、西海市、西彼杵郡、南松浦郡
	長崎 五島 駐在事務所	〒853-0015	五島市東浜町 2-1-1 福江地方合同庁舎内 2 階	0959-72-2951	五島市、南松浦郡新上五島町
02	佐 世 保	〒857-0041	佐世保市木場田町 2-19 佐世保合同庁舎 3 階	0956-24-4161	佐世保市（江迎町、鹿町町を除く）、東彼杵郡のうち川棚町・波佐見町、北松浦郡のうち小値賀町
03	江 迎	〒859-6101	佐世保市江迎町長坂 123-19	0956-65-2141	佐世保市のうち江迎町・鹿町町、平戸市、松浦市、北松浦郡のうち佐々町
04	島 原	〒855-0033	島原市新馬場町 905-1	0957-62-5145	島原市、雲仙市、南島原市
05	諫 早	〒854-0081	諫早市栄田町 47-37	0957-26-3310	諫早市、大村市、東彼杵郡のうち東彼杵町
06	対 馬	〒817-0016	対馬市厳原町東里 341-42 厳原地方合同庁舎内 3 階	0920-52-0234	対馬市、壱岐市
	対馬 壱岐 駐在事務所	〒811-5133	壱岐市郷ノ浦町本村触 620-4 壱岐地方合同庁舎内 1 階	0920-47-0467	壱岐市

管轄コード	局署名	郵便番号	所在地	電話番号	管轄地域
43	熊本労働局	〒860-8514	熊本市西区春日2-10-1 熊本地方合同庁舎A棟9階	096-355-3183	
01	熊本	〒862-8688	熊本市中央区大江3-1-53 熊本第2合同庁舎5階	096-206-9821	熊本市（北区植木町を除く）、宇土市、宇城市、上益城郡、下益城郡
02	八代	〒866-0852	八代市大手町2-3-11	0965-32-3151	八代市、水俣市、八代郡、葦北郡
03	玉名	〒865-0016	玉名市岩崎273 玉名合同庁舎5階	0968-73-4411	玉名市、荒尾市、玉名郡
04	人吉	〒868-0014	人吉市下薩摩瀬町1602-1 人吉労働総合庁舎2階	0966-22-5151	人吉市、球磨郡
05	天草	〒863-0050	天草市丸尾町16-48 天草労働総合庁舎2階	0969-23-2266	天草市、上天草市、天草郡
06	菊池	〒861-1306	菊池市大琳寺236-4	0968-28-2669	菊池市、山鹿市、合志市、阿蘇市、菊池郡、阿蘇郡、熊本市のうち北区植木町
44	大分労働局	〒870-0037	大分市東春日町17-20 大分第2ソフィアプラザビル6階	097-536-3214	
01	大分	〒870-0016	大分市新川町2-1-36 大分合同庁舎2階	097-535-1514	大分市、別府市、杵築市、速見郡日出町、由布市、国東市、東国東郡姫島村
02	中津	〒871-0031	中津市大字中殿550-20 中津合同庁舎2階	0979-22-2720	中津市、豊後高田市、宇佐市
03	佐伯	〒876-0811	佐伯市鶴谷町1-3-28 佐伯労働総合庁舎3階	0972-22-3421	佐伯市、臼杵市、津久見市
U4	日田	〒877-0012	日田市淡窓1-1-61	0973-22-6191	日田市、玖珠郡（玖珠町、九重町）
05	豊後大野	〒879-7131	豊後大野市三重町市場1225-9 三重合同庁舎4階	0974-22-0153	竹田市、豊後大野市
45	宮崎労働局	〒880-0805	宮崎市橘通東3-1-22 宮崎合同庁舎2階	0985-38-8837	
01	宮崎	〒880-0813	宮崎市丸島町1-15	0985-44-2915	宮崎市、西都市、東諸県郡、児湯郡
02	延岡	〒882-0803	延岡市大貫町1-2885-1 延岡労働総合庁舎3階	0982-34-3331	延岡市、日向市、東臼杵郡、西臼杵郡
03	都城	〒885-0072	都城市上町2街区11 都城合同庁舎6階	0986-23-0192	都城市、小林市、えびの市、北諸県郡、西諸県郡
04	日南	〒887-0031	日南市戸高1-3-17	0987-23-5277	日南市、串間市
46	鹿児島労働局 （東千石庁舎）	〒892-0842	鹿児島市東千石町14-10 天文館NNビル5階	099-223-8280	
01	鹿児島	〒890-8545	鹿児島市薬師1-6-3	099-803-9632	鹿児島市、いちき串木野市、指宿市、西之表市、日置市、南さつま市、南九州市、枕崎市、鹿児島郡、熊毛郡
02	川内	〒895-0063	薩摩川内市若葉町4-24 川内合同庁舎4階	0996-22-3225	薩摩川内市、阿久根市、出水市、薩摩郡、出水郡
03	鹿屋	〒893-0064	鹿屋市西原4-5-1 鹿屋合同庁舎5階	0994-43-3385	鹿屋市、垂水市、曽於市、志布志市、肝属郡、曽於郡
04	加治木	〒899-5211	姶良市加治木町新富町98-6	0995-63-2035	伊佐市、霧島市、姶良市、姶良郡
07	名瀬	〒894-0036	奄美市名瀬長浜町1-1 名瀬合同庁舎3階	0997-52-0574	奄美市、大島郡
47	沖縄労働局	〒900-0006	那覇市おもろまち2-1-1 那覇第2地方合同庁舎1号館3階	098-868-3559	
01	那覇	〒900-0006	那覇市おもろまち2-1-1 那覇第2地方合同庁舎1号館2階	098-868-8040	那覇市、浦添市、豊見城市、西原町、与那原町、南風原町、南城市、八重瀬町、糸満市、座間味村、渡嘉敷村、久米島町、粟国村、渡名喜村、北大東村、南大東村
02	沖縄	〒904-0003	沖縄市住吉1-23-1 沖縄労働総合庁舎3階	098-982-1263	沖縄市、宜野湾市、うるま市、恩納村、宜野座村、嘉手納町、北谷町、金武町、読谷村、北中城村、中城村
03	名護	〒905-0011	名護市字宮里452-3 名護地方合同庁舎1階	0980-52-2691	名護市、国頭村、大宜味村、東村、今帰仁村、本部町、伊平屋村、伊是名村、伊江村
04	宮古	〒906-0013	宮古島市平良字下里1016 平良地方合同庁舎1階	0980-72-2303	宮古島市、多良間村
05	八重山	〒907-0004	石垣市字登野城55-4 石垣地方合同庁舎2階	0980-82-2344	石垣市、竹富町、与那国町

参考

都道府県労働局労災補償課（分室・医療係等）一覧

令和 6 年 4 月 1 日現在

	都道府県	郵便番号	所　在　地	ビ　ル　名	電話番号
01	北　海　道	〒 060-0807	札幌市北区北 7 条西 1-2-6	NCO 札幌 12 階	011-716-2080
02	青　　　森	〒 030-8558	青森市新町 2-4-25	青森合同庁舎 2 階	017-734-4115
03	岩　　　手	〒 020-8522	盛岡市盛岡駅西通 1-9-15	盛岡第 2 合同庁舎 6 階	019-604-6200
04	宮　　　城	〒 983-0852	仙台市宮城野区榴岡 4-5-22	宮城野センタービル 7 階	022-292-7301
05	秋　　　田	〒 010-0951	秋田市山王 7-1-3	秋田合同庁舎 4 階	018-800-9533
06	山　　　形	〒 990-8567	山形市香澄町 3-2-1	山交ビル 3 階	023-624-8227
07	福　　　島	〒 960-8513	福島市花園町 5-46	福島第 2 地方合同庁舎 3 階	024-529-5376
08	茨　　　城	〒 310-8511	水戸市宮町 1-8-31	茨城労働総合庁舎 5 階	029-224-6217
09	栃　　　木	〒 320-0043	宇都宮市桜 5-1-13	宇都宮地方合同庁舎 4 階	028-610-0900
10	群　　　馬	〒 371-8567	前橋市大手町 2-3-1	前橋地方合同庁舎 8 階	027-896-4738
11	埼　　　玉	〒 330-6016	さいたま市中央区新都心 11-2	ランド・アクシス・タワー 16 階	048-826-6717
12	千　　　葉	〒 260-8625	千葉市中央区中央 4-11-1	千葉第 2 地方合同庁舎 4 階	043-202-2370
13	東　　　京	〒 110-0005	台東区上野 1-10-12	商工中金・第一生命上野ビル 5 階	03-5812-8391
14	神　奈　川	〒 231-0006	横浜市中区南仲通 3-32-1	みなとファンタジアビル 5 階	045-222-6625
15	新　　　潟	〒 950-0965	新潟市中央区新光町 16-4	荏原新潟ビル 6 階	025-283-2123
16	富　　　山	〒 930-8509	富山市神通本町 1-5-5	富山労働総合庁舎 1 階	076-415-8720
17	石　　　川	〒 920-0024	金沢市西念 3-3-5	石川県勤労者福祉文化会館 7 階	076-200-8625
18	福　　　井	〒 910-0006	福井市中央 3-1-5	三谷中央ビル 7 階	0776-25-0631
19	山　　　梨	〒 400-8577	甲府市丸の内 1-1-11	山梨労働局庁舎 2 階	055-236-5880
20	長　　　野	〒 380-0846	長野市旭町 1108	長野第 2 合同庁舎 4 階	026-480-0707
21	岐　　　阜	〒 500-8723	岐阜市金竜町 5-13	岐阜合同庁舎 5 階	058-245-8181
22	静　　　岡	〒 420-0859	静岡市葵区栄町 4-10	静岡栄町ビル 9 階	054-653-6050
23	愛　　　知	〒 460-0008	名古屋市中区栄 2-3-1	名古屋広小路ビルヂング 11 階	052-855-2148
24	三　　　重	〒 514-0033	津市丸之内 26-8	津合同庁舎 4 階	059-213-5511
25	滋　　　賀	〒 520-0806	大津市打出浜 14-15	滋賀労働総合庁舎 6 階	077-522-1131
26	京　　　都	〒 604-8171	京都市中京区烏丸通御池下る虎屋町 577-2	太陽生命御池ビル 3 階	075-211-4100
27	大　　　阪	〒 540-0003	大阪市中央区森ノ宮中央 1-15-10	大阪中央労働総合庁舎 3 階	06-7711-0740
28	兵　　　庫	〒 650-0044	神戸市中央区東川崎町 1-1-3	神戸クリスタルタワー 17 階	078-367-9157
29	奈　　　良	〒 630-8113	奈良市法蓮町 163-1	新大宮愛正寺ビル 3 階	0742-32-1071
30	和　歌　山	〒 640-8581	和歌山市黒田 2-3-3	和歌山労働総合庁舎 2 階	073-488-7366
31	鳥　　　取	〒 680-8522	鳥取市富安 2-89-9	鳥取労働局庁舎 3 階	0857-29-1706
32	島　　　根	〒 690-0841	松江市向島町 134-10	松江地方合同庁舎 4 階	0852-60-0855
33	岡　　　山	〒 700-0984	岡山市北区桑田町 1-36	岡山地方合同庁舎 1 階	086-206-1821
34	広　　　島	〒 730-0013	広島市中区八丁堀 5-7	広島 KS ビル 6 階	082-225-6314
35	山　　　口	〒 753-8510	山口市中河原町 6-16	山口地方合同庁舎 2 号館 6 階	083-922-0222
36	徳　　　島	〒 770-0851	徳島市徳島町城内 6-6	徳島地方合同庁舎 1 階	088-611-2039
37	香　　　川	〒 760-0019	高松市サンポート 3-33	高松サンポート合同庁舎北館 3 階	087-811-3215
38	愛　　　媛	〒 790-0006	松山市南堀端町 5-8	オワセビル 8 階	089-998-6580
39	高　　　知	〒 781-9548	高知市南金田 1-39	高知労働総合庁舎 2 階	088-880-1181
40	福　　　岡	〒 812-0013	福岡市博多区博多駅東 2-6-26	安川産業ビル 10 階	092-433-7225
41	佐　　　賀	〒 840-0801	佐賀市駅前中央 3-3-20	佐賀第 2 合同庁舎 5 階	0952-32-7166
42	長　　　崎	〒 850-0033	長崎市万才町 7-1	TBM 長崎ビル 6 階	095-801-0019
43	熊　　　本	〒 860-8514	熊本市西区春日 2-10-1	熊本地方合同庁舎 A 棟 9 階	096-211-1122
44	大　　　分	〒 870-0037	大分市東春日町 17-20	大分第 2 ソフィアプラザビル 6 階	097-533-8200
45	宮　　　崎	〒 880-0805	宮崎市橘通東 3-1-22	宮崎合同庁舎 2 階	0985-29-5577
46	鹿　児　島	〒 892-0842	鹿児島市東千石町 14-10	天文館 NN ビル 8 階	099-216-8616
47	沖　　　縄	〒 900-0006	那覇市おもろまち 2-1-1	那覇第 2 地方合同庁舎 1 号館 1 階	098-868-7805

図書のご案内

労災診療費算定基準早見表
（令和6年6月改訂）

ポイントを分かりやすくコンパクトに
まとめています。
労災レセプトを作成する時に
お手元にあると大変便利です。

【内容】
・労災診療単価　　　　　　・初再診等
・入院
・入院に係るその他の取扱い
・医学管理等　　　　　　　・処置
・リハビリテーション　　　・手術
・検査　　　　　　　　　　・画像診断
・その他の特例
・令和6年度 労災診療費算定基準の主な改定（概要）

2024年6月21日発行
定価　860円（本体782円＋消費税10%）
A4判／8頁 送料別

医療現場の働き方改革
改訂版

医療現場の労働時間管理を中心に、
労働法令や行政解釈を
分かりやすく解説します。
医療機関に従事する皆さまのお役に立ちます。

2024年3月29日発行
定価　2,240円
（本体2,037円＋消費税10%）
A4判／152頁 送料別

【目次・内容】
第1編　病院・診療所の労働時間、休日、休暇
　○ 労働時間、休憩、休日等の原則
　○ 時間外労働、休日労働
　○ 変形労働時間制
　○ 年次有給休暇
　○ 労基法における女性に関する規定
　○ 育児・介護を行う労働者に関する規定
　○ 健康確保措置
第2編　医師の労働時間管理
　○ 医師に対する時間外労働の上限規制等の概要
　○ 医師の研鑽の労働時間の考え方
　○ 宿日直許可の取扱い
　○ 副業・兼業を行う場合の労働時間管理
　○ 医師の時間外労働の上限規制
　○ 特定医師の追加的健康確保措置

RICホームページ〔https://www.rousai-ric.or.jp〕でお申し込みください。

まずは、　RIC　検索　で、ご検索を！！

労災診療費算定実務講座　令和6年改訂版

令和6年6月24日発行

発行人　荻原 俊輔

発行所　公益財団法人　労災保険情報センター

〒112-0004　東京都文京区後楽 1-4-25
TEL 03(5684)5511㈹　FAX 03(5684)5522

ISBN978-4-903286-93-8　C2032　￥2682E

落丁・乱丁本はお取替えいたします。